에듀윌과 함께 시작하면,
당신도 합격할 수 있습니다!

이 일 저 일 전전하다 관리자가 되려고 시작해
최고득점으로 동차 합격한 퇴직자

4살 된 딸아이가 어린이집에 있는 동안 공부해
고득점으로 합격한 전업주부

밤에는 대리운전, 낮에는 독서실에서 공부하며
에듀윌의 도움으로 거머쥔 주택관리사 합격증

누구나 합격할 수 있습니다.
시작하겠다는 '다짐' 하나면 충분합니다.

마지막 페이지를 덮으면,

**에듀윌과 함께
주택관리사 합격이 시작됩니다.**

주택관리사 1위

16년간
베스트셀러 1위

기초서

기본서

기출문제집

핵심요약집

문제집

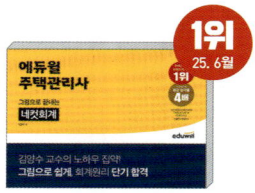
네컷회계

주택관리사 교재 보기

베스트셀러 1위 교재로
따라만 하면 합격하는 커리큘럼

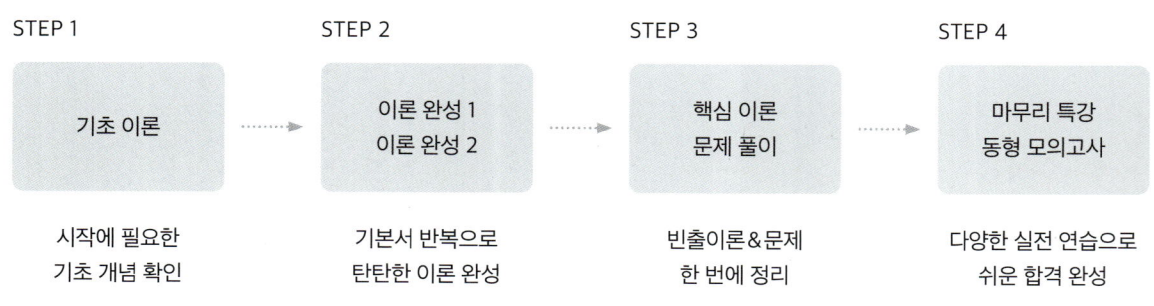

* 커리큘럼의 명칭 및 내용은 변경될 수 있습니다.

* 2023 대한민국 브랜드만족도 주택관리사 교육 1위 (한경비즈니스)
* YES24 수험서 자격증 주택관리사 베스트셀러 1위 (2010년 12월, 2011년 3월, 9월, 12월, 2012년 1월, 3월~12월, 2013년 1월~5월, 8월~11월, 2014년 2월~8월, 10월~12월, 2015년 1월~5월, 7월~12월, 2016년 1월~12월, 2017년 1월~12월, 2018년 1월~12월, 2019년 1월~12월, 2020년 1월~7월, 9월~12월, 2021년 1월~12월, 2022년 1월~12월, 2023년 1월~11월, 2024년 1월~2월, 4월~12월, 2025년 1월~6월 월별 베스트)

에듀윌 주택관리사

업계 유일 6년 연속 최고득점자 배출

에듀윌 주택관리사의 우수성, 2024년에도 입증했습니다!

2024 최고득점자&수석합격

제27회 시험 최고득점자&수석합격

문O호 합격생

에듀윌 주택관리사를 공부하면서 좋았던 부분은 체계적인 커리큘럼과 실전 대비 시스템입니다. 강의가 단계적으로 구성되어 초보자도 쉽게 따라갈 수 있었고, 중요한 내용을 반복 학습할 수 있는 구조가 시험 준비에 큰 도움이 되었다고 생각합니다. 또한 다양한 문제 풀이와 모의고사를 통해 실전에 대한 자신감을 키울 수 있었던 점이 좋았습니다. 주택관리사 시험을 준비하는 여러분들, 많이 힘들고 불안한 마음이 들겠지만 "한 발짝 더 나아가는 용기와 꾸준함이 합격을 만드는 것 같습니다." 포기하지 않고 끝까지 달려간다면 반드시 좋은 결과를 얻을 수 있습니다. 마지막까지 최선을 다하는 여러분을 진심으로 응원합니다.

* 2024년 석차 1등&공동주택관리실무 최고득점
2023년, 2022년 공동주택관리실무 최고득점
2021년, 2020년 주택관리관계법규, 공동주택관리실무 과목별 최고득점
2019년 주택관리관계법규 최고득점

주택관리사, 에듀윌을 선택해야 하는 이유

오직 에듀윌에서만 가능한 합격 신화
6년 연속 최고득점자 배출

2024 최고득점자&수석합격

합격을 위한 최강 라인업
주택관리사 명품 교수진

회계원리 윤재옥 / 시설개론 이강일 / 민법 신의영 / 시설개론 신명 / 관계법규 윤동섭 / 관리실무 김영곤

주택관리사

합격부터 취업까지!
에듀윌 주택취업지원센터 운영

합격생들이 가장 많이 선택한 교재
16년간 베스트셀러 1위

---

* 2023 대한민국 브랜드만족도 주택관리사 교육 1위 (한경비즈니스)
  2024년 석차 1등&공동주택관리실무 최고득점 / 2023년, 2022년 공동주택관리실무 최고득점 / 2021년, 2020년 주택관리관계법규, 공동주택관리실무 과목별 최고득점 / 2019년 주택관리관계법규 최고득점
* YES24 수험서 자격증 주택관리사 베스트셀러 1위 (2010년 12월, 2011년 3월, 9월, 12월, 2012년 1월, 3월~12월, 2013년 1월~5월, 8월~11월, 2014년 2월~8월, 10월~12월, 2015년 1월~5월, 7월~12월, 2016년 1월~12월, 2017년 1월~12월, 2018년 1월~12월, 2019년 1월~12월, 2020년 1월~7월, 9월~12월, 2021년 1월~12월, 2022년 1월~12월, 2023년 1월~11월, 2024년 1월~2월, 4월~12월, 2025년 1월~6월 월별 베스트)

주택관리사 공부의 시작

2차 기초서 3주 완성 플래너

※ 권장학습기간(3주)은 에듀윌 이론강의에 기반하였습니다. 자세한 사항은 에듀윌 주택관리사 홈페이지에서 확인하세요.
※ 학습 전에 미리 계획을 세워 보고, 실제 계획대로 공부했는지 체크해 보세요.

SUBJECT	구분 CHAPTER	권장학습 기간	계획한 날짜	공부한 날짜
1. 주택관리 관계법규	01. 주택법	3주	/ ~ /	/ ~ /
	02. 공동주택관리법		/ ~ /	/ ~ /
	03. 민간임대주택에 관한 특별법		/ ~ /	/ ~ /
	04. 공공주택 특별법		/ ~ /	/ ~ /
	05. 건축법		/ ~ /	/ ~ /
	06. 기타 법령		/ ~ /	/ ~ /
2. 공동주택 관리실무	01. 총론		/ ~ /	/ ~ /
	02. 공동주택관리법령		/ ~ /	/ ~ /

MEMO

합격할 때까지 책임지는 개정법령 원스톱 서비스!

기준 및 법령 개정이 잦은 주택관리사 시험,
개정사항을 어떻게 확인해야 할지 막막하고 걱정스러우신가요?
에듀윌에서는 필요한 개정법령만을 빠르게! 한번에! 제공해 드립니다.

에듀윌 도서몰 접속　▶　도서자료실
(book.eduwill.net)　　　클릭

개정법령
확인하기

2026
에듀윌 주택관리사

기초서 2차

주택관리관계법규 | 공동주택관리실무

시험 안내

주택관리사, 무슨 일을 하나요?

주택관리사란?   주택관리사(보) 합격증서 **+** 대통령령으로 정하는 주택 관련 실무 경력 **→** 주택관리사 자격증 발급

하는 일은?   공동주택, 아파트 등의 관리사무소장은 물론, 주택관리 전문 공무원, 공동주택 또는 건물관리 용역 업체 창업 등 취업의 문이 넓습니다.

주택관리사(보) 시험에서는 어떤 과목을 보나요?

제1차 (2025년 6월 28일 시행)

1교시 (총 100분)	회계원리	세부과목 구분 없이 출제 ※ 회계처리 등과 관련된 시험문제는 한국채택국제회계기준(K-IFRS)을 적용하여 출제
	공동주택 시설개론	목구조·특수구조를 제외한 일반건축구조와 철골구조, 홈네트워크를 포함한 건축설비개론 및 장기수선계획 수립 등을 위한 건축적산 포함
2교시 (총 50분)	민법	총칙, 물권, 채권 중 총칙·계약총칙·매매·임대차·도급·위임·부당이득·불법행위

▶ 과목별 각 40문항이며, 전 문항 객관식 5지 택일형으로 출제됩니다.

제2차 (2025년 9월 20일 시행 예정)

1교시 (총 100분)	주택관리 관계법규	다음의 법률 중 주택관리에 관련되는 규정: 「주택법」, 「공동주택관리법」, 「민간임대주택에 관한 특별법」, 「공공주택 특별법」, 「건축법」, 「소방기본법」, 「화재의 예방 및 안전관리에 관한 법률」, 「소방시설 설치 및 관리에 관한 법률」, 「승강기 안전관리법」, 「전기사업법」, 「시설물의 안전 및 유지관리에 관한 특별법」, 「도시 및 주거환경정비법」, 「도시재정비 촉진을 위한 특별법」, 「집합건물의 소유 및 관리에 관한 법률」
	공동주택 관리실무	시설관리, 환경관리, 공동주택회계관리, 입주자관리, 공동주거관리이론, 대외업무, 사무·인사관리, 안전·방재관리 및 리모델링, 공동주택 하자관리(보수공사를 포함한다) 등

▶ 과목별 각 40문항이며, 객관식 5지 택일형 24문항, 주관식 16문항으로 출제됩니다.

상대평가, 어떻게 시행되나요?

선발예정인원 범위에서 선발!

국가에서 정한 선발예정인원(선발예정인원은 매해 시험 공고에 게재됨) 범위에서 고득점자 순으로 합격자가 결정되며, 2025년 제28회 시험의 선발예정인원은 1,600명입니다.

제1차는 평균 60점 이상 득점한 자, 제2차는 고득점자 순으로 선발!

제1차	매 과목 40점 이상, 전 과목 평균 60점 이상 득점한 사람 중에서 선발합니다.
제2차	매 과목 40점 이상, 전 과목 평균 60점 이상 득점한 사람 중에서 선발하며, 그중 선발예정인원 범위에서 고득점자 순으로 결정합니다. 선발예정인원에 미달하는 경우 전 과목 40점 이상자 중 고득점자 순으로 선발하며, 동점자로 인하여 선발예정인원을 초과하는 경우에는 동점자 모두를 합격자로 결정합니다.

제2차 과목의 주관식 단답형 16문항은 부분점수 적용

괄호가 3개인 경우	3개 정답(2.5점), 2개 정답(1.5점), 1개 정답(0.5점)
괄호가 2개인 경우	2개 정답(2.5점), 1개 정답(1점)
괄호가 1개인 경우	1개 정답(2.5점)

2020년 상대평가 시행 이후 제2차 시험 합격선은?

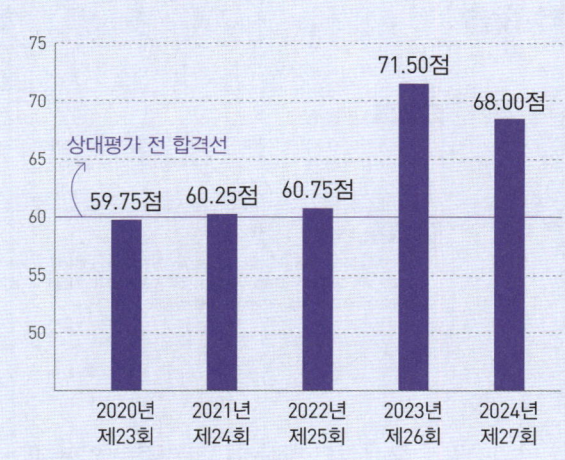

최근 2개년 합격선 평균 69.75점!

상대평가 시행 이후 제25회 시험까지는 합격선이 60점 내외로 형성되었지만, 제26회에는 평균 71.50점, 제27회에는 평균 68.00점에서 합격선이 형성되며 합격에 필요한 점수가 상당히 올라갔습니다. 앞으로도 에듀윌은 변화하는 수험 환경에 맞는 학습 커리큘럼과 교재를 통해 수험자 여러분들을 합격의 길로 이끌겠습니다.

에듀윌 기초서로 시작해야 하는 이유!

"어디서부터 어떻게 시작해야 하지?"
"기초 개념도, 용어도 하나도 모르는데…"

고민은 그만, 에듀윌 기초서로 시작하세요!

베스트셀러 1위, 합격생이 인정한 교재

합격생 A
기초서를 통해 각 과목의 특성을 간략히 파악하고, 어떤 식으로 준비해야 할지 감을 잡으니 이후 학습이 훨씬 수월했던 것 같습니다.

합격생 B
중점을 두고 공부해야 할 부분을 짚어주니 공부 중에 해당 내용이 나오면 더 집중하게 되더라구요.

* YES24 수험서 자격증 주택관리사 기본서 베스트셀러 1위
 - 1차 2025년 6월 3주 주별 베스트
 - 2차 2020년 9월 3주 주별 베스트

초보 학습자를 위한 기초용어 완벽 학습

어렵고 낯선 용어, 접해보지 못한 개념

| 용어 보충 | 건축주 |
건축물의 건축·대수선·용도변경, 건축설비의 설치 또는 공작물의 축조에 관한 하거나 현장 관리인을 두어 스스로 그 공사를 하는 자를 말한다.

| 용어 보충 | 공사감리자 |
자기의 책임(보조자의 도움을 받는 경우를 포함한다)으로 이 법으로 정하는 바에 건축설비 또는 공작물이 설계도서의 내용대로 시공되는지를 확인하고, 품질관리 안전관리 등에 대해 지도·감독하는 자를 말한다.

기초부터 탄탄하게 잡아주는 **입문서!**

전체 학습의 기반이 되는 체계적인 입문서

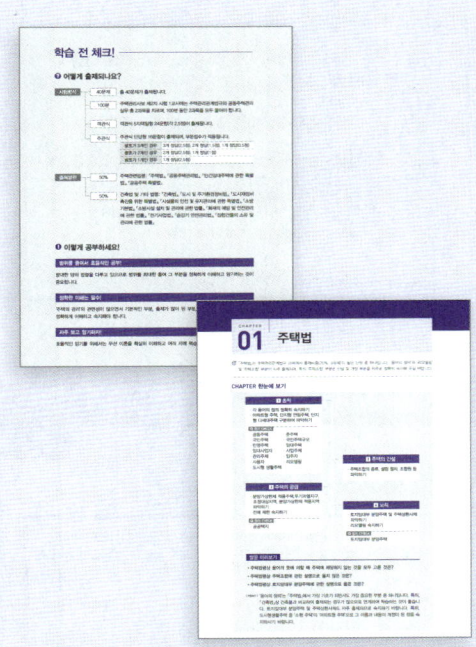

각 과목 이해도 높이기
공부를 어떻게 시작해야 할지 막막할 때,
각 과목별로 어떻게 공부해야 할지 파악할 수 있습니다.
학습의 시작이 한층 수월해집니다.

단원별 기초 흐름 파악
각 CHAPTER에서 무엇을 배우는지 전반적인 내용을 살펴보고 흐름을 파악해 보세요.

중점을 두고 공부해야 할 부분을 더 꼼꼼히 학습할 수 있습니다.

➕ PLUS 기초를 탄탄히 다진 후에는?

합격을 위한 첫걸음을 뗀 여러분을 위한 교재!
기초서를 통해 쌓은 기초 지식을 바탕으로
이론 학습을 시작하세요.

2026 에듀윌 주택관리사 기본서(5종)
1차: 2025년 8월, 2차: 2025년 10월 출간 예정
※ 상기 교재의 이미지는 변경될 수 있습니다.

구성과 특징

❶ 시험 개요 및 학습 TIP
각 과목의 시험방식과 출제범위를 알아 보고, 각 과목별로 어떻게 공부하면 좋을지 학습 방향도 함께 확인할 수 있습니다.

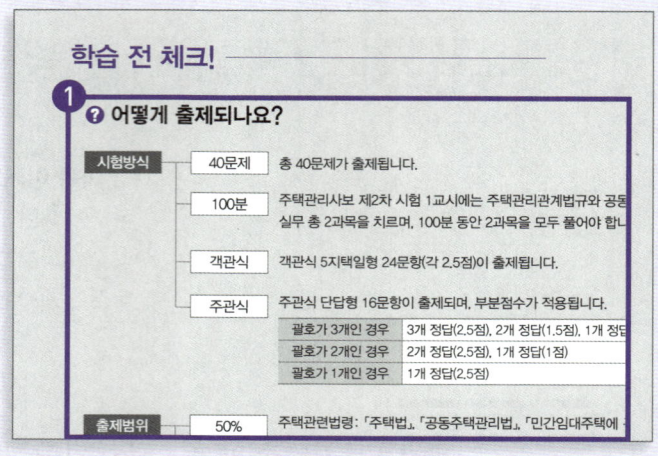

❷ CHAPTER 한눈에 보기
각 CHAPTER마다 어떤 내용을 중점적으로 학습해야 하는지, 어떤 용어를 배우는지 확인할 수 있습니다.

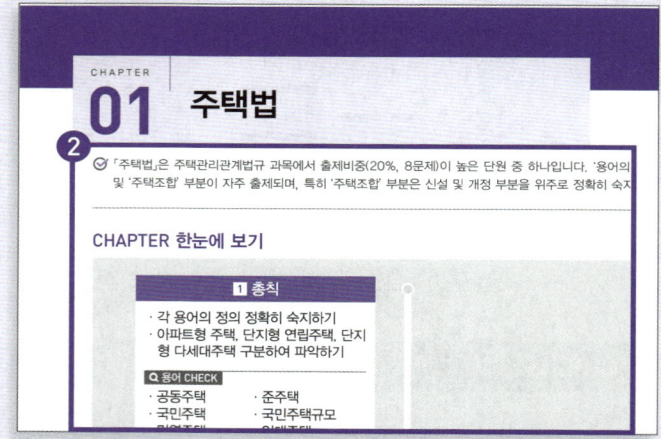

❸ 용어 보충
개념을 공부할 때 반드시 알아야 하는 용어를 쉬운 설명을 통해 학습할 수 있습니다.

(2) 「민간임대주택에 관한 특별법」 및 「공공주택 특별법」과의 관계
임대주택의 관리에 관하여 「민간임대주택에 관한 특별법」 또는 「공공주택 특별법」에서 정하지 아니한 사항에 대하여는 「공동주택관리법」을 적용한다.

④ 이렇게 출제!

03 「공동주택관리법」상 다른 법률과의 관계에 관한 내용이다. (　)에 용어를 쓰시오.

제4조【다른 법률과의 관계】① 공동주택의 관리에 관하여 이 법에서 정하지 한 사항에 대하여는 (㉠)(을)를 적용한다.
② 임대주택의 관리에 관하여 「민간임대주택에 관한 특별법」 또는 (㉡ 정하지 아니한 사항에 대하여는 이 법을 적용한다.

[정답] ㉠ 「주택법」, ㉡ 「공공주

④ 이렇게 출제!
기초 개념이 어떻게 출제되는지 대표 문제로 출제 패턴을 파악할 수 있습니다.

⑤ 중요 개념 확인하기!

❶ 주택법령상 공동주택의 종류에는 아파트, 연립주택, 다세대주택, 기숙사가

❷ 세대수 증가형 리모델링이란 각 세대의 증축 가능 면적을 합산한 면적의 범서 기존 세대수의 15퍼센트 이내에서 세대수를 증가하는 증축 행위를 말

❸ 주택법령상 폭 20미터 이상인 일반도로로 분리된 토지는 각각 별개의 주택로 본다.

❹ 도시형 생활주택 중 '아파트형 주택'은 건축법상 연립주택이 될 수 있다.

❺ 토지임대부 분양주택의 토지에 대한 임대차기간은 40년 이내로 한다. 이 경지임대부 분양주택 소유자의 75퍼센트 이상이 계약갱신을 청구하는 경우

❻ (　　)(이)란 건축물의 벽·복도·계단이나 그 밖의 설비 등의 전부 또는 일부를 '공동으로 사용'

⑤ 중요 개념 확인하기!
CHAPTER 마지막에 있는 '중요 개념 확인하기!'를 통해 학습한 용어를 다시 한 번 상기하고 중요한 개념을 점검할 수 있습니다.

➕ 특별제공

3주 학습 플래너
기초서 학습에 최적화된 3주 학습 플래너를 따라 공부해 보세요.
효율적인 학습으로 합격의 기초를 다지세요.

차례

SUBJECT 1 | 주택관리관계법규

CHAPTER 01 | 주택법 20
1. 총칙 21
2. 주택의 건설 25
3. 주택의 공급 28
4. 보칙 29

CHAPTER 02 | 공동주택관리법 32
1. 의무관리대상 공동주택 33
2. 입주자대표회의 35
3. 관리규약 등 38
4. 하자보수 39
5. 장기수선계획 40
6. 장기수선충당금 41
7. 주택관리업자 41
8. 관리사무소장 42
9. 주택관리사등 42

CHAPTER 03 | 민간임대주택에 관한 특별법 45
1. 총칙 46
2. 민간임대주택의 임대 및 관리 48
3. 총정리표 51

CHAPTER 04 | 공공주택 특별법 53
1. 총칙 54
2. 공공주택의 공급 및 관리 56

CHAPTER 05 | 건축법 58
1. 총칙 59
2. 건축물의 건축 62
3. 건축의 규제 등 65

CHAPTER 06 | 기타 법령 69
1. 도시 및 주거환경정비법 70
2. 도시재정비 촉진을 위한 특별법 73
3. 시설물의 안전 및 유지관리에 관한 특별법 75
4. 소방기본법 80
5. 소방시설 설치 및 관리에 관한 법률 82
6. 화재의 예방 및 안전관리에 관한 법률 83
7. 전기사업법 90
8. 승강기 안전관리법 93
9. 집합건물의 소유 및 관리에 관한 법률 97

SUBJECT 2 | 공동주택관리실무

CHAPTER 01 | 총론   106
- 1 용어의 정의   106
- 2 주택   117

CHAPTER 02 | 공동주택관리법령   124
- 1 총칙   124
- 2 공동주택의 관리방법   125
- 3 관리규약 등   144
- 4 공동주택 관리기구   156
- 5 주택관리사등의 자격   183
- 6 공동주택관리 분쟁조정   188
- 7 대외업무관리   197
- 8 관리비 및 회계운영   212
- 9 시설관리   222
- 10 하자담보책임 및 하자분쟁조정   229
- 11 공동주택관리법령상 안전관리   262
- 12 협회   266
- 13 보칙   269
- 14 벌칙   276

SUBJECT 1

주택관리 관계법규

CHAPTER 01　주택법
CHAPTER 02　공동주택관리법
CHAPTER 03　민간임대주택에 관한 특별법
CHAPTER 04　공공주택 특별법
CHAPTER 05　건축법
CHAPTER 06　기타 법령

학습 전 체크!

❓ 어떻게 출제되나요?

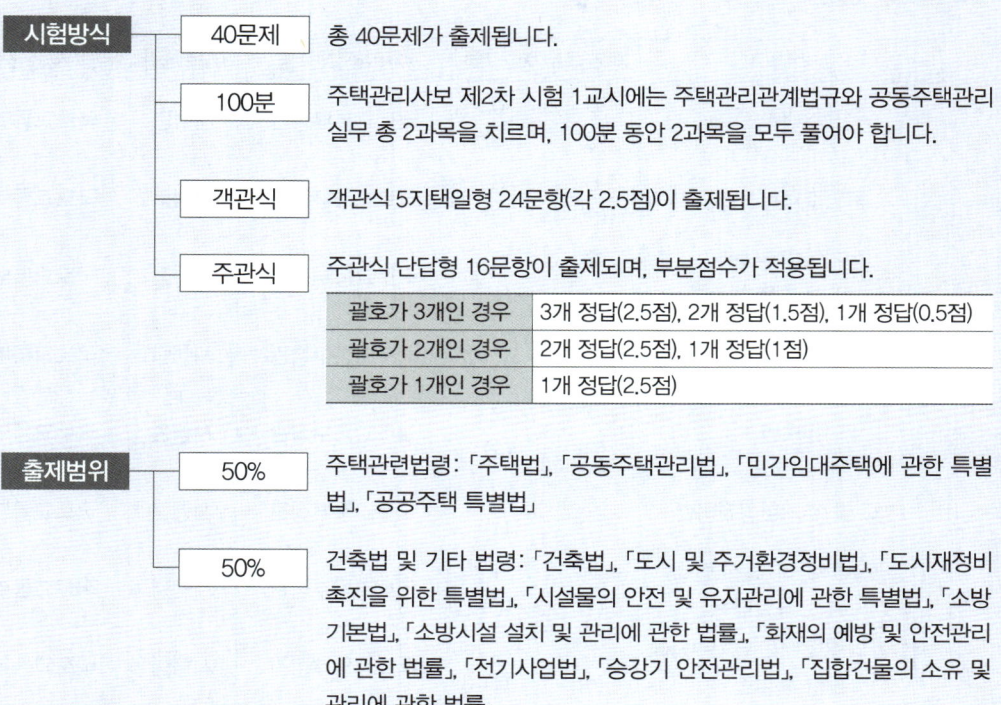

시험방식		
40문제	총 40문제가 출제됩니다.	
100분	주택관리사보 제2차 시험 1교시에는 주택관리관계법규와 공동주택관리실무 총 2과목을 치르며, 100분 동안 2과목을 모두 풀어야 합니다.	
객관식	객관식 5지택일형 24문항(각 2.5점)이 출제됩니다.	
주관식	주관식 단답형 16문항이 출제되며, 부분점수가 적용됩니다.	
	괄호가 3개인 경우	3개 정답(2.5점), 2개 정답(1.5점), 1개 정답(0.5점)
	괄호가 2개인 경우	2개 정답(2.5점), 1개 정답(1점)
	괄호가 1개인 경우	1개 정답(2.5점)

출제범위		
50%	주택관련법령: 「주택법」, 「공동주택관리법」, 「민간임대주택에 관한 특별법」, 「공공주택 특별법」
50%	건축법 및 기타 법령: 「건축법」, 「도시 및 주거환경정비법」, 「도시재정비 촉진을 위한 특별법」, 「시설물의 안전 및 유지관리에 관한 특별법」, 「소방기본법」, 「소방시설 설치 및 관리에 관한 법률」, 「화재의 예방 및 안전관리에 관한 법률」, 「전기사업법」, 「승강기 안전관리법」, 「집합건물의 소유 및 관리에 관한 법률」

❗ 이렇게 공부하세요!

범위를 줄여서 효율적인 공부!

방대한 양의 법령을 다루고 있으므로 범위를 최대한 줄여 그 부분을 정확하게 이해하고 암기하는 것이 중요합니다.

정확한 이해는 필수!

'주택의 관리'와 관련성이 많으면서 기본적인 부분, 출제가 많이 된 부분, 최근 개정 및 신설된 부분을 정확하게 이해하고 숙지해야 합니다.

자주 보고 암기하자!

효율적인 암기를 위해서는 우선 이론을 확실히 이해하고 여러 차례 복습해야 합니다.

주택관리관계법규 미리 콕! 알아두기

1. 출제 법령 등

법령	제26회	제27회	주무부장관 등	대통령령	부령(시행규칙) 등
주택법	8 (3)	8 (3)	국토교통부장관	시행령	국토교통부령
공동주택관리법	8 (3)	8 (3)	국토교통부장관	시행령	국토교통부령
민간임대주택에 관한 특별법	2 (1)	2 (1)	국토교통부장관	시행령	국토교통부령
공공주택 특별법	2 (1)	2 (1)	국토교통부장관	시행령	국토교통부령
건축법	7 (3)	7 (2)	국토교통부장관	시행령	국토교통부령
도시 및 주거환경정비법	2 (1)	2 (1)	국토교통부장관	시행령	국토교통부령
도시재정비 촉진을 위한 특별법	1 (1)	1 (0)	국토교통부장관	시행령	국토교통부령
시설물의 안전 및 유지관리에 관한 특별법	2 (1)	2 (1)	국토교통부장관	시행령	국토교통부령
소방기본법	1 (0)	1 (1)	소방청장	시행령	행정안전부령
화재의 예방 및 안전관리에 관한 법률	1 (0)	1 (1)	소방청장	시행령	행정안전부령
소방시설 설치 및 관리에 관한 법률	1 (0)	1 (0)	소방청장	시행령	행정안전부령
전기사업법	2 (1)	2 (1)	산업통상자원부장관	시행령	산업통상자원부령
승강기 안전관리법	2 (1)	2 (1)	행정안전부장관	시행령	행정안전부령
집합건물의 소유 및 관리에 관한 법률	1 (0)	1 (0)	(법무부장관)	(시행령)	–
합계	40 (16)	40 (16)			

*( )는 주관식 단답형 출제문항 수이며, 분류 기준에 따라 수치가 달라질 수 있습니다.

2. 주택관리관계법규 공부를 시작하기 전에 알아두어야 할 기초지식

(1) 행정기관 중 '국가'
국토교통부(장관), 산업통상자원부(장관), 행정안전부(장관), 소방청(장) 등

(2) '행정구역' 및 '지방자치단체'
① 서울특별시 노원구 상계동
  ㉠ 특별시: (광역)지방자치단체로서 '시, 도'에 속함
    ※ '특별시장'은 지방자치단체의 장으로서 '시, 도지사'에 속함
  ㉡ 노원구: (기초)지방자치단체로서 '시, 군, 구'에 속하며, 자치구임
    ※ '노원구청장'은 지방자치단체의 장으로서 '시장, 군수, 구청장'에 속함
  ㉢ 상계동: 지방자치단체가 아님

② 인천광역시 부평구 부평동
  ㉠ 광역시: (광역)지방자치단체로서 '시, 도'에 속함
    ※ '광역시장'은 지방자치단체의 장으로서 '시, 도지사'에 속함
  ㉡ 부평구: (기초)지방자치단체로서 '시, 군, 구'에 속하며, 자치구임
    ※ '부평구청장'은 지방자치단체의 장으로서 '시장, 군수, 구청장'에 속함
  ㉢ 부평동: 지방자치단체가 아님

③ 인천광역시 강화군 강화읍
  ㉠ 강화군: (기초)지방자치단체로서 '시, 군, 구'에 속함
    ※ '강화군수'는 지방자치단체의 장으로서 '시장, 군수, 구청장'에 속함
  ㉡ 강화읍: 지방자치단체가 아님

④ 경기도 성남시 분당구
  ㉠ 경기도: (광역)지방자치단체로서 '시, 도'에 속함
    ※ '경기도지사'는 지방자치단체의 장으로서 '시, 도지사'에 속함
  ㉡ 성남시: (기초)지방자치단체로서 '시, 군, 구'에 속함
    ※ '성남시장'은 지방자치단체의 장으로서 '시장, 군수, 구청장'에 속함
    ※ '성남시'는 인구 50만 이상으로서 '대도시'이기도 하며, '성남시장'은 '대도시의 시장'임
  ㉢ 분당구: 지방자치단체가 아니며, 자치구도 아님
    ※ '분당구청장'은 지방자치단체의 장이 아니며, 자치구의 구청장도 아님

⑤ **경기도 과천시 과천동**
　㉠ 과천시: (기초)지방자치단체로서 '시, 군, 구'에 속함
　　※ '과천시장'은 지방자치단체의 장으로서 '시장, 군수, 구청장'에 속함
　　※ '과천시'는 인구 50만 미만으로서 '대도시가 아닌 시'이고, '과천시장'은 '대도시가 아닌 시의 시장'임
　㉡ 과천동: 지방자치단체가 아님
⑥ **경기도 양평군 양서면**
　㉠ 양평군: (기초)지방자치단체로서 '시, 군, 구'에 속함
　　※ '양평군수'는 지방자치단체의 장으로서 '시장, 군수, 구청장'에 속함
　㉡ 양서면: 지방자치단체가 아님
⑦ **세종특별자치시 연기면 또는 조치원읍 또는 한솔동**
　㉠ 세종특별자치시: (광역)지방자치단체로서 '시, 도'에 속함
　　※ '세종특별자치시장'은 지방자치단체의 장으로서 '시, 도지사'에 속함
　㉡ 연기면 또는 조치원읍 또는 한솔동: 지방자치단체가 아님
⑧ **제주특별자치도 제주시**
　㉠ 제주특별자치도: (광역)지방자치단체로서 '시, 도'에 속함
　　※ '제주특별자치도지사'는 지방자치단체의 장으로서 '시, 도지사'에 속함
　㉡ 제주시: 지방자치단체가 아님
　　※ '제주시장'은 지방자치단체의 장이 아님

(3) 행정기관 중 '지방자치단체의 장' (특별자치도 = 제주 + 강원 + 전북)
① **'시, 도지사'** = 특별시장, 광역시장, 특별자치시장, 도지사, 특별자치도지사
② **특별시장, 광역시장, 도지사** = '시, 도지사' 중 특별자치시장 및 특별자치도지사 제외
③ **'시장, 군수, 구청장' 중 시장**
　= 특별시장, 광역시장, 특별자치시장을 제외한 '시장'
　= '대도시의 시장' 및 '대도시가 아닌 시의 시장' 포함
④ **'자치구의 구청장'** = 특별시, 광역시의 구청장(주민이 투표로 선출함)
⑤ **'자치구가 아닌 구청장'** = '각 도의 시'의 구청장(주민이 투표로 선출하지 아니함)
⑥ **'대도시의 시장'** = 서울특별시, 광역시, 특별자치시를 제외한 인구 50만 이상의 시장
⑦ **'대도시가 아닌 시의 시장'** = 서울특별시, 광역시, 특별자치시를 제외한 인구 50만 미만의 시장

⑧ '**시장, 군수**' 중 시장 = '대도시의 시장' 및 '대도시가 아닌 시의 시장' 포함
⑨ 「**건축법**」
  ㉠ 원칙적인 '허가권자' = 특별자치시장, 특별자치도지사 또는 시장, 군수, 구청장
  ㉡ 21층 이상, 10만 제곱미터 이상인 경우의 '허가권자' = 특별시장, 광역시장
⑩ 「**도시 및 주거환경정비법**」(인가권자)
  '시장, 군수 등' = 특별자치시장, 특별자치도지사, 시장, 군수, 자치구의 구청장

(4) 지방자치단체의 '조례'('지방의회'에서 정함)
① '**시, 도**' 조례 = 특별시, 광역시, 특별자치시, 도, 특별자치도의 조례
② '**시, 군, 구**' 조례 = [특별시, 광역시, 특별자치시를 제외한 '시'] 및 ['군', '구'의 조례]

(5) 지침
국토교통부장관이 고시하는 '주택관리업자 및 사업자 선정지침' → '법령'이 아님

(6) 공고
① **국가**: 관보
② **지방자치단체**: 공보
③ **기타**: 일간신문
※ 소유권 이전 고시: 지방자치단체의 공보에 고시(도시 및 주거환경정비법)

(7) 「형법」상의 형벌
① **사형**
② **징역**: 수형자를 교도소 내에 구치하여 정역(일정한 노역이나 부역)에 복무하게 하는 것으로, 자유형 중 가장 무거운 형벌이다.
③ **금고**: 수형자를 교도소 내에 구치하여 자유를 박탈하되, 정역에 복무하지 않는다는 점에서 징역과 구별된다.
④ **벌금**: 범죄인에 대해 일정한 금액의 지급 의무를 강제적으로 부과하는 것으로, 재산형 중 가장 무거운 형벌이다. 벌금은 50,000원 이상으로 하며, 상한에는 제한이 없다.
  ▶ 과료: 범죄인에게 일정한 금액의 지급 의무를 강제적으로 부담하게 한다는 점에서 벌금형과 동일하나, 경미한 범죄에 대해 부과되며 그 금액이 적다는 점에서 차이가 있다. 과료는 2,000원 이상 50,000원 미만이다.
  ▶ 몰수: 범죄 반복의 방지나 범죄에 의한 이득의 금지를 목적으로 범죄 행위와 관련된 재산을 박탈하는 것이다.

⑤ **자격 상실**: 일정한 형의 선고가 있으면 그 형의 효력으로서 당연히 일정한 자격이 상실되는 것을 의미한다.
⑥ **자격 정지**: 일정한 기간 동안 일정한 자격의 전부 또는 일부를 정지시키는 것을 일컫는다.

(8) 과징금 및 과태료
① **과징금**
  ㉠ 주로 경제법상의 의무를 위반한 자가 해당 위반행위로 경제적 이익을 얻을 것이 예정되어 있는 경우 해당 의무위반행위로 인한 불법적인 이익을 박탈하기 위해 그 이익액에 따라 과해지는 일종의 '행정제재금'을 말한다.
  ㉡ 사례
    ⓐ 주택관리업자에 대해 '영업정지'에 갈음하여 2천만원 이하 과징금
    ⓑ 주택임대관리업자에 대해 '영업정지'에 갈음하여 1천만원 이하 과징금
② **과태료**
  ㉠ 행정상의 질서 위반 행위에 대한 제재이다.
  ㉡ 사례(공동주택관리법)
    ⓐ 하자보수보증금을 용도 외의 용도로 사용한 경우: 2천만원 이하의 과태료
    ⓑ 관리비 등을 용도 외의 용도로 사용한 경우: 1천만원 이하의 과태료
    ⓒ 주택관리업자가 교육을 받지 아니한 경우: 5백만원 이하의 과태료 등

(9) 이행강제금
① 허가권자는 위반건축물에 대해 해체 등의 '시정명령'을 할 수 있으며, 이를 이행하지 아니한 건축주에게 1년에 2회의 범위 내에서 지방자치단체의 조례로 정하는 횟수만큼 그 시정명령이 이행될 때까지 반복적으로 이행강제금을 부과·징수할 수 있다(건축법).
② 시장·군수 또는 구청장은 특별관리지역 지정 이전부터 적법한 허가를 거치지 아니하고 설치한 건축물에 대해 철거 등 '시정명령'을 할 수 있으며, 이를 이행하지 아니한 자에 대하여 1년에 2회의 범위 안에서 그 시정명령이 이행될 때까지 반복하여 이행강제금을 부과·징수할 수 있다(공공주택 특별법).

(10) 일반법 및 특별법

① 「건축법」(일반법) → 「주택법」(특별법)
② 「주택법」(일반법) → 「민간임대주택에 관한 특별법」 및 「공공주택 특별법」(특별법)
③ 「건축법」 및 「주택법」(일반법) → 「도시 및 주거환경정비법」(특별법)
④ 「집합건물의 소유 및 관리에 관한 법률」(일반법) → 「공동주택관리법」(특별법)

3. '상대평가 실시' 관련 규정

「공동주택관리법」 제67조 제5항 【주택관리사등의 자격】
⑤ 국토교통부장관은 직전 3년간 사업계획승인을 받은 공동주택 단지 수, 직전 3년간 주택관리사보 자격시험 응시인원, 주택관리사등의 취업현황과 주택관리사보 시험위원회의 심의의견 등을 고려하여 해당 연도 주택관리사보 자격시험의 선발예정인원을 정한다. 이 경우 국토교통부장관은 선발예정인원의 범위에서 '대통령령으로 정하는 합격자 결정 점수 이상을 얻은 사람'으로서 전 과목 총득점의 고득점자 순으로 주택관리사보 자격시험 합격자를 결정한다.

「공동주택관리법 시행령」 제75조 【시험합격자의 결정】
① 법 제67조 제5항 후단에서 '대통령령으로 정하는 합격자 결정 점수 이상을 얻은 사람'이란 다음 각 호의 구분에 따른 사람을 말한다.
  1. 제1차 시험: 과목당 100점을 만점으로 하여 모든 과목 40점 이상이고 전 과목 평균 60점 이상의 득점을 한 사람
  2. 제2차 시험: 과목당 100점을 만점으로 하여 모든 과목 40점 이상이고 전 과목 평균 60점 이상의 득점을 한 사람. 다만, 모든 과목 40점 이상이고 전 과목 평균 60점 이상의 득점을 한 사람의 수가 법 제67조 제5항 전단에 따른 선발예정인원에 미달하는 경우에는 모든 과목 40점 이상을 득점한 사람을 말한다.
② 법 제67조 제5항 후단에 따라 제2차 시험 합격자를 결정하는 경우 동점자로 인하여 선발예정인원을 초과하는 경우에는 그 동점자 모두를 합격자로 결정한다. 이 경우 동점자의 점수는 소수점 이하 둘째 자리까지만 계산하며, 반올림은 하지 아니한다.

「공동주택관리법 시행령」 제74조 【주택관리사보 자격시험】
① 주택관리사보 자격시험은 제1차 시험 및 제2차 시험으로 구분하여 시행한다.
② 제1차 시험은 선택형을 원칙으로 하되, 주관식 단답형 또는 기입형을 가미할 수 있다.
③ 제2차 시험은 논문형을 원칙으로 하되, 주관식 단답형 또는 기입형을 가미할 수 있다. 다만, 국토교통부장관이 필요하다고 인정하는 경우에는 주택관리사보 시험위원회의 의결을 거쳐 위 ②에 따른 방법으로 실시할 수 있다.
④ 제2차 시험은 제1차 시험에 합격한 사람에 대하여 실시한다.

CHAPTER 01 주택법

✓ 「주택법」은 주택관리관계법규 과목에서 출제비중(20%, 8문제)이 높은 단원 중 하나입니다. '용어의 정의'와 '리모델링' 및 '주택조합' 부분이 자주 출제되며, 특히 '주택조합' 부분은 신설 및 개정 부분을 위주로 정확히 숙지해 두길 바랍니다.

CHAPTER 한눈에 보기

1 총칙
- 각 용어의 정의 정확히 숙지하기
- 아파트형 주택, 단지형 연립주택, 단지형 다세대주택 구분하여 파악하기

Q 용어 CHECK
- 공동주택
- 준주택
- 국민주택
- 국민주택규모
- 민영주택
- 임대주택
- 임대사업자
- 사업주체
- 관리주체
- 입주자
- 사용자
- 리모델링
- 도시형 생활주택

2 주택의 건설
- 주택조합의 종류, 설립 절차, 조합원 등 파악하기

3 주택의 공급
- 분양가상한제 적용주택, 투기과열지구, 조정대상지역, 분양가상한제 적용지역 파악하기
- 전매 제한 숙지하기

Q 용어 CHECK
- 공공택지

4 보칙
- 토지임대부 분양주택 및 주택상환사채 파악하기
- 리모델링 숙지하기

Q 용어 CHECK
- 토지임대부 분양주택

발문 미리보기
- 주택법령상 용어의 뜻에 의할 때 주택에 해당하지 않는 것을 모두 고른 것은?
- 주택법령상 주택조합에 관한 설명으로 옳지 않은 것은?
- 주택법령상 토지임대부 분양주택에 관한 설명으로 옳은 것은?

| POINT | '용어의 정의'는 「주택법」에서 가장 기초가 되면서도 가장 중요한 부분 중 하나입니다. 특히, 「건축법」상 건축물과 비교하여 출제되는 경우가 많으므로 연계하여 학습하는 것이 좋습니다. 토지임대부 분양주택 및 주택상환사채도 자주 출제되므로 숙지하기 바랍니다. 특히, 도시형생활주택 중 '소형 주택'이 '아파트형 주택'으로 그 이름과 내용이 개정이 된 점을 숙지하시기 바랍니다.

1 총칙

1. 용어의 정의

(1) 주택
세대(世帶)의 구성원이 장기간 '독립된 주거생활'을 할 수 있는 구조로 된 건축물의 전부 또는 일부 및 그 '부속토지'를 말하며, 단독주택과 공동주택으로 구분한다.

(2) 단독주택
1세대가 하나의 건축물 안에서 '독립된 주거생활'을 할 수 있는 구조로 된 주택을 말하며, 그 종류와 범위는 단독주택, 다중주택, 다가구주택이고, 건축법령상 단독주택에 속하는 '공관'은 주택법령상 단독주택이 아니다.

(3) 공동주택
건축물의 벽·복도·계단이나 그 밖의 설비 등의 전부 또는 일부를 '공동으로 사용'하는 각 세대가 하나의 건축물 안에서 각각 '독립된 주거생활'을 할 수 있는 구조로 된 주택을 말하며, 그 종류와 범위는 아파트, 연립주택, 다세대주택이고, 건축법령상 공동주택에 속하는 '기숙사'는 주택법령상 공동주택이 아니다.

(4) 준주택
'주택 외'의 건축물과 그 '부속토지'로서 '주거시설'로 이용가능한 시설 등을 말하며, 그 종류와 범위는 기숙사, 다중생활시설, 노인복지주택, 오피스텔이고, 준주택은 '주택도시기금'의 지원을 받아 건설될 수 있다.

(5) 국민주택
다음의 어느 하나에 해당하는 주택으로서 '국민주택규모 이하'인 주택을 말한다.
① 국가·지방자치단체, 한국토지주택공사 또는 지방공사가 건설하는 주택
② '국가·지방자치단체의 재정' 또는 「주택도시기금법」에 따른 '주택도시기금'으로부터 자금을 지원받아 건설되거나 개량되는 주택

(6) 국민주택규모
'주거전용면적'이 1호(戶) 또는 1세대당 85제곱미터 이하인 주택(수도권정비계획법 제2조 제1호에 따른 수도권을 제외한 도시지역이 아닌 읍 또는 면 지역은 1호 또는 1세대당 주거전용면적이 100제곱미터 이하인 주택)을 말한다.

(7) 민영주택

국민주택을 제외한 주택을 말한다.

(8) 임대주택

임대를 목적으로 하는 주택으로서, 「공공주택 특별법」 제2조 제1호 가목에 따른 '공공임대주택'과 「민간임대주택에 관한 특별법」 제2조 제1호에 따른 '민간임대주택'으로 구분한다.

① **공공임대주택**: 공공주택사업자(임대하는 사람) ↔ 임차인(임차하는 사람)
② **민간임대주택**: 임대사업자(임대하는 사람) ↔ 임차인(임차하는 사람)

> **용어 보충** 임대사업자
>
> 「민간임대주택에 관한 특별법」에 따른 임대사업자 및 「공공주택 특별법」에 따른 공공주택사업자를 말한다.

(9) 사업주체

'주택건설사업계획 또는 대지조성사업계획의 승인'을 받아 그 사업을 시행하는 다음의 자를 말한다.

① 국가·지방자치단체
② 한국토지주택공사 또는 지방공사
③ 법 제4조에 따라 '등록'한 주택건설사업자 또는 대지조성사업자
④ 그 밖에 이 법에 따라 주택건설사업 또는 대지조성사업을 시행하는 자

(10) 관리주체

「공동주택관리법」 제2조 제1항 제10호에 따른 관리주체를 말한다.

> **참고** 「공동주택관리법」 제2조 제1항 제10호에 따른 '관리주체'
>
> '관리주체'란 공동주택을 관리하는 다음의 자를 말한다.
> ① 자치관리기구의 대표자인 공동주택의 '관리사무소장'
> ② 관리업무를 인계하기 전의 '사업주체'
> ③ '주택관리업자'
> ④ '임대사업자'
> ⑤ 「민간임대주택에 관한 특별법」 제2조 제11호에 따른 '주택임대관리업자'(시설물 유지·보수·개량 및 그 밖의 주택관리 업무를 수행하는 경우에 한정한다)

(11) 입주자

다음의 구분에 따른 자를 말한다.

① **법 제8조·제54조·제57조의2·제64조·제88조·제91조 및 제104조의 경우**: 주택을 공급받는 자
② **법 제66조의 경우**: 주택의 소유자 또는 그 소유자를 대리하는 배우자 및 직계존비속

(12) 사용자

「공동주택관리법」 제2조 제1항 제6호에 따른 사용자를 말한다.

> **참고** 「공동주택관리법」 제2조 제1항 제6호에 따른 '사용자'
> 공동주택을 임차하여 사용하는 사람('임대주택'의 '임차인'은 제외한다) 등을 말한다.

(13) 리모델링

건축물의 노후화 억제 또는 기능 향상 등을 위한 다음의 어느 하나에 해당하는 행위를 말한다.

① 대수선(大修繕)
② 사용검사일(주택단지 안의 공동주택 전부에 대하여 임시사용승인을 받은 경우에는 그 임시사용승인일을 말한다) 또는 「건축법」에 따른 사용승인일부터 15년(15년 이상 20년 미만의 연수 중 '시·도'의 조례로 정하는 경우에는 그 연수로 한다)이 지난 공동주택을 각 세대의 주거전용면적의 30퍼센트 이내(세대의 주거전용면적이 85제곱미터 미만인 경우에는 40퍼센트 이내)에서 증축하는 행위. 이 경우 공동주택의 기능 향상 등을 위하여 공용부분에 대하여도 별도로 증축할 수 있다.
③ 위 ②에 따른 각 세대의 증축 가능 면적을 합산한 면적의 범위에서 기존 세대수의 15퍼센트 이내에서 세대수를 증가하는 증축 행위(이하 '세대수 증가형 리모델링'이라 한다). 다만, 수직으로 증축하는 행위(이하 '수직증축형 리모델링'이라 한다)는 다음 요건을 모두 충족하는 경우로 한정한다.

> ㉠ 최대 3개 층 이하로서 다음의 범위에서 증축할 것
>   ⓐ 기존 건축물의 층수가 15층 이상인 경우: 3개 층
>   ⓑ 기존 건축물의 층수가 14층 이하인 경우: 2개 층
> ㉡ 수직증축형 리모델링의 대상이 되는 기존 건축물의 신축 당시 '구조도'를 보유하고 있을 것

(14) 주택단지

주택건설사업계획 또는 대지조성사업계획의 승인을 받아 주택과 그 부대시설 및 복리시설을 건설하거나 대지를 조성하는 데 사용되는 일단(一團)의 토지를 말한다. 다만, 다음의 시설로 분리된 토지는 각각 별개의 주택단지로 본다.
① 철도·고속도로·자동차전용도로
② 폭 20미터 이상인 일반도로
③ 폭 8미터 이상인 도시계획예정도로
④ 위 ①부터 ③까지의 시설에 준하는 것으로서 대통령령으로 정하는 시설

2. 도시형 생활주택

(1) 의의

'300세대 미만'의 '국민주택규모'에 해당하는 주택으로서 「국토의 계획 및 이용에 관한 법률」에 따른 '도시지역'에 건설하는 주택을 말한다.

(2) 종류

① **아파트형 주택**: 다음의 요건을 모두 갖춘 '아파트'

> ㉠ 세대별로 독립된 주거가 가능하도록 욕실 및 부엌을 설치할 것
> ㉡ 지하층에는 세대를 설치하지 않을 것

② **단지형 연립주택**: 연립주택. 다만, 「건축법」에 따른 건축위원회의 심의를 받은 경우에는 주택으로 쓰는 층수를 5개 층까지 건축할 수 있다.

③ **단지형 다세대주택**: 다세대주택. 다만, 「건축법」에 따른 건축위원회의 심의를 받은 경우에는 주택으로 쓰는 층수를 5개 층까지 건축할 수 있다.

2 주택의 건설

1. 주택건설사업의 등록 및 사업계획의 승인 등

(1) 주택건설사업의 등록

① 연간 '대통령령으로 정하는 호수' 이상의 주택건설사업을 시행하려는 자 또는 연간 1만 제곱미터 이상의 대지조성사업을 시행하려는 자는 국토교통부장관에게 등록해야 한다.

② 위 ①에서 '대통령령으로 정하는 호수'란 다음의 구분에 따른 호수(戶數) 또는 세대수를 말한다.

> ③ **단독주택의 경우**: 20호
> ⑥ **공동주택의 경우**: 20세대. 다만, 도시형 생활주택('아파트형 주택과 주거전용면적이 85제곱미터를 초과하는 주택 1세대를 함께 건축하는 경우'를 포함한다)은 30세대로 한다.

(2) 등록 요건

① **자본금**: 3억원(개인인 경우에는 자산평가액 6억원) 이상

② **다음의 구분에 따른 기술인력**

> ③ **주택건설사업**: 「건설기술 진흥법 시행령」 [별표 1]에 따른 건축 분야 기술인 1명 이상
> ⑥ **대지조성사업**: 「건설기술 진흥법 시행령」 [별표 1]에 따른 토목 분야 기술인 1명 이상

③ **사무실 면적**: 사업의 수행에 필요한 사무장비를 갖출 수 있는 면적

(3) 사업계획승인의 대상(원칙)

다음 호수 이상의 주택건설사업을 시행하려는 자 또는 1만 제곱미터 이상의 대지조성사업을 시행하려는 자는 사업계획승인권자에게 사업계획승인을 받아야 한다.

① **단독주택**: 30호 이상

② **공동주택**: 30세대(리모델링의 경우에는 '증가하는 세대수'를 기준으로 한다) 이상

(4) 착공시기 및 착공신고

① 사업주체는 원칙적으로 사업계획승인을 받은 날부터 5년 이내에 착공하여야 한다.

② 사업주체가 공사를 시작하려는 경우에는 '사업계획승인권자'에게 신고하여야 한다.

2. 주택조합

(1) 종류
① **지역주택조합**: 다음 구분에 따른 지역에 거주하는 주민이 주택을 마련하기 위하여 설립한 조합

> ㉠ 서울특별시·인천광역시 및 경기도
> ㉡ 대전광역시·충청남도 및 세종특별자치시
> ㉢ 충청북도
> ㉣ 광주광역시 및 전라남도
> ㉤ 전북특별자치도
> ㉥ 대구광역시 및 경상북도
> ㉦ 부산광역시·울산광역시 및 경상남도
> ㉧ 강원특별자치도
> ㉨ 제주특별자치도

② **직장주택조합**: 같은 직장의 근로자가 주택을 마련하기 위하여 설립한 조합
③ **리모델링주택조합**: 공동주택의 소유자가 그 주택을 리모델링하기 위하여 설립한 조합

(2) 설립 절차
① 많은 수의 구성원이 주택을 마련하거나 '리모델링'하기 위하여 주택조합을 설립하려는 경우에는 관할 특별자치시장, 특별자치도지사, 시장, 군수 또는 구청장(구청장은 자치구의 구청장을 말하며, 이하 '시장·군수·구청장'이라 한다)의 '인가'를 받아야 한다.
② 위 ①에 따라 주택을 마련하기 위하여 주택조합설립인가를 받으려는 자는 다음의 요건을 모두 갖추어야 한다.

> ㉠ 해당 주택건설대지의 80퍼센트 이상에 해당하는 토지의 사용권원을 확보할 것
> ㉡ 해당 주택건설대지의 15퍼센트 이상에 해당하는 토지의 소유권을 확보할 것

③ '국민주택을 공급받기 위하여 직장주택조합을 설립하려는 자'는 관할 시장·군수·구청장에게 '신고'하여야 한다.

(3) 조합원 모집 신고 및 공개모집
① 지역주택조합 또는 직장주택조합의 설립인가를 받기 위하여 조합원을 모집하려는 자는 해당 주택건설대지의 50퍼센트 이상에 해당하는 토지의 사용권원을 확보하여 관할 시장·군수·구청장에게 신고하고, 공개모집의 방법

으로 조합원을 모집하여야 한다. 조합설립인가를 받기 전에 신고한 내용을 변경하는 경우에도 또한 같다.

② 위 ①에도 불구하고 공개모집 이후 조합원의 사망·자격상실·탈퇴 등으로 인한 결원을 충원하거나 미달된 조합원을 재모집하는 경우에는 신고하지 아니하고 선착순의 방법으로 조합원을 모집할 수 있다.

(4) 리모델링주택조합의 법인격

리모델링주택조합의 법인격에 관하여는 「도시 및 주거환경정비법」 제38조를 준용한다. 이 경우 '정비사업조합'은 '리모델링주택조합'으로 본다.

> **참고** 「도시 및 주거환경정비법」 제38조의 내용
> ① 조합은 법인으로 한다.
> ② 조합은 조합설립인가를 받은 날부터 30일 이내에 주된 사무소의 소재지에서 대통령령으로 정하는 사항을 등기하는 때에 성립한다.
> ③ 조합은 명칭에 '정비사업조합'이라는 문자를 사용하여야 한다.

3. 주택의 감리

(1) 「주택법」상 감리자의 지정

'사업계획승인권자'가 주택건설사업계획을 승인하였을 때와 시장·군수·구청장이 리모델링의 허가를 하였을 때에는 「건축사법」 또는 「건설기술 진흥법」에 따른 감리자격이 있는 자를 해당 주택건설공사의 감리자로 지정하여야 한다.

(2) 감리자의 자격

① **'300세대 미만'의 주택건설공사**: 다음의 어느 하나에 해당하는 자

> ㉠ 「건축사법」에 따라 건축사사무소 개설신고를 한 자
> ㉡ 「건설기술 진흥법」에 따라 등록한 건설엔지니어링사업자

② **'300세대 이상'의 주택건설공사**: 「건설기술 진흥법」에 따라 등록한 건설엔지니어링사업자

4. 사용검사

(1) 사용검사권자

① **원칙**: 시장·군수·구청장
② **예외**: 국토교통부장관(국토교통부장관으로부터 사업계획승인을 받은 경우)

(2) 사용검사권자의 의무

① 사용검사권자는 사용검사의 대상인 주택 또는 대지가 사업계획의 내용에 적합한지를 확인하여야 한다.
② 위 ①에 따른 사용검사는 신청일부터 15일 이내에 하여야 한다.

3 주택의 공급

1. 주택의 공급

(1) 주택공급의 원칙

사업주체(공공주택사업자는 제외한다)가 입주자를 모집하려는 경우에는 국토교통부령으로 정하는 바에 따라 '시장·군수·구청장'의 승인(복리시설의 경우에는 신고를 말한다)을 받아야 한다.

(2) 분양가상한제 적용주택

사업주체가 위 **(1)**에 따라 일반인에게 공급하는 공동주택 중 '다음의 어느 하나에 해당하는 지역'에서 공급하는 주택의 경우에는 법령에 따라 산정되는 분양가격 이하로 공급(이에 따라 공급되는 주택을 '분양가상한제 적용주택'이라 한다)하여야 한다.

① **공공택지**

> **용어 보충** | **공공택지**
>
> 다음의 어느 하나에 해당하는 '공공사업'에 의하여 개발·조성되는 '공동주택'이 건설되는 용지를 말한다.
> ㉠ 국민주택건설사업 또는 대지조성사업
> ㉡ 택지개발사업. 다만, 주택건설 등 사업자가 활용하는 택지는 제외한다.
> ㉢ 산업단지개발사업
> ㉣ 공공주택지구조성사업
> ㉤ 공공지원민간임대주택 공급촉진지구 조성사업(시행자가 수용 또는 사용의 방식으로 시행하는 사업만 해당)
> ㉥ 도시개발사업(시행자가 수용 또는 사용의 방식으로 시행하는 사업과 혼용방식 중 수용 또는 사용의 방식이 적용되는 구역에서 시행하는 사업만 해당)
> ㉦ 경제자유구역개발사업(수용 또는 사용의 방식으로 시행하는 사업과 혼용방식 중 수용 또는 사용의 방식이 적용되는 구역에서 시행하는 사업만 해당)
> ㉧ 혁신도시개발사업
> ㉨ 행정중심복합도시건설사업
> ㉩ 공익사업으로서 대통령령으로 정하는 사업

② '공공택지 외의 택지'에서 주택가격 상승 우려가 있어 국토교통부장관이 「주거기본법」 제8조에 따른 주거정책심의위원회의 심의를 거쳐 지정하는 지역(분양가상한제 적용지역)

(3) 마감자재 목록표

① 사업주체가 시장·군수·구청장의 승인을 받으려는 경우에는 견본주택에 사용되는 마감자재의 규격·성능 및 재질을 적은 목록표(이하 '마감자재 목록표'라 한다)와 견본주택의 각 실의 내부를 촬영한 '영상물' 등을 제작하여 승인권자에게 제출하여야 한다.

② 시장·군수·구청장은 위 ①에 따라 받은 마감자재 목록표와 영상물 등을 사용검사가 있은 날부터 2년 이상 보관하여야 하며, 입주자가 열람을 요구하는 경우에는 이를 공개하여야 한다.

2. 분양가심사위원회

(1) 설치·운영

시장·군수·구청장은 분양가 산정의 적정성 여부 등을 심의하기 위하여 분양가심사위원회를 설치·운영하여야 한다.

(2) 심사결과의 반영

시장·군수·구청장은 입주자모집 승인을 할 때에는 '분양가심사위원회의 심사결과에 따라' 입주자모집 승인 여부를 결정하여야 한다.

4 보칙

1. 토지임대부 분양주택

(1) 의의

토지의 소유권은 사업계획의 승인을 받아 토지임대부 분양주택 건설사업을 시행하는 자가 가지고, 건축물 및 복리시설(福利施設) 등에 대한 소유권[건축물의 전유부분(專有部分)에 대한 구분소유권은 이를 분양받은 자가 가지고, 건축물의 공용부분·부속건물 및 복리시설은 분양받은 자들이 공유한다]은 주택을 분양받은 자가 가지는 주택을 말한다.

(2) 임대차기간
① 토지임대부 분양주택의 토지에 대한 임대차기간은 40년 이내로 한다. 이 경우 토지임대부 분양주택 소유자의 75퍼센트 이상이 계약갱신을 청구하는 경우 40년의 범위에서 이를 갱신할 수 있다.
② 토지임대부 분양주택을 공급받은 자가 토지소유자와 임대차계약을 체결한 경우 해당 주택의 구분소유권을 목적으로 그 토지 위에 위 ①에 따른 임대차기간 동안 지상권이 설정된 것으로 본다.

(3) 토지임대료의 증액 청구
① 토지소유자는 토지임대주택을 분양받은 자와 토지임대료 약정을 체결한 후 2년이 지나기 전에는 토지임대료의 증액을 청구할 수 없다.
② 토지소유자는 토지임대료 약정 체결 후 2년이 지나 토지임대료의 증액을 청구하는 경우에는 「주택임대차보호법 시행령」 제8조 제1항에 따른 차임 등의 증액 청구 한도 비율(20분의 1)을 초과해서는 아니 된다.

(4) 재건축
① 토지임대부 분양주택의 소유자가 임대차기간이 만료되기 전에 「도시 및 주거환경정비법」 등 도시개발 관련 법률에 따라 해당 주택을 철거하고 재건축을 하고자 하는 경우 「집합건물의 소유 및 관리에 관한 법률」 제47조(원칙: 5분의 4 이상 동의)부터 제49조까지에 따라 토지소유자의 동의를 받아 재건축할 수 있다.
② 위 ①의 경우 토지소유자는 정당한 사유 없이 이를 거부할 수 없다.

2. 주택상환사채

(1) 발행
① '한국토지주택공사'와 '등록사업자'는 주택상환사채를 발행할 수 있다.
② 주택상환사채를 발행하려는 자는 주택상환사채발행계획을 수립하여 국토교통부장관의 '승인'을 받아야 한다.

(2) 발행책임과 조건 등
① 주택상환사채는 기명증권으로 하고, 사채권자의 명의변경은 취득자의 성명과 주소를 사채원부에 기록하는 방법으로 하며, 취득자의 성명을 채권에 기록하지 아니하면 사채발행자 및 제3자에게 대항할 수 없다.
② 주택상환사채의 상환기간은 '3년'을 초과할 수 없다. 이 경우 상환기간은 주택상환사채 발행일부터 주택의 공급계약체결일까지의 기간으로 한다.

중요 개념 확인하기!

❶ 주택법령상 공동주택의 종류에는 아파트, 연립주택, 다세대주택, 기숙사가 있다.　　○　│　×

❷ 세대수 증가형 리모델링이란 각 세대의 증축 가능 면적을 합산한 면적의 범위에서 기존 세대수의 15퍼센트 이내에서 세대수를 증가하는 증축 행위를 말한다.　　○　│　×

❸ 주택법령상 폭 20미터 이상인 일반도로로 분리된 토지는 각각 별개의 주택단지로 본다.　　○　│　×

❹ 도시형 생활주택 중 '아파트형 주택'은 건축법상 연립주택이 될 수 있다.　　○　│　×

❺ 토지임대부 분양주택의 토지에 대한 임대차기간은 40년 이내로 한다. 이 경우 토지임대부 분양주택 소유자의 75퍼센트 이상이 계약갱신을 청구하는 경우 40년의 범위에서 이를 갱신할 수 있다.　　○　│　×

❻ (　　　　)(이)란 건축물의 벽·복도·계단이나 그 밖의 설비 등의 전부 또는 일부를 '공동으로 사용'하는 각 세대가 하나의 건축물 안에서 각각 '독립된 주거생활'을 할 수 있는 구조로 된 주택을 말한다. 그 종류와 범위는 아파트, 연립주택, 다세대주택이며, 건축법령상 (　　　　)에 속하는 '기숙사'는 주택법령상 (　　　　)이(가) 아니다.

❼ (　　　　)(이)란 '300세대 미만'의 '국민주택규모'에 해당하는 주택으로서 「국토의 계획 및 이용에 관한 법률」에 따른 '도시지역'에 건설하는 주택을 말한다.

① X 기숙사는 건축법령상 공동주택에 속한다.　② O　③ O　④ X 아파트형 주택은 일정한 요건을 모두 갖춘 '아파트'이어야 하므로 건축법상 연립주택이 될 수 없다.　⑤ O　⑥ 공동주택, 공동주택, 공동주택　⑦ 도시형 생활주택

CHAPTER 02 공동주택관리법

✓ 「공동주택관리법」은 관리사무소장의 업무와 가장 관련이 많은 부분이며, 실무 과목과 겹치는 부분이기도 할 뿐만 아니라 출제비중(20%, 8문제)이 매우 높은 부분이므로, 모두 맞힌다는 마음으로 학습하기 바랍니다. 또한 전 부분을 꼼꼼히 학습해 두면 추후 관리사무소장의 업무를 수행할 때 많은 도움이 될 것입니다.

CHAPTER 한눈에 보기

발문 미리보기

- 공동주택관리법령상 공동주택의 관리방법에 관한 설명으로 옳지 않은 것은?
- 공동주택관리법령상 사업주체에게 하자보수를 청구할 수 있는 자에 해당하지 않는 것은?
- 공동주택관리법령상 관리사무소장에 관한 설명으로 옳지 않은 것은?

| POINT | 「공동주택관리법」은 공동주택의 '관리'에 관한 내용이 주를 이루며, 시험에서 출제빈도가 매우 높습니다. 관리방법의 결정·변경, 입주자대표회의, 장기수선계획 및 장기수선충당금, 하자담보책임, 관리주체, 주택관리업자, 관리사무소장, 주택관리사 등에 관한 내용 등 중요 내용이 많으므로 유의 깊게 학습하기 바랍니다.

1 의무관리대상 공동주택

(1) 의의
'해당 공동주택'을 '전문적으로 관리하는 자(관리주체)'를 두고 '자치 의결기구(입주자대표회의)'를 의무적으로 구성하여야 하는 등 일정한 의무가 부과되는 공동주택을 말한다.

(2) 범위(법 제2조 제2호)
① 300세대 이상의 공동주택
② 150세대 이상으로서 승강기가 설치된 공동주택
③ 150세대 이상으로서 중앙집중식 난방방식(지역난방방식을 포함한다)의 공동주택
④ 「건축법」 제11조에 따른 건축허가를 받아 주택 외의 시설과 주택을 동일 건축물로 건축한 건축물로서 주택이 150세대 이상인 건축물
⑤ 위 ①부터 ④까지에 해당하지 아니하는 공동주택 중 **입주자등**이 대통령령으로 정하는 기준에 따라 동의(전체 입주자등의 3분의 2 이상 서면동의)하여 정하는 공동주택(의무관리대상 전환 공동주택)

용어 보충	입주자등
입주자와 사용자를 말한다.	

(3) 관리의 이관
① 의무관리대상 공동주택을 건설한 사업주체는 입주예정자의 과반수가 입주할 때까지 그 공동주택을 관리하여야 하며, 입주예정자의 과반수가 입주하였을 때에는 입주자등에게 그 사실을 통지하고 해당 공동주택을 관리할 것을 요구하여야 한다.
② 입주자등이 위 ①의 요구를 받았을 때에는 그 요구를 받은 날부터 3개월 이내에 '입주자'를 구성원으로 하는 입주자대표회의를 구성하여야 한다.
③ 입주자대표회의의 회장은 입주자등이 해당 공동주택의 관리방법을 결정(위탁관리하는 방법을 선택한 경우에는 그 주택관리업자의 선정을 포함한다)한 경우에는 이를 '사업주체' 또는 '의무관리대상 전환 공동주택의 관리인'에게 통지하고, 관할 시장·군수·구청장에게 신고하여야 한다. 신고한 사항이 변경되는 경우에도 또한 같다.

(4) 공동주택의 관리방법

입주자등은 '의무관리대상 공동주택'을 자치관리하거나 주택관리업자에게 위탁하여 관리하여야 한다.

(5) 관리방법의 결정 및 변경 방법

① 입주자대표회의 의결로 제안하고 전체 입주자등의 과반수가 찬성
② 전체 입주자등의 10분의 1 이상이 서면으로 제안하고 전체 입주자등의 과반수가 찬성

(6) 자치관리

① 의무관리대상 공동주택의 입주자등이 공동주택을 자치관리할 것을 정한 경우에는 입주자대표회의는 법 제11조 제1항에 따른 요구가 있은 날(법령에 따라 의무관리대상 공동주택으로 전환되는 경우에는 입주자대표회의의 구성 신고가 수리된 날을 말한다)부터 6개월 이내에 공동주택의 관리사무소장을 자치관리기구의 대표자로 선임하고, 일정한 기술인력 및 장비를 갖춘 자치관리기구를 구성하여야 한다.
② 주택관리업자에게 위탁관리하다가 자치관리로 관리방법을 변경하는 경우 입주자대표회의는 그 '위탁관리의 종료일'까지 자치관리기구를 구성하여야 한다.

(7) 자치관리기구의 구성 및 운영

① 자치관리기구는 '입주자대표회의'의 감독을 받는다.
② 자치관리기구 관리사무소장은 입주자대표회의가 입주자대표회의 구성원 과반수의 찬성으로 선임한다.

> **참고 구성원**
> 관리규약으로 정한 정원을 말하며, 해당 입주자대표회의 구성원의 3분의 2 이상이 선출되었을 때에는 그 선출된 인원을 말한다.

> **용어 보충 관리규약**
> 공동주택의 '입주자등'을 보호하고 주거생활의 질서를 유지하기 위하여 '입주자등'이 정하는 자치규약을 말한다.

③ 입주자대표회의는 선임된 관리사무소장이 해임되거나 그 밖의 사유로 결원이 되었을 때에는 그 사유가 발생한 날부터 30일 이내에 새로운 관리사무소장을 선임하여야 한다.

(8) 위탁관리

① 의무관리대상 공동주택의 입주자등이 공동주택을 위탁관리할 것을 정한 경우에는 입주자대표회의는 원칙적으로 '전자입찰방식'에 따라 주택관리업자를 선정하여야 한다.

② 다음의 구분에 따른 사항에 대하여 전체 입주자등의 '과반수'의 동의를 얻을 것

> ⊙ **경쟁입찰**: '입찰의 종류 및 방법', '낙찰방법', '참가자격 제한' 등 입찰과 관련한 중요사항
> ⓒ **수의계약**: '계약상대자 선정', '계약 조건' 등 계약과 관련한 중요사항

③ 기존 '수의계약 규정'이 삭제되고, 그 내용이 다음으로 변경되었다.

> 계약기간이 만료되는 기존 주택관리업자를 '다시' 관리주체로 선정하려는 경우에는 입주자대표회의의 의결로 제안하고, 전체 입주자등의 과반수의 동의를 얻어야 한다.

(9) 의무관리대상 공동주택 전환 등

① 의무관리대상 공동주택으로 전환되는 공동주택(이하 '의무관리대상 전환 공동주택'이라 한다)의 관리인은 '시장·군수·구청장'에게 의무관리대상 공동주택 전환 신고를 하여야 한다. 다만, 관리인이 신고하지 않는 경우에는 입주자등의 10분의 1 이상이 연서하여 신고할 수 있다.

② 의무관리대상 전환 공동주택의 입주자등은 관리규약의 제정 신고가 수리된 날부터 3개월 이내에 입주자대표회의를 구성하여야 하며, 입주자대표회의의 구성 신고가 수리된 날부터 3개월 이내에 공동주택의 관리방법을 결정하여야 한다.

③ 의무관리대상 전환 공동주택의 입주자등이 공동주택을 위탁관리할 것을 결정한 경우 입주자대표회의는 입주자대표회의의 구성 신고가 수리된 날부터 6개월 이내에 주택관리업자를 선정하여야 한다.

④ 의무관리대상 전환 공동주택의 입주자등은 해당 공동주택을 의무관리대상에서 제외할 것을 정할 수 있으며, 이 경우 입주자대표회의의 회장은 시장·군수·구청장에게 의무관리대상 공동주택 '제외 신고'를 하여야 한다.

2 입주자대표회의

(1) 구성 등

입주자대표회의는 4명 이상으로 구성하되, 동별 세대수에 비례하여 '관리규약'으로

정한 '선거구'에 따라 선출된 대표자(이하 '동별 대표자'라 한다)로 구성한다. 이 경우 선거구는 2개 동 이상으로 묶거나 통로나 층별로 구획하여 정할 수 있다.

(2) '동별 대표자'의 선출방법 및 임기

① 동별 대표자는 다음의 요건을 갖춘 '입주자' 중에서 선거구 '입주자등'의 보통·평등·직접·비밀선거를 통해 선출한다. 다만, 입주자인 동별 대표자 후보자가 없는 선거구에서는 일정한 요건을 갖춘 사용자도 동별 대표자로 선출될 수 있다.

> ㉠ 해당 공동주택단지 안에서 주민등록을 마친 후 계속하여 3개월 이상 거주하고 있을 것
> ㉡ 해당 선거구에 주민등록을 마친 후 거주하고 있을 것

② 동별 대표자는 선거구별로 1명씩 선출하되, 그 선출방법은 다음의 구분에 따른다.

> ㉠ 후보자가 2명 이상인 경우: 해당 선거구 전체 입주자등의 과반수가 투표하고 후보자 중 최다 득표자를 선출
> ㉡ 후보자가 1명인 경우: 해당 선거구 전체 입주자등의 과반수가 투표하고 투표자 과반수의 찬성으로 선출

(3) 동별 대표자로 선출될 수 없는 사람

서류 제출 마감일을 기준으로 다음의 어느 하나에 해당하는 사람은 동별 대표자가 될 수 없으며 그 자격을 상실한다.

① 미성년자, 피성년후견인 또는 피한정후견인
② 파산자로서 복권되지 아니한 사람
③ 이 법 또는 「주택법」, 「민간임대주택에 관한 특별법」, 「공공주택 특별법」, 「건축법」, 「집합건물의 소유 및 관리에 관한 법률」을 위반한 범죄로 금고 이상의 실형 선고를 받고 그 집행이 끝나거나(집행이 끝난 것으로 보는 경우를 포함한다) 집행이 면제된 날부터 2년이 지나지 아니한 사람
④ 금고 이상의 형의 집행유예선고를 받고 그 유예기간 중에 있는 사람
⑤ 그 밖에 대통령령으로 정하는 다음의 사람

> ㉠ 이 법 또는 「주택법」, 「민간임대주택에 관한 특별법」, 「공공주택 특별법」, 「건축법」, 「집합건물의 소유 및 관리에 관한 법률」을 위반한 범죄로 '벌금형'을 선고받은 후 2년이 지나지 않은 사람
> ㉡ 선거관리위원회 위원(사퇴하거나 해임 또는 해촉된 사람으로서 그 남은 임기 중에 있는 사람을 포함한다)
> ㉢ 공동주택의 소유자가 서면으로 위임한 대리권이 없는 소유자의 배우자나 직계존비속

② 해당 공동주택 관리주체의 소속 임직원과 해당 공동주택 관리주체에 용역을 공급하거나 사업자로 지정된 자의 소속 임원. 이 경우 관리주체가 주택관리업자인 경우에는 해당 주택관리업자를 기준으로 판단한다.
  ⑩ 해당 공동주택의 동별 대표자를 사퇴한 날부터 1년(해당 동별 대표자에 대한 해임이 요구된 후 사퇴한 경우에는 2년을 말한다)이 지나지 아니하거나 해임된 날부터 2년이 지나지 아니한 사람
  ⑪ 관리비 등을 최근 3개월 이상 연속하여 체납한 사람
  ⑫ 동별 대표자로서 임기 중에 위 ⑪에 해당하여 법 제14조 제5항에 따라 퇴임한 사람으로서 그 남은 임기(남은 임기가 1년을 초과하는 경우에는 1년을 말한다) 중에 있는 사람

(4) '임원'의 선출방법

① 입주자대표회의에는 다음의 임원을 두어야 한다.

> ㉠ 회장 1명
> ㉡ 감사 2명 이상
> ㉢ 이사 1명 이상

② 임원은 동별 대표자 중에서 다음의 구분에 따른 방법으로 선출한다.

> ㉠ 회장 선출방법
>   ⓐ 입주자등의 보통·평등·직접·비밀선거를 통하여 선출
>   ⓑ **후보자가 2명 이상인 경우**: 전체 입주자등의 10분의 1 이상이 투표하고 후보자 중 최다득표자를 선출
>   ⓒ **후보자가 1명인 경우**: 전체 입주자등의 10분의 1 이상이 투표하고 투표자 과반수의 찬성으로 선출
>   ⓓ 다음의 경우에는 입주자대표회의 구성원 과반수의 찬성으로 선출하며, 입주자대표회의 구성원 과반수 찬성으로 선출할 수 없는 경우로서 최다득표자가 2인 이상인 경우에는 추첨으로 선출
>   ⅰ) 후보자가 없거나 위 ⓐ부터 ⓒ까지의 규정에 따라 선출된 자가 없는 경우
>   ⅱ) 위 ⓐ부터 ⓒ까지의 규정에도 불구하고 500세대 미만의 공동주택단지에서 관리규약으로 정하는 경우
> ㉡ 감사 선출방법
>   ⓐ 입주자등의 보통·평등·직접·비밀선거를 통하여 선출
>   ⓑ **후보자가 선출필요인원을 초과하는 경우**: 전체 입주자등의 10분의 1 이상이 투표하고 후보자 중 다득표자 순으로 선출
>   ⓒ **후보자가 선출필요인원과 같거나 미달하는 경우**: 후보자별로 전체 입주자등의 10분의 1 이상이 투표하고 투표자 과반수의 찬성으로 선출
>   ⓓ 다음의 경우에는 입주자대표회의 구성원 과반수의 찬성으로 선출하며, 입주자대표회의 구성원 과반수 찬성으로 선출할 수 없는 경우로서 최다득표자가 2인 이상인 경우에는 추첨으로 선출
>   ⅰ) 후보자가 없거나 위 ⓐ부터 ⓒ까지의 규정에 따라 선출된 자가 없는 경우(선출된 자가 선출필요인원에 미달하여 추가선출이 필요한 경우를 포함한다)

ii) 위 ⓐ부터 ⓒ까지의 규정에도 불구하고 500세대 미만의 공동주택단지에서 관리규약으로 정하는 경우
ⓒ 이사 선출방법
ⓐ 후보자가 선출필요인원을 '초과'하는 경우: 입주자대표회의 구성원의 과반수가 투표하고 후보자 중 다득표자 순으로 선출하며, 순위 내에 득표수가 같은 후보자가 있는 경우로서 그 득표수가 같은 후보자를 모두 선출하면 선출필요인원을 초과하는 경우에는 그 득표수가 같은 후보자들 간에는 '추첨'으로 선출
ⓑ 후보자가 선출필요인원과 '같거나' '미달'하는 경우: '후보자별'로 입주자대표회의 구성원의 과반수가 투표하고 투표자 과반수의 찬성으로 선출
ⓒ 위 ⓐ 및 ⓑ에도 불구하고 '관리규약'에서 '입주자대표회의의 정원'과 '임원의 정원'을 같은 수로 정한 경우에는 회장과 감사가 모두 선출된 후 남은 동별 대표자를 별도의 투표 또는 동의 절차 없이 '이사'로 선출

③ 입주자대표회의는 입주자등의 소통 및 화합의 증진을 위해 그 이사 중 '공동체생활의 활성화에 관한 업무'를 담당하는 이사를 선임할 수 있다.

3 관리규약 등

(1) 관리규약의 준칙 및 관리규약
① '시·도지사'는 공동주택의 입주자등을 보호하고 주거생활의 질서를 유지하기 위해 공동주택의 관리 또는 사용에 관하여 준거가 되는 관리규약의 준칙을 정하여야 한다.
② '입주자등'은 관리규약의 준칙을 참조하여 관리규약을 정한다.

(2) 관리규약의 제정 및 개정
① 사업주체는 입주예정자와 관리계약을 체결할 때 관리규약 제정안을 제안하여야 한다.
② 공동주택 분양 후 최초의 관리규약은 위 ①에 따라 사업주체가 제안한 내용을 해당 입주예정자의 과반수가 서면으로 동의하는 방법으로 결정한다.
③ 위 ②의 경우 사업주체는 해당 공동주택단지의 인터넷 홈페이지에 제안내용을 공고하고 입주예정자에게 개별 통지해야 한다.
④ 의무관리대상 전환 공동주택의 관리규약 제정안은 의무관리대상 전환 공동주택의 관리인이 제안하고, 그 내용을 전체 입주자등 과반수의 서면동의로 결정한다. 이 경우 관리규약 제정안을 제안하는 관리인은 위 ③의 방법에 따라 공고·통지해야 한다.

⑤ 관리규약을 개정하려는 경우에는 다음의 사항을 기재한 개정안을 위 ③의 방법에 따른 공고·통지를 거쳐 '관리방법을 결정하는 방법'으로 결정한다.

> ㉠ 개정 목적
> ㉡ 종전의 관리규약과 달라진 내용
> ㉢ 관리규약준칙과 달라진 내용

4 하자보수

(1) 하자담보책임

다음의 사업주체(이하 4 하자보수에서 '사업주체'라 한다)는 공동주택의 하자에 대해 분양에 따른 담보책임(③ 및 ④의 시공자는 수급인의 담보책임을 말한다)을 진다.
① 사업주체
② 건축허가를 받아 분양을 목적으로 하는 공동주택을 건축한 건축주
③ 공동주택을 증축·개축·대수선하는 행위(주택법에 따른 리모델링은 제외한다)를 한 시공자
④ 「주택법」 제66조에 따른 리모델링을 수행한 시공자

(2) 하자보수 등

① '다음의 자'는 담보책임기간에 하자가 발생한 경우에는 '입주자대표회의등' 또는 임차인등(공공임대주택의 임차인 또는 임차인대표회의)의 청구에 따라 그 하자를 보수하여야 한다.

> ㉠ '사업주체'
> ㉡ 「건설산업기본법」 제28조에 따라 하자담보책임이 있는 자로서 사업주체로부터 건설공사를 일괄 도급받아 건설공사를 수행한 자가 따로 있는 경우에는 그 자

② 위 ①의 '입주자대표회의등'은 다음의 자를 말한다.

> ㉠ 입주자
> ㉡ 입주자대표회의
> ㉢ 관리주체(하자보수청구 등에 관하여 입주자 또는 입주자대표회의를 대행하는 관리주체)
> ㉣ 「집합건물의 소유 및 관리에 관한 법률」에 따른 관리단

③ 사업주체는 담보책임기간에 공동주택에 하자가 발생한 경우에는 하자 발생으로 인한 손해를 배상할 책임이 있다.

(3) 하자보수보증금의 예치의무자

① '사업주체'

② 건설임대주택을 분양전환하려는 경우에는 그 임대사업자

▶ 국가, 지방자치단체, 한국토지주택공사 및 지방공사인 사업주체는 하자보수보증금의 예치의무가 없다.

(4) 하자보수보증금의 예치

① 사업주체 등은 하자보수보증금을 은행에 현금으로 예치하거나 하자보수보증금 지급을 보장하는 보증에 가입하여야 한다. 이 경우 그 예치명의 또는 가입명의는 '사용검사권자' 또는 '사용승인권자'로 하여야 한다.

② 사용검사권자는 입주자대표회의가 구성된 때에는 지체 없이 예치명의 또는 가입명의를 해당 '입주자대표회의'로 변경하고 '입주자대표회의'에 현금 예치증서 또는 보증서를 인계하여야 한다.

③ 입주자대표회의는 인계받은 현금 예치증서 또는 보증서를 해당 공동주택의 관리주체(의무관리대상 공동주택이 아닌 경우에는 집합건물의 소유 및 관리에 관한 법률에 따른 관리인)로 하여금 보관하게 하여야 한다.

5 장기수선계획

> **용어 보충** 　**장기수선계획**
> 공동주택을 오랫동안 안전하고 효율적으로 사용하기 위하여 필요한 '주요 시설'의 교체 및 보수 등에 관하여 법에 따라 수립하는 '장기계획'을 말한다.

(1) 수립대상 공동주택

① 300세대 이상의 공동주택

② 승강기가 설치된 공동주택

③ 중앙집중식 난방방식 또는 지역난방방식의 공동주택

④ 「건축법」 제11조에 따른 건축허가를 받아 주택 외의 시설과 주택을 동일 건축물로 건축한 건축물

(2) 수립의무자

① 사업주체

② 「건축법」에 따른 건축허가를 받아 주택 외의 시설과 주택을 동일 건축물로 건축하는 건축주

③ 「주택법」에 따라 리모델링을 하는 자

(3) 수립 및 인계

장기수선계획의 수립의무자는 장기수선계획을 수립하여 사용검사 또는 사용승인을 신청할 때에 사용검사권자(사용승인권자)에게 제출하고, 사용검사권자(사용승인권자)는 이를 그 공동주택의 '관리주체'에게 인계하여야 한다.

6 장기수선충당금

(1) 적립

관리주체는 장기수선계획에 따라 공동주택의 '주요 시설'의 교체 및 보수에 필요한 장기수선충당금을 해당 주택의 '소유자'로부터 징수하여 적립하여야 한다.

(2) 사용 및 사용절차

① 장기수선충당금의 사용은 '장기수선계획'에 따른다.
② 장기수선충당금은 관리주체가 수선공사 명칭 등의 내용이 포함된 장기수선충당금 사용계획서를 장기수선계획에 따라 작성하고 입주자대표회의의 의결을 거쳐 사용한다(사용절차).

7 주택관리업자

(1) 등록

① 주택관리업(공동주택을 안전하고 효율적으로 관리하기 위하여 입주자등으로부터 '의무관리대상 공동주택'의 관리를 위탁받아 관리하는 업)을 하려는 자는 시장·군수·구청장에게 등록하여야 한다.
② 등록은 주택관리사(임원 또는 사원의 3분의 1 이상이 주택관리사인 상사법인을 포함한다)가 신청할 수 있다.

(2) 지위

등록을 한 주택관리업자가 등록이 말소된 후 2년이 지나지 아니한 때에는 다시 등록할 수 없다.

8 관리사무소장

(1) 배치

① 의무관리대상 공동주택을 관리하는 다음의 어느 하나에 해당하는 자는 '주택관리사'를 해당 공동주택의 관리사무소장으로 배치하여야 한다. 다만, 500세대 미만의 공동주택에는 주택관리사를 갈음하여 '주택관리사보'를 해당 공동주택의 관리사무소장으로 배치할 수 있다.

> ㉠ 입주자대표회의(자치관리의 경우에 한정한다)
> ㉡ 관리업무를 인계하기 전의 사업주체
> ㉢ 주택관리업자
> ㉣ 임대사업자

② 위 ①의 자는 관리사무소장의 보조자로서 '주택관리사등'을 배치할 수 있다.

(2) 손해배상책임

① 주택관리사등은 관리사무소장의 업무를 집행하면서 고의 또는 과실로 입주자등에게 재산상의 손해를 입힌 경우에는 그 손해를 배상할 책임이 있다.

② 손해배상책임을 보장하기 위해 주택관리사등은 다음의 금액을 보장하는 보증보험 또는 공제에 가입하거나 공탁을 하여야 한다.

> ㉠ **500세대 미만의 공동주택**: 3천만원
> ㉡ **500세대 이상의 공동주택**: 5천만원

9 주택관리사등

(1) 주택관리사보

'주택관리사보'가 되려는 사람은 국토교통부장관이 시행하는 자격시험에 합격한 후 시·도지사[지방자치법 제198조에 따른 서울특별시·광역시 및 특별자치시를 제외한 인구 50만 이상의 대도시(이하 '대도시'라 한다)의 경우에는 그 시장을 말한다]로부터 합격증서를 발급받아야 한다.

(2) 주택관리사

'시·도지사'는 주택관리사보 자격시험에 합격하기 전이나 합격한 후 다음의 어느 하나에 해당하는 경력을 갖춘 자에 대하여 주택관리사 자격증을 발급한다.

① 사업계획승인을 받아 건설한 50세대 이상 500세대 미만의 공동주택(건축허가를 받아 주택과 주택 외의 시설을 동일 건축물로 건축한 건축물 중 주택이 50세대 이상 300세대 미만인 건축물을 포함한다)의 '관리사무소장'으로 근무한 경력 3년 이상

② 사업계획승인을 받아 건설한 50세대 이상의 공동주택(건축허가를 받아 주택과 주택 외의 시설을 동일 건축물로 건축한 건축물 중 주택이 50세대 이상 300세대 미만인 건축물을 포함한다)의 관리사무소의 직원(경비원, 청소원 및 소독원은 제외한다) 또는 주택관리업자의 '임직원'으로 주택관리업무에 종사한 경력 5년 이상

③ 한국토지주택공사 또는 지방공사의 직원으로 주택관리업무에 종사한 경력 5년 이상

④ 공무원으로 주택 관련 지도·감독 및 인·허가 업무 등에 종사한 경력 5년 이상

⑤ 주택관리사단체와 국토교통부장관이 정하여 고시하는 공동주택관리와 관련된 단체의 '임직원'으로 주택 관련 업무에 종사한 경력 5년 이상

⑥ 위 ①부터 ⑤까지의 경력을 합산한 기간 5년 이상

(3) 주택관리사등의 '결격 사유' 및 '자격상실 사유'

다음 어느 하나에 해당하는 사람은 주택관리사등이 될 수 없으며 그 자격을 상실한다.

① 피성년후견인 또는 피한정후견인

② 파산선고를 받은 사람으로서 복권되지 아니한 사람

③ 금고 이상의 실형을 선고받고 그 집행이 끝나거나(집행이 끝난 것으로 보는 경우를 포함한다) 집행이 면제된 날부터 2년이 지나지 아니한 사람

④ 금고 이상의 형의 집행유예를 선고받고 그 유예기간 중에 있는 사람

⑤ 주택관리사등의 자격이 취소된 후 3년이 지나지 아니한 사람(위 ① 및 ②에 해당하여 주택관리사등의 자격이 취소된 경우는 제외한다)

(4) 주택관리사등의 자격취소 등

시·도지사는 주택관리사등이 다음의 어느 하나에 해당하면 그 자격을 취소하거나 1년 이내의 기간을 정하여 그 자격을 정지시킬 수 있다. 다만, ①부터 ④까지, ⑦ 중 어느 하나에 해당하는 경우에는 그 자격을 취소하여야 한다.

① 거짓이나 그 밖의 부정한 방법으로 자격을 취득한 경우

② 공동주택의 관리업무와 관련하여 금고 이상의 형을 선고받은 경우

③ 의무관리대상 공동주택에 취업한 주택관리사등이 다른 공동주택 및 상가·오피스텔 등 주택 외의 시설에 취업한 경우

④ 주택관리사등이 자격정지기간에 공동주택관리업무를 수행한 경우
⑤ 고의 또는 중대한 과실로 공동주택을 잘못 관리하여 소유자 및 사용자에게 재산상의 손해를 입힌 경우
⑥ 주택관리사등이 업무와 관련하여 금품수수(收受) 등 부당이득을 취한 경우
⑦ 법 제90조 제4항을 위반하여 다른 사람에게 자기의 명의를 사용하여 이 법에서 정한 업무를 수행하게 하거나 자격증을 대여한 경우
⑧ 법 제93조 제1항에 따른 보고, 자료의 제출, 조사 또는 검사를 거부·방해 또는 기피하거나 거짓으로 보고를 한 경우
⑨ 법 제93조 제3항·제4항에 따른 감사를 거부·방해 또는 기피한 경우

중요 개념 확인하기!

❶ 의무관리대상 공동주택이란 150세대 이상 공동주택 중 해당 공동주택을 전문적으로 관리하는 자를 두고 자치 의결기구를 의무적으로 구성하여야 하는 등 일정한 의무가 부과되는 공동주택을 말한다. ○ | ×

❷ 의무관리대상 공동주택의 입주자등이 공동주택을 자치관리할 것을 정한 경우에는 입주자대표회의는 법령에 따른 요구가 있은 날부터 6개월 이내에 입주자대표회의의 회장을 자치관리기구의 대표자로 선임하고, 자치관리기구를 구성하여야 한다. ○ | ×

❸ 이사 후보자가 선출필요인원을 '초과'하는 경우, 입주자대표회의 구성원의 과반수가 투표하고 후보자 중 다득표자 순으로 선출하며, 순위 내에 득표수가 같은 후보자가 있는 경우로서 그 득표수가 같은 후보자를 모두 선출하면 선출필요인원을 초과하는 경우에는 그 득표수가 같은 후보자들 간에는 '추첨'으로 이사를 선출한다. ○ | ×

❹ 관리주체는 장기수선계획에 따라 공동주택의 주요 시설의 교체 및 보수에 필요한 장기수선충당금을 해당 주택의 사용자로부터 징수하여 적립하여야 한다. ○ | ×

❺ (　　　　)(이)란 공동주택의 '입주자등'을 보호하고 주거생활의 질서를 유지하기 위하여 '입주자등'이 정하는 자치규약을 말한다.

❻ (　　　　)(이)란 공동주택을 오랫동안 안전하고 효율적으로 사용하기 위하여 필요한 '주요 시설'의 교체 및 보수 등에 관하여 법에 따라 수립하는 '장기계획'을 말한다.

① × 의무관리대상 공동주택이란 '해당 공동주택'을 전문적으로 관리하는 자를 두고 자치 의결기구를 의무적으로 구성하여야 하는 등 일정한 의무가 부과되는 공동주택을 말한다. 즉, 의무관리대상 전환 공동주택이 의무관리대상 공동주택에 포함됨으로써 '세대수를 불문'하고 의무관리대상 공동주택이 될 수 있다.　② × '관리사무소장'을 자치관리기구의 대표자로 선임하여야 한다.　③ ○　④ × '소유자'로부터 징수하여 적립하여야 한다.　⑤ 관리규약　⑥ 장기수선계획

CHAPTER 03 민간임대주택에 관한 특별법

✓ 「민간임대주택에 관한 특별법」은 기존 규제 중심의 「임대주택법」을 지원 중심으로 개정하여 (민간)임대사업자에 대한 지원을 강화하고자 만든 법입니다. 임대주택 관련법은 전체 4문제(민간임대주택에 관한 특별법 2문제, 공공주택 특별법 2문제)가 출제되고 있습니다.

CHAPTER 한눈에 보기

1 총칙

- 각 용어의 정의 정확히 숙지하기
- 자기관리형 주택임대관리업과 위탁관리형 주택임대관리업을 비교하여 이해하기
- 오피스텔(준주택)이 민간임대주택이 되기 위한 규모가 120제곱미터 이하로 개정되었으며, 기숙사 中 '일반기숙사'로 리모델링된 건축물 및 '임대형 기숙사'도 민간임대주택이 될 수 있음을 숙지하기(신설)

Q 용어 CHECK
- 민간임대주택
- 민간건설임대주택
- 민간매입임대주택
- 공공지원민간임대주택
- 장기일반민간임대주택
- 단기민간임대주택
- 주택임대관리업

2 민간임대주택의 임대 및 관리

- 임차인의 자격 및 선정방법, 임대료, 임대의무기간 이해하기

Q 용어 CHECK
- 주거지원대상자

3 총정리표

발문 미리보기

- 민간임대주택에 관한 특별법령상 공공지원민간임대주택 공급촉진지구에 관한 설명으로 옳지 않은 것은?
- 민간임대주택에 관한 특별법령상 주택임대관리업에 관한 설명으로 옳지 않은 것은?

| POINT | 「민간임대주택에 관한 특별법」은 '용어의 정의'가 중요하게 다루어지는데, 민간임대주택의 종류에 공공지원민간임대주택 및 장기일반민간임대주택 등 2종류가 있었으나, 최근 '단기민간임대주택'이 신설되어 3종류가 된 점을 특히 유의하기 바랍니다. 특히, '용어의 정의' 및 '민간임대주택의 관리' 부분 중 자체관리 및 위탁관리하여야 할 범위, 임차인대표회의 구성, 장기수선계획 수립대상 및 특별수선충당금 적립대상 등이 최근 개정되었으므로 더욱 유의 깊게 학습할 필요가 있습니다. 또한 임차인의 자격 및 선정방법, 임대료, 임대의무기간, 자기관리형 주택임대관리업과 위탁관리형 주택임대관리업의 비교 등이 중요하게 다루어지므로 철저히 숙지하기 바랍니다.

1 총칙

1. 용어의 정의

(1) 민간임대주택

임대 목적으로 제공하는 주택('토지를 임차하여 건설된 주택' 및 '대통령령으로 정하는 다음의 준주택' 및 '대통령령으로 정하는 일부만을 임대하는 주택'을 포함한다. 이하 같다) 으로서 임대사업자가 법 제5조에 따라 등록한 주택을 말하며, 민간건설임대주택과 민간매입임대주택으로 구분한다.

① 「주택법」제2조 제1호에 따른 '주택 외의 건축물'을 「건축법」에 따라 「주택법 시행령」제4조 제1호의 '기숙사' 중 '일반기숙사'로 리모델링한 건축물
② 「주택법 시행령」제4조 제1호의 '기숙사' 중 '임대형 기숙사'
③ 다음의 요건을 모두 갖춘 「주택법 시행령」제4조 제4호의 '오피스텔'

> ㉠ 전용면적이 '120제곱미터 이하'일 것
> ㉡ 상하수도 시설이 갖추어진 전용 입식 부엌, 전용 수세식 화장실 및 목욕시설(전용 수세식 화장실에 목욕시설을 갖춘 경우를 포함한다)을 갖출 것

(2) 민간건설임대주택

① 임대사업자가 임대를 목적으로 건설하여 임대하는 주택
② 「주택법」제4조에 따라 등록한 주택건설사업자가 같은 법 제15조에 따라 사업 계획승인을 받아 건설한 주택 중 사용검사 때까지 분양되지 아니하여 임대하는 주택

(3) 민간매입임대주택

임대사업자가 매매 등으로 소유권을 취득하여 임대하는 민간임대주택을 말한다.

(4) 공공지원민간임대주택

임대사업자가 다음의 어느 하나에 해당하는 민간임대주택을 10년 이상 임대할 목적으로 취득하여 이 법에 따른 임대료 및 임차인의 자격 제한 등을 받아 임대하는 민간임대주택을 말한다.

① 주택도시기금의 출자를 받아 건설 또는 매입하는 민간임대주택
② 법 제21조 제2호에 따라 용적률을 완화받거나 「국토의 계획 및 이용에 관한 법률」제30조에 따라 용도지역 변경을 통하여 용적률을 완화받아 건설하는 민간임대주택 등

(5) 장기일반민간임대주택

임대사업자가 공공지원민간임대주택이 아닌 주택을 10년 이상 임대할 목적으로 취득하여 임대하는 민간임대주택[아파트(주택법 제2조 제20호의 '도시형 생활주택이 아닌 것'을 말한다)를 임대하는 민간매입임대주택은 '제외'한다]을 말한다.

(6) 단기민간임대주택

임대사업자가 6년 이상 임대할 목적으로 취득하여 임대하는 민간임대주택[아파트(「주택법」제2조 제20호의 도시형 생활주택이 아닌 것을 말한다)는 제외한다]을 말한다.

2. 임대사업자

(1) 의의

「공공주택 특별법」 제4조 제1항에 따른 공공주택사업자가 아닌 자로서 1호 이상의 민간임대주택을 취득하여 임대하는 사업을 할 목적으로 법 제5조에 따라 등록한 자를 말한다.

(2) 등록

① 주택을 임대하려는 자는 특별자치시장·특별자치도지사·시장·군수 또는 구청장(구청장은 자치구의 구청장을 말하며, 이하 '시장·군수·구청장'이라 한다)에게 등록을 신청할 수 있다.

② 위 ①에 따라 등록하는 경우 다음에 따라 구분하여야 한다.

> ㉠ 민간건설임대주택 및 민간매입임대주택
> ㉡ 공공지원민간임대주택, 장기일반민간임대주택 및 단기민간임대주택

3. 주택임대관리업

(1) 의의

주택의 소유자로부터 '임대관리'를 위탁받아 관리하는 업을 말하며, 다음으로 구분한다.

① **자기관리형 주택임대관리업**: 주택의 소유자로부터 주택을 '임차'하여 '자기책임'으로 '전대(轉貸)'하는 형태의 업

② **위탁관리형 주택임대관리업**: 주택의 소유자로부터 '수수료'를 받고 '임대료' 부과·징수 및 '시설물' 유지·관리 등을 '대행'하는 형태의 업

(2) 보증상품의 가입

① '자기관리형 주택임대관리업'을 하는 주택임대관리업자는 임대인 및 임차인의 권리보호를 위하여 다음의 보증상품에 가입하여야 한다.

> ㉠ **'임대인'의 권리보호를 위한 보증**: 자기관리형 주택임대관리업자가 약정한 임대료를 지급하지 아니하는 경우 약정한 임대료의 3개월분 이상의 지급을 책임지는 보증
> ㉡ **'임차인'의 권리보호를 위한 보증**: 자기관리형 주택임대관리업자가 임대보증금의 반환의무를 이행하지 아니하는 경우 임대보증금의 반환을 책임지는 보증

② 자기관리형 주택임대관리업자는 임대인과 '주택임대관리계약'을 체결하거나 임차인과 '주택임대차계약'을 체결하는 경우에는 보증상품 가입을 증명하는 보증서를 임대인 또는 임차인에게 내주어야 한다.

(3) 등록

① 주택임대관리업을 하려는 자는 시장·군수·구청장에게 등록할 수 있다. 다만, 100호 이상의 범위에서 다음의 규모 이상으로 주택임대관리업을 하려는 자(국가, 지방자치단체, 공공기관, 지방공사는 제외한다)는 등록하여야 한다.

> ㉠ **자기관리형 주택임대관리업의 경우**: 단독주택 100호, 공동주택 100세대
> ㉡ **위탁관리형 주택임대관리업의 경우**: 단독주택 300호, 공동주택 300세대

② 위 ①에 따라 등록하는 경우에는 자기관리형 주택임대관리업과 위탁관리형 주택임대관리업을 구분하여 등록하여야 한다. 이 경우 자기관리형 주택임대관리업을 등록한 경우에는 위탁관리형 주택임대관리업도 등록한 것으로 본다.

2 민간임대주택의 임대 및 관리

(1) 민간임대주택의 공급

임대사업자는 임대기간 중 민간임대주택의 임차인 자격 및 선정방법 등에 대하여 다음에서 정하는 바에 따라 공급하여야 한다.

① **공공지원민간임대주택의 경우**: 주거지원대상자 등의 주거안정을 위해 국토교통부령으로 정하는 기준에 따라 공급

> **용어 보충** 주거지원대상자
> '청년·신혼부부' 등 주거지원이 필요한 사람으로서 국토교통부령으로 정하는 요건을 충족하는 사람을 말한다.

② **장기일반민간임대주택 및 '단기민간임대주택'의 경우**: '임대사업자'가 정한 기준에 따라 공급

(2) 임대료

① 임대사업자가 민간임대주택을 임대하는 경우에 최초 임대료(임대보증금과 월임대료를 포함한다. 이하 같다)는 다음의 임대료와 같다.

> ㉠ **공공지원민간임대주택의 경우**: 주거지원대상자 등의 주거안정을 위하여 국토교통부령으로 정하는 기준에 따라 임대사업자가 정하는 임대료
> ㉡ **장기일반민간임대주택 및 단기민간임대주택의 경우**: 임대사업자가 정하는 임대료. 다만, 법 제5조에 따른 민간임대주택 등록 당시 존속 중인 임대차계약(이하 '종전임대차계약'이라 한다)이 있는 경우에는 그 종전임대차계약에 따른 임대료

② 임대사업자는 임대기간 동안 임대료의 증액을 청구하는 경우에는 임대료의 5퍼센트의 범위에서 주거비 물가지수, 인근 지역의 임대료 변동률, 임대주택 세대수 등을 고려하여 대통령령으로 정하는 증액 비율을 초과하여 청구해서는 아니 된다.

③ 위 ②에 따른 임대료 증액 청구는 임대차계약 또는 약정한 임대료의 증액이 있은 후 1년 이내에는 하지 못한다.

(3) 임대의무기간(예외 있음)

① **공공지원민간임대주택**: 10년
② **장기일반민간임대주택**: 10년
③ **단기민간임대주택**: 6년

(4) 자체관리 또는 위탁관리를 하여야 하는 경우

① 300세대 이상의 공동주택
② 150세대 이상의 공동주택으로서 승강기가 설치된 공동주택
③ 150세대 이상의 공동주택으로서 중앙집중식 난방방식 또는 지역난방방식인 공동주택

▶ 주의
1. '공공임대주택의 경우'도 동일함
2. '민간임대주택의 경우'로서 '자체관리'하고자 하는 경우에는 '인가'를 받아야 함

(5) 임차인대표회의

① 임대사업자가 20세대 이상의 범위에서 대통령령으로 정하는 세대(20세대) 이상의 민간임대주택을 공급하는 공동주택단지에 입주하는 임차인은 임차인대표회의를 구성할 수 있다. 다만, 다음의 공동주택단지에 입주하는 임차인은 임차인대표회의를 구성하여야 한다.

> ㉠ 300세대 이상의 공동주택단지
> ㉡ 150세대 이상의 공동주택으로서 승강기가 설치된 공동주택단지
> ㉢ 150세대 이상의 공동주택으로서 중앙집중식 난방방식 또는 지역난방방식인 공동주택단지

② 임대사업자는 입주예정자의 과반수가 입주한 때에는 과반수가 입주한 날부터 30일 이내에 입주현황과 임차인대표회의를 구성할 수 있다는 사실 또는 구성하여야 한다는 사실을 입주한 임차인에게 통지하여야 한다. 다만, 임대사업자가 본문에 따른 통지를 하지 아니하는 경우 시장·군수·구청장이 임차인대표회의를 구성하도록 임차인에게 통지할 수 있다.

③ 위 ①의 단서에 따라 임차인대표회의를 구성하여야 하는 임차인이 임차인대표회의를 구성하지 아니한 경우 임대사업자는 임차인이 임차인대표회의를 구성할 수 있도록 대통령령으로 정하는 바에 따라 지원하여야 한다.

④ '임대사업자'는 임차인이 임차인대표회의를 구성하지 않는 경우에 임차인대표회의를 구성해야 한다는 사실과 협의사항 및 임차인대표회의의 구성·운영에 관한 사항을 반기 1회 이상 '임차인'에게 통지하여야 한다.

(6) 특별수선충당금의 적립 등

① 다음 민간임대주택의 임대사업자는 주요 시설을 교체하고 보수하는 데에 필요한 특별수선충당금을 적립하여야 한다.

> ㉠ 300세대 이상의 공동주택
> ㉡ 150세대 이상의 공동주택으로서 승강기가 설치된 공동주택
> ㉢ 150세대 이상의 공동주택으로서 중앙집중식 난방방식 또는 지역난방방식인 공동주택

② 임대사업자가 위 ①에 따른 민간임대주택을 양도하는 경우에는 특별수선충당금을 「공동주택관리법」 제11조에 따라 최초로 구성되는 입주자대표회의에 넘겨주어야 한다.

3 총정리표

(1) 장기수선충당금, 특별수선충당금 적립대상(장기수선계획의 수립대상: 동일)

장기수선충당금 (공동주택관리법)	특별수선충당금 (민간임대주택에 관한 특별법)	특별수선충당금 (공공주택 특별법)
① 300세대 이상 ② 승강기 설치 ③ 중앙집중식 난방방식 또는 지역난방방식 ④ 건축허가를 받아 주택 외의 시설과 주택을 동일 건축물로 건축한 건축물	① 300세대 이상 ② 150세대 이상 승강기 설치 ③ 150세대 이상 중앙집중식 난방방식 또는 지역난방방식	① 300세대 이상 ② 승강기 설치 ③ 중앙집중식 난방방식

(2) 자치관리(자체관리) 또는 위탁관리하여야 하는 경우(의무관리)

「공동주택관리법」[1]	「민간임대주택에 관한 특별법」[2]	「공공주택 특별법」[2]
① 300세대 이상의 공동주택 ② 150세대 이상 승강기가 설치된 공동주택 ③ 150세대 이상으로 중앙집중식 난방방식(지역난방방식을 포함)의 공동주택 ④ 건축허가를 받아 주택 외의 시설과 주택을 동일 건축물로 건축한 건축물로서 주택이 150세대 이상인 건축물 ⑤ 위 ①부터 ④까지에 해당하지 아니하는 공동주택 중 전체 입주자등의 3분의 2 이상이 서면으로 동의하여 정하는 공동주택	① 300세대 이상 ② 150세대 이상 승강기 설치 ③ 150세대 이상 중앙집중식 난방방식 또는 지역난방방식	① 300세대 이상 ② 150세대 이상 승강기 설치 ③ 150세대 이상 중앙집중식 난방방식 또는 지역난방방식

1. 자치관리
2. 자체관리(공공임대주택의 경우, 민간임대주택에 관한 특별법 준용)

(3) 입주자대표회의 또는 임차인대표회의를 구성하여야 하는 경우

「공동주택관리법」 (입주자대표회의)	「민간임대주택에 관한 특별법」 (임차인대표회의)	「공공주택 특별법」 (임차인대표회의)
위 (2)와 동일	위 (2)와 동일	위 (2)와 동일

중요 개념 확인하기!

❶ 일반적으로 주택임대관리업을 하려는 자는 시장·군수·구청장에게 등록할 수 있으나, 100호 이상의 범위에서 대통령령으로 정하는 규모 이상으로 주택임대관리업을 하려는 자(국가 등을 제외)는 등록하여야 한다. ◯ | ✕

❷ 공공지원민간임대주택, 장기일반민간임대주택 및 단기민간임대주택의 임대의무기간은 모두 10년이다. ◯ | ✕

❸ (   )(이)란 임대사업자가 공공지원민간임대주택이 아닌 주택을 10년 이상 임대할 목적으로 취득하여 임대하는 민간임대주택[아파트(주택법 제2조 제20호의 '도시형 생활주택이 아닌 것'을 말한다)를 임대하는 민간매입임대주택은 '제외'한다]을 말한다.

❹ (   )(이)란 임대사업자가 6년 이상 임대할 목적으로 취득하여 임대하는 민간임대주택[아파트(「주택법」제2조 제20호의 도시형 생활주택이 아닌 것을 말한다)는 제외한다]을 말한다.

① ◯ ② ✕ 공공지원민간임대주택 및 장기일반민간임대주택의 임대의무기간은 10년이지만, 단기민간임대주택의 임대의무기간은 6년이다. ③ 장기일반민간임대주택 ④ 단기민간임대주택

CHAPTER 04 공공주택 특별법

✓ 「임대주택법」이 「민간임대주택에 관한 특별법」과 「공공주택 특별법」으로 분리되면서 「공공주택 특별법」은 현재 2문제가 출제되고 있습니다. '공공임대주택'의 종류는 반드시 알고 있어야 하는 부분으로 확실하게 숙지해 두길 바랍니다.

CHAPTER 한눈에 보기

1 총칙
- 각 용어의 정의 정확히 숙지하기
- '공공임대주택'의 종류 파악하기
- 공공주택지구 및 도심 공공주택 복합지구 숙지하기

🔍 **용어 CHECK**
- 공공주택
- 지분적립형 분양주택
- 이익공유형 분양주택
- 분양전환
- 공공주택사업자
- 영구임대주택
- 국민임대주택
- 행복주택
- 통합공공임대주택
- 장기전세주택
- 분양전환공공임대주택
- 기존주택등매입임대주택
- 기존주택전세임대주택
- 분납임대주택
- 공공건설임대주택

2 공공주택의 공급 및 관리
- 임대의무기간 파악하기

발문 미리보기

- 공공주택 특별법령상 공공주택의 운영·관리에 관한 설명으로 옳지 않은 것은?
- 「공공주택 특별법」 제49조(공공임대주택의 임대조건 등) 규정의 일부이다. ( ) 안에 들어갈 숫자를 순서대로 각각 쓰시오.

| POINT | 「공공주택 특별법」에서 '공공임대주택'의 종류, 임차인의 자격과 선정방법, 임대료, 양도, 전대의 제한, 우선 분양전환, 임대차계약 해지, 임대의무기간, 임대보증금에 대한 보증가입 의무, 장기수선계획, 특별수선충당금, 임대주택분쟁조정위원회는 반드시 알고 있어야 하는 부분입니다.

1 총칙

1. 용어의 정의

(1) 공공주택

'공공주택사업자 등'이 국가 또는 지방자치단체의 재정이나 「주택도시기금법」에 따른 주택도시기금을 지원받아 이 법 또는 다른 법률에 따라 건설, 매입 또는 임차하여 공급하는 다음의 어느 하나에 해당하는 주택을 말한다.

① 임대 또는 임대한 후 분양전환을 할 목적으로 공급하는 「주택법」 제2조 제1호에 따른 주택으로서 대통령령으로 정하는 주택(이하 '공공임대주택'이라 한다)

② 분양을 목적으로 공급하는 주택으로서 '국민주택규모 이하'의 주택(이하 '공공분양주택'이라 한다)

(2) 지분적립형 분양주택

공공주택사업자가 직접 건설하거나 매매 등으로 취득하여 공급하는 공공분양주택으로서 주택을 공급받은 자가 20년 이상 30년 이하의 범위에서 대통령령으로 정하는 기간 동안 공공주택사업자와 주택의 소유권을 공유하면서 대통령령으로 정하는 바에 따라 소유 지분을 적립하여 취득하는 주택을 말한다.

(3) 이익공유형 분양주택

공공주택사업자가 직접 건설하거나 매매 등으로 취득하여 공급하는 '공공분양주택'으로서 '주택을 공급받은 자'가 해당 주택을 처분하려는 경우 '공공주택사업자'가 '환매'하되 '공공주택사업자'와 처분 손익을 공유하는 것을 조건으로 분양하는 주택을 말한다.

(4) 분양전환

공공임대주택을 법 제4조 제1항에 규정된 자(공공주택사업자)가 아닌 자에게 매각하는 것을 말한다.

(5) 공공주택사업자

① 국가 또는 지방자치단체

② 「한국토지주택공사법」에 따른 한국토지주택공사

③ 「지방공기업법」 제49조에 따라 주택사업을 목적으로 설립된 지방공사

④ 「공공기관의 운영에 관한 법률」 제5조에 따른 공공기관 중 대통령령으로 정하는 기관

⑤ 위 ①부터 ④까지 중 어느 하나에 해당하는 자가 총지분의 100분의 50을 초과하여 출자·설립한 법인
⑥ 주택도시기금 또는 위 ①부터 ④까지 중 어느 하나에 해당하는 자가 총지분의 전부를 출자(공동으로 출자한 경우를 포함한다)하여 「부동산투자회사법」에 따라 설립한 부동산투자회사

2. '공공임대주택'의 종류

(1) 영구임대주택
국가나 지방자치단체의 재정을 지원받아 최저소득 계층의 주거안정을 위하여 50년 이상 또는 영구적인 임대를 목적으로 공급하는 공공임대주택

(2) 국민임대주택
국가나 지방자치단체의 재정이나 「주택도시기금법」에 따른 주택도시기금(이하 '주택도시기금'이라 한다)의 자금을 지원받아 저소득 서민의 주거안정을 위해 30년 이상 장기간 임대를 목적으로 공급하는 공공임대주택

(3) 행복주택
국가나 지방자치단체의 재정이나 주택도시기금의 자금을 지원받아 대학생, 사회초년생, 신혼부부 등 젊은 층의 주거안정을 목적으로 공급하는 공공임대주택

(4) 통합공공임대주택
국가나 지방자치단체의 재정이나 주택도시기금의 자금을 지원받아 최저소득 계층, 저소득 서민, 젊은 층 및 장애인·국가유공자 등 사회 취약계층 등의 주거안정을 목적으로 공급하는 공공임대주택

(5) 장기전세주택
'국가나 지방자치단체의 재정'이나 '주택도시기금의 자금'을 지원받아 전세계약의 방식으로 공급하는 공공임대주택

(6) 분양전환공공임대주택
일정 기간 임대 후 '분양전환할 목적'으로 공급하는 공공임대주택

(7) 기존주택등매입임대주택

'국가나 지방자치단체의 재정'이나 '주택도시기금의 자금'을 지원받아 「공공주택 특별법 시행령」 제37조 제1항 각 호의 어느 하나에 해당하는 주택 또는 건축물(이하 '기존주택등'이라 한다)을 매입하여 「국민기초생활 보장법」에 따른 수급자 등 저소득층과 청년 및 신혼부부 등에게 공급하는 공공임대주택

(8) 기존주택전세임대주택

'국가나 지방자치단체의 재정'이나 '주택도시기금의 자금'을 지원받아 기존주택을 임차하여 「국민기초생활 보장법」에 따른 수급자 등 저소득층과 청년 및 신혼부부 등에게 전대(轉貸)하는 공공임대주택

(9) 분납임대주택

분양전환공공임대주택 중 임대보증금 없이 분양전환금을 분할하여 납부하는 공공건설임대주택

> **용어 보충** 공공건설임대주택
> 공공주택사업자가 직접 건설하여 공급하는 공공임대주택을 말한다.

2 공공주택의 공급 및 관리

1. 공공주택의 공급

(1) 공공주택의 공급

공공주택의 입주자의 자격, 선정방법 및 입주자 관리에 관한 사항은 국토교통부령(주택공급에 관한 규칙)으로 정한다. 이 경우 공공주택의 유형 등에 따라 달리 정할 수 있다.

(2) 공공임대주택의 임대료

공공임대주택의 최초의 임대료(임대보증금 및 월 임대료를 말한다)는 국토교통부장관이 정하여 고시하는 '표준 임대료'를 초과할 수 없다('대통령령'의 내용).

2. 공공주택의 관리

(1) 임대차계약 신고

'공공주택사업자'는 공공임대주택의 임대조건 등 임대차계약에 관한 사항을 '시장·군수 또는 구청장'에게 신고하여야 한다.

(2) 표준임대차계약서

'공공임대주택'에 대한 임대차계약을 체결하려는 자는 '국토교통부령'으로 정하는 표준임대차계약서를 사용하여야 한다.

(3) 임대의무기간

① **영구임대주택**: 50년
② **국민임대주택**: 30년
③ **행복주택**: 30년
④ **통합공공임대주택**: 30년
⑤ 장기전세주택: 20년
⑥ 위 ①부터 ⑤에 해당하지 않는 공공임대주택 중 임대조건을 신고할 때 임대차계약기간을 6년 이상 10년 미만으로 정하여 신고한 주택: 6년
⑦ 위 ①부터 ⑤에 해당하지 않는 공공임대주택 중 임대조건을 신고할 때 임대차계약기간을 10년 이상으로 정하여 신고한 주택: 10년
⑧ 위 ①부터 ⑦에 해당하지 않는 공공임대주택: 5년

중요 개념 확인하기!

❶ 국가가 공공주택사업자로서 그 재정으로 임대할 목적으로 임차하여 공급하는 공공임대주택도 공공주택이며, 한국토지주택공사가 분양을 목적으로 공급하는 주택으로서 국민주택규모 이하인 공공분양주택도 공공주택에 속한다. ○ | ×

❷ 국가나 지방자치단체의 재정이나 주택도시기금의 자금을 지원받아 저소득 서민의 주거안정을 위하여 30년 이상 장기간 임대를 목적으로 공급하는 공공임대주택은 장기전세주택이다. ○ | ×

❸ 영구임대주택의 임대의무기간은 50년이고, 장기전세주택의 임대의무기간은 30년이다. ○ | ×

❹ (   )(이)란 공공주택사업자가 직접 건설하거나 매매 등으로 취득하여 공급하는 공공분양주택으로서 주택을 공급받은 자가 20년 이상 30년 이하의 범위에서 대통령령으로 정하는 기간 동안 공공주택사업자와 주택의 소유권을 공유하면서 대통령령으로 정하는 바에 따라 소유 지분을 적립하여 취득하는 주택을 말한다.

❺ (   )(이)란 국가나 지방자치단체의 재정이나 주택도시기금의 자금을 지원받아 대학생, 사회초년생, 신혼부부 등 젊은 층의 주거안정을 목적으로 공급하는 공공임대주택을 말한다.

① ○ ② × '국민임대주택'에 관한 설명이다. ③ × 장기전세주택의 임대의무기간은 '20'년이다. ④ 지분적립형 분양주택 ⑤ 행복주택

CHAPTER 05 건축법

「건축법」은 제20회 시험부터 꾸준히 7문제씩 출제되고 있습니다. 「주택법」, 「공동주택관리법」과 함께 중요 3대 법률로서 출제비중(17.5%)이 높으므로 철저한 학습이 필요합니다.

CHAPTER 한눈에 보기

1 총칙
- 각 용어의 정의 정확히 숙지하기
- 건축, 대수선, 용도변경 파악하기

Q 용어 CHECK
- 건축물
- 대지
- 초고층 건축물
- 한옥
- 준다중이용 건축물
- 주요구조부
- 신축
- 개축
- 부속 건축물
- 고층 건축물
- 준초고층 건축물
- 다중이용 건축물
- 특수구조 건축물
- 건축
- 증축
- 대수선

2 건축물의 건축
- 건축허가 및 사용승인 등 파악하기
- 설계자, 관계전문기술자, 건축관계자, 건축관계자등 숙지하기

Q 용어 CHECK
- 설계도서
- 건축주
- 공사감리자

3 건축의 규제 등
- 대지와 도로의 관계 이해하기
- 이행강제금 파악하기
- 면적의 산정 이해하기

Q 용어 CHECK
- 지하층

발문 미리보기

- 「건축법 시행령」 제2조(정의) 규정의 일부이다. ( )에 들어갈 용어를 쓰시오.
- 건축법령상 건축물의 대수선에 해당하지 않는 것은? (단, 증축·개축 또는 재축에 해당하지 않음을 전제로 함)
- 건축법령상 건축물의 대지와 도로에 관한 설명으로 옳은 것은? (단, 건축법 제3조에 따른 적용 제외는 고려하지 않음)

| POINT | 「건축법」에서는 용어의 정의, 「건축법」상의 행위(건축, 대수선, 용도변경), 건축물의 건축절차(허가, 신고, 착공, 공사감리, 공사시공, 사용승인), 각종 건축 규제(대지와 도로의 관계, 건축선, 내진설계, 공개공지, 건축물대장 등), 건축물의 '용도', 면적의 산정, '이행강제금', 건축물의 높이제한, 특별건축구역 및 특별가로구역 등을 철저히 정리하기 바랍니다.

1 총칙

1. 용어의 정의

(1) 건축물

① '건축물'이란 토지에 정착(定着)하는 공작물 중 지붕과 기둥 또는 벽이 있는 것과 이에 딸린 시설물, 지하나 고가(高架)의 공작물에 설치하는 사무소·공연장·점포·차고·창고, 그 밖에 대통령령으로 정하는 것을 말한다.

② '부속 건축물'이란 같은 대지에서 주된 건축물과 분리된 부속용도의 건축물로서 주된 건축물을 이용 또는 관리하는 데에 필요한 건축물을 말한다.

> **용어 보충 대지**
>
> 「공간정보의 구축 및 관리 등에 관한 법률」에 따라 각 필지로 나눈 토지를 말한다. 다만, 대통령령으로 정하는 토지는 둘 이상의 필지를 하나의 대지로 하거나 하나 이상의 필지의 일부를 하나의 대지로 할 수 있다.

③ '고층 건축물'이란 층수가 30층 이상이거나 높이가 120미터 이상인 건축물을 말한다.

④ '초고층 건축물'이란 층수가 50층 이상이거나 높이가 200미터 이상인 건축물을 말한다.

⑤ '준초고층 건축물'이란 '고층 건축물' 중 '초고층 건축물'이 아닌 것을 말한다.

⑥ '한옥'이란 「한옥 등 건축자산의 진흥에 관한 법률」 제2조 제2호에 따른 한옥(주요 구조가 기둥·보 및 한식 지붕틀로 된 목구조로서 우리나라 전통양식이 반영된 건축물 및 그 부속 건축물)을 말한다.

(2) 다중이용 건축물

다음의 어느 하나에 해당하는 건축물을 말한다.

① 다음의 어느 하나에 해당하는 용도로 쓰는 바닥면적의 합계가 5천 제곱미터 이상인 건축물

> ㉠ 문화 및 집회시설(동물원 및 식물원은 제외한다)
> ㉡ 종교시설
> ㉢ 판매시설
> ㉣ 운수시설 중 여객용 시설
> ㉤ 의료시설 중 종합병원
> ㉥ 숙박시설 중 관광숙박시설

② 16층 이상인 건축물

(3) 준다중이용 건축물

다중이용 건축물 외의 건축물로서 다음의 어느 하나에 해당하는 용도로 쓰는 바닥면적의 합계가 1천 제곱미터 이상인 건축물을 말한다.

① 문화 및 집회시설(동물원 및 식물원은 제외)　② 종교시설
③ 판매시설　　　　　　　　　　　　　　　　④ 운수시설 중 여객용 시설
⑤ 의료시설 중 종합병원　　　　　　　　　　⑥ 교육연구시설
⑦ 노유자시설　　　　　　　　　　　　　　　⑧ 운동시설
⑨ 숙박시설 중 관광숙박시설　　　　　　　　⑩ 위락시설
⑪ 관광 휴게시설　　　　　　　　　　　　　　⑫ 장례시설

(4) 특수구조 건축물

다음의 어느 하나에 해당하는 건축물을 말한다.

① 한쪽 끝은 고정되고 다른 끝은 지지(支持)되지 아니한 구조로 된 보·차양 등이 외벽(외벽이 없는 경우에는 외곽 기둥을 말한다)의 중심선으로부터 3미터 이상 돌출된 건축물
② 기둥과 기둥 사이의 거리(기둥의 중심선 사이의 거리를 말하며, 기둥이 없는 경우에는 내력벽과 내력벽의 중심선 사이의 거리를 말한다)가 20미터 이상인 건축물
③ 무량판 구조(보가 없이 바닥판·기둥으로 구성된 구조를 말한다)를 가진 건축물로서 무량판 구조인 어느 하나의 층에 수직으로 배치된 주요구조부의 전체 단면적에서 보가 없이 배치된 기둥의 전체 단면적이 차지하는 비율이 4분의 1 이상인 건축물
④ 특수한 설계·시공·공법 등이 필요한 건축물로서 국토교통부장관이 정하여 고시하는 구조로 된 건축물

(5) 주요구조부

내력벽, 기둥, 바닥, 보, 지붕틀 및 주계단을 말한다. 다만, 사이 기둥, 최하층 바닥, 작은 보, 차양, 옥외 계단, 그 밖에 이와 유사한 것으로 건축물의 구조상 중요하지 아니한 부분은 제외한다.

2. 「건축법」상의 행위

(1) 건축

① **신축**: 건축물이 없는 대지(기존 건축물이 해체되거나 멸실된 대지를 포함한다)에 새로 건축물을 축조(築造)하는 것[부속 건축물만 있는 대지에 새로 주된 건축물을 축조하는 것을 포함하되, 개축(改築) 또는 재축(再築)하는 것은 제외한다]을 말한다.

② **증축**: 기존 건축물이 있는 대지에서 건축물의 건축면적, 연면적, 층수 또는 높이를 늘리는 것을 말한다.

③ **개축**: 기존 건축물의 전부 또는 일부[내력벽·기둥·보·지붕틀(한옥의 경우에는 지붕틀의 범위에서 서까래는 제외한다) 중 셋 이상이 포함되는 경우를 말한다]를 '해체'하고 그 대지에 '종전과 같은 규모의 범위'에서 건축물을 다시 축조하는 것을 말한다.

④ **재축**: 건축물이 천재지변이나 그 밖의 재해(災害)로 '멸실'된 경우 그 대지에 다음의 요건을 모두 갖추어 다시 축조하는 것을 말한다.

> ㉠ '연면적 합계'는 '종전 규모 이하'로 할 것
> ㉡ 동(棟)수, 층수 및 높이는 다음의 어느 하나에 해당할 것
>   ⓐ 동수, 층수 및 높이가 '모두' 종전 규모 이하일 것
>   ⓑ 동수, 층수 또는 높이의 어느 하나가 종전 규모를 초과하는 경우에는 해당 동수, 층수 및 높이가 「건축법」, 「건축법 시행령」 또는 건축조례에 모두 적합할 것

⑤ **이전**: 건축물의 주요구조부를 해체하지 아니하고 '같은 대지'의 다른 위치로 옮기는 것을 말한다.

(2) 대수선

① 건축물의 기둥, 보, 내력벽, 주계단 등의 구조나 외부 형태를 수선·변경하거나 증설하는 것으로서 '대통령령으로 정하는 것'을 말한다.

② 위 ①에서 '대통령령으로 정하는 것'이란 다음의 어느 하나에 해당하는 것으로서 증축·개축 또는 재축에 해당하지 아니하는 것을 말한다.

> ㉠ 내력벽을 증설 또는 해체하거나 그 벽면적을 30제곱미터 이상 수선 또는 변경하는 것
> ㉡ 기둥을 증설 또는 해체하거나 세 개 이상 수선 또는 변경하는 것
> ㉢ 보를 증설 또는 해체하거나 세 개 이상 수선 또는 변경하는 것
> ㉣ 지붕틀(한옥의 경우에는 지붕틀의 범위에서 서까래는 제외한다)을 증설 또는 해체하거나 세 개 이상 수선 또는 변경하는 것
> ㉤ 방화벽 또는 방화구획을 위한 바닥 또는 벽을 증설 또는 해체하거나 수선 또는 변경하는 것
> ㉥ 주계단·피난계단 또는 특별피난계단을 증설 또는 해체하거나 수선 또는 변경하는 것
> ㉦ '다가구주택'의 가구 간 경계벽 또는 '다세대주택'의 세대 간 경계벽을 증설 또는 해체하거나 수선 또는 변경하는 것
> ㉧ 건축물의 '외벽에 사용하는 마감재료(건축법 제52조 제2항에 따른 마감재료를 말한다)'를 증설 또는 해체하거나 벽면적 30제곱미터 이상 수선 또는 변경하는 것

참고 「건축법」 제52조 제2항의 내용

'대통령령으로 정하는 건축물'의 외벽에 사용하는 마감재료는 '방화에 지장이 없는 재료'로 하여야 한다. 이 경우 마감재료의 기준은 국토교통부령으로 정한다.

> **참고** 「건축법 시행령」 제61조 제2항의 내용
>
> 「건축법」 제52조 제2항에서 '대통령령으로 정하는 건축물'이란 다음의 건축물을 말한다.
> ① 상업지역(근린상업지역은 제외한다)의 건축물로서 다음의 어느 하나에 해당하는 것
>   ㉠ 제1종 근린생활시설, 제2종 근린생활시설, 문화 및 집회시설, 종교시설, 판매시설, 운동시설 및 위락시설의 용도로 쓰는 건축물로서 그 용도로 쓰는 바닥면적의 합계가 2천 제곱미터 이상인 건축물
>   ㉡ 공장(국토교통부령으로 정하는 화재 위험이 적은 공장은 제외한다)의 용도로 쓰는 건축물로부터 6미터 이내에 위치한 건축물
> ② 의료시설, 교육연구시설, 노유자시설 및 수련시설의 용도로 쓰는 건축물
> ③ 3층 이상 또는 높이 9미터 이상인 건축물
> ④ 1층의 전부 또는 일부를 필로티 구조로 설치하여 주차장으로 쓰는 건축물
> ⑤ 공장, 창고시설, 위험물 저장 및 처리 시설(자가난방과 자가발전 등의 용도로 쓰는 시설을 포함한다), 자동차 관련 시설의 용도로 쓰는 건축물

(3) 용도변경

① '건축물의 용도'란 건축물의 종류를 유사한 구조, 이용 목적 및 형태별로 묶어 분류한 것을 말한다.

② '용도변경'이란 건축물의 용도를 다른 용도로 바꾸는 것을 말한다.

2 건축물의 건축

1. 건축허가

(1) 특별자치시장·특별자치도지사 또는 시장·군수·구청장의 허가 대상(원칙)

건축물을 건축하거나 대수선하려는 자는 특별자치시장·특별자치도지사 또는 시장·군수·구청장의 허가를 받아야 한다.

(2) 특별시장 또는 광역시장의 허가 대상(예외)

① 층수가 21층 이상이거나 연면적의 합계가 10만 제곱미터 이상인 건축물의 건축(연면적의 10분의 3 이상을 증축하여 층수가 21층 이상으로 되거나 연면적의 합계가 10만 제곱미터 이상으로 되는 경우를 포함한다)은 특별시장이나 광역시장의 허가를 받아야 한다.

② 다만, 다음의 어느 하나에 해당하는 건축물의 건축은 제외한다.

> ㉠ 공장
> ㉡ 창고
> ㉢ 지방건축위원회의 심의를 거친 건축물('초고층 건축물'은 제외한다)

2. 건축신고 대상 및 사전승인 대상

(1) 건축신고 대상

① 바닥면적의 합계가 85제곱미터 이내의 증축·개축 또는 재축. 다만, 3층 이상 건축물인 경우에는 증축·개축 또는 재축하려는 부분의 바닥면적의 합계가 건축물 연면적의 10분의 1 이내인 경우로 한정한다.

② 「국토의 계획 및 이용에 관한 법률」에 따른 관리지역, 농림지역 또는 자연환경보전지역에서 연면적이 200제곱미터 미만이고 3층 미만인 건축물의 건축. 다만, 지구단위계획구역, 방재지구, 붕괴위험지역에서의 건축은 제외한다.

③ 연면적이 200제곱미터 미만이고 3층 미만인 건축물의 대수선

④ 주요구조부의 해체가 없는 등 다음의 대통령령으로 정하는 '대수선'

> ㉠ 내력벽의 면적을 30제곱미터 이상 수선
> ㉡ 기둥을 세 개 이상 수선
> ㉢ 보를 세 개 이상 수선
> ㉣ 지붕틀을 세 개 이상 수선
> ㉤ 방화벽 또는 방화구획을 위한 바닥 또는 벽을 수선
> ㉥ 주계단·피난계단 또는 특별피난계단을 수선

⑤ 그 밖에 소규모 건축물로서 다음의 대통령령으로 정하는 건축물의 건축

> ㉠ 연면적의 합계가 100제곱미터 이하인 건축물의 건축
> ㉡ 건축물의 높이를 3미터 이하의 범위에서 증축하는 건축물의 건축
> ㉢ 표준설계도서에 따라 건축하는 건축물로서 그 용도 및 규모가 주위 환경이나 미관에 지장이 없다고 인정하여 건축조례로 정하는 건축물의 건축
> ㉣ 공업지역, 지구단위계획구역, 산업단지에서 건축하는 2층 이하인 건축물로서 연면적 합계가 500제곱미터 이하인 공장의 건축
> ㉤ 농업이나 수산업을 경영하기 위하여 읍·면지역에서 건축하는 연면적 200제곱미터 이하의 창고 및 연면적 400제곱미터 이하의 축사·작물재배사, 종묘배양시설, 화초 및 분재 등의 온실의 건축

용어 보충 설계도서

건축물의 건축 등에 관한 공사용 도면, 구조계산서, '시방서', 그 밖에 국토교통부령으로 정하는 공사에 필요한 서류를 말한다.

(2) 사전승인 대상

시장·군수는 다음의 어느 하나에 해당하는 건축물의 건축을 허가하려면 '기본설계도서'를 첨부하여 도지사의 '승인'을 받아야 한다.

① 특별시장이나 광역시장의 허가를 받아야 할 규모의 건축물
② 자연환경이나 수질을 보호하기 위하여 도지사가 지정·공고한 구역에 건축하는 3층 이상 또는 연면적의 합계가 1천 제곱미터 이상인 건축물로서 위락시설과 숙박시설 등 대통령령으로 정하는 용도에 해당하는 다음의 건축물

> ㉠ 공동주택, 숙박시설, 위락시설
> ㉡ 제2종 근린생활시설(일반음식점만 해당한다), 업무시설(일반업무시설만 해당한다)

③ 주거환경이나 교육환경 등 주변 환경을 보호하기 위하여 필요하다고 인정하여 도지사가 지정·공고한 구역에 건축하는 '위락시설' 및 '숙박시설'에 해당하는 건축물

3. 사용승인

(1) 신청

건축주가 허가를 받았거나 신고를 한 건축물의 건축공사를 완료한 후 그 건축물을 사용하려면 공사감리자가 작성한 감리완료보고서와 국토교통부령으로 정하는 공사완료도서를 첨부하여 '허가권자'에게 사용승인을 신청하여야 한다.

> **용어 보충 건축주**
> 건축물의 건축·대수선·용도변경, 건축설비의 설치 또는 공작물의 축조에 관한 공사를 발주하거나 현장 관리인을 두어 스스로 그 공사를 하는 자를 말한다.

> **용어 보충 공사감리자**
> 자기의 책임(보조자의 도움을 받는 경우를 포함한다)으로 이 법으로 정하는 바에 따라 건축물, 건축설비 또는 공작물이 설계도서의 내용대로 시공되는지를 확인하고, 품질관리·공사관리·안전관리 등에 대해 지도·감독하는 자를 말한다.

(2) 사용승인서 교부

① 허가권자는 사용승인신청을 받은 경우 신청서를 받은 날부터 7일 이내에 사용승인을 신청한 건축물이 설계도서대로 시공되었는지 여부 등에 대한 현장검사를 실시하여야 하며, 현장검사에 합격된 건축물에 대하여는 사용승인서를 신청인에게 발급하여야 한다.
② 다만, 해당 지방자치단체의 조례로 정하는 건축물은 사용승인을 위한 검사를 실시하지 아니하고 사용승인서를 내줄 수 있다.

4. 건축물의 공사감리

(1) 지정권자(주택법과 비교)

「주택법」	「건축법」
사업계획승인권자	① 원칙: 건축주 ② 예외: 허가권자

(2) 감리자격이 있는 자

공사감리자를 지정하여 공사감리를 하게 하는 경우에는 다음의 구분에 따른 자를 공사감리자로 지정하여야 한다.

① **다음의 어느 하나에 해당하는 경우**(일반 건축물): 건축사

> ㉠ 건축허가를 받아야 하는 건축물(건축신고 대상 건축물은 제외한다)을 건축하는 경우
> ㉡ 다음의 건축물을 리모델링하는 경우
>   ⓐ 허가권자가 리모델링 활성화가 필요하다고 인정하여 지정·공고한 구역(이하 '리모델링 활성화 구역'이라 한다) 안의 건축물
>   ⓑ 사용승인을 받은 후 15년 이상이 되어 리모델링이 필요한 건축물

② **'다중이용 건축물'을 건축하는 경우**: 다음 ㉠ 또는 ㉡

> ㉠ 「건설기술 진흥법」에 따른 건설엔지니어링사업자(공사시공자 본인이거나 독점규제 및 공정거래에 관한 법률 제2조 제12호에 따른 계열회사인 건설엔지니어링사업자는 제외한다)
> ㉡ 건축사(건설기술 진흥법 시행령 제60조에 따라 건설사업관리기술인을 배치하는 경우만 해당한다)

3 건축의 규제 등

1. 대지와 도로의 관계

(1) 원칙

건축물의 대지는 2미터 이상이 도로(자동차만의 통행에 사용되는 도로는 제외한다)에 접하여야 한다. 다만, 다음의 어느 하나에 해당하면 그러하지 아니하다.

① 해당 건축물의 출입에 지장이 없다고 인정되는 경우
② 건축물의 주변에 대통령령으로 정하는 공지가 있는 경우
③ 「농지법」 제2조 제1호 나목에 따른 농막을 건축하는 경우

(2) 규제의 강화

연면적의 합계가 2천 제곱미터(공장인 경우에는 3천 제곱미터) 이상인 건축물(축사, 작물 재배사, 그 밖에 이와 비슷한 건축물로서 건축조례로 정하는 규모의 건축물은 제외한다)의 대지는 너비 6미터 이상의 도로에 4미터 이상 접하여야 한다.

2. 이행강제금

(1) 이행강제금

'허가권자'는 위반건축물에 대한 '시정명령'을 받은 후 시정기간 내에 시정명령을 이행하지 아니한 건축주 등에 대하여는 그 시정명령의 이행에 필요한 상당한 이행기한을 정하여 그 기한까지 시정명령을 이행하지 아니하면 이행강제금을 부과한다.

(2) 부과절차 등

① 허가권자는 이행강제금을 부과하기 전에 이행강제금을 부과·징수한다는 뜻을 미리 문서로써 계고(戒告)하여야 한다.
② 허가권자는 이행강제금을 부과하는 경우 금액, 부과 사유, 납부기한, 수납 기관, 이의제기 방법 및 이의제기 기관 등을 구체적으로 밝힌 문서로 하여야 한다.
③ 허가권자는 시정명령을 받은 자가 이를 이행하면 새로운 이행강제금의 부과를 즉시 중지하되, 이미 부과된 이행강제금은 징수하여야 한다.

(3) 부과 횟수

허가권자는 최초의 시정명령이 있었던 날을 기준으로 하여 1년에 2회 이내의 범위에서 조례로 정하는 횟수만큼 그 시정명령이 이행될 때까지 반복하여 이행강제금을 부과·징수할 수 있다.

3. 건폐율 및 용적률

(1) 건축물의 건폐율

① 대지면적에 대한 건축면적의 비율(이하 '건폐율'이라 한다)의 최대한도는 「국토의 계획 및 이용에 관한 법률」에 따른 건폐율의 기준에 따른다.
② 이 법에서 기준을 완화하거나 강화하여 적용하도록 규정한 경우에는 그에 따른다.

(2) 건축물의 용적률

① 대지면적에 대한 연면적의 비율(이하 '용적률'이라 한다)의 최대한도는 「국토의 계획 및 이용에 관한 법률」에 따른 용적률의 기준에 따른다.
② 이 법에서 기준을 완화하거나 강화하여 적용하도록 규정한 경우에는 그에 따른다.

4. 면적의 산정

(1) 대지면적
대지의 수평투영면적으로 한다.

(2) 건축면적
건축물의 외벽(외벽이 없는 경우에는 외곽 부분의 기둥으로 한다)의 '중심선'으로 둘러싸인 부분의 수평투영면적으로 한다.

(3) 바닥면적
건축물의 각 층 또는 그 일부로서 벽, 기둥, 그 밖에 이와 비슷한 구획의 '중심선'으로 둘러싸인 부분의 수평투영면적으로 한다.

(4) 연면적
① 연면적은 '하나'의 건축물 '각 층'(지하층 포함)의 바닥면적의 합계로 한다.
② '용적률'을 산정할 때에는 다음에 해당하는 면적은 제외한다.

> ㉠ 지하층의 면적
> ㉡ 지상층의 주차용(해당 건축물의 부속용도인 경우만 해당한다)으로 쓰는 면적
> ㉢ 초고층 건축물과 준초고층 건축물에 설치하는 피난안전구역의 면적
> ㉣ 11층 이상으로서 11층 이상인 층의 바닥면적의 합계가 1만 제곱미터 이상인 건축물의 경사지붕 아래에 설치하는 대피공간의 면적

용어 보충 지하층

건축물의 바닥이 지표면 아래에 있는 층으로서 바닥에서 지표면까지 평균높이가 해당 층 높이의 2분의 1 이상인 것을 말한다.

중요 개념 확인하기!

❶ 층수가 30층 미만이고 높이가 120미터 이상인 건축물은 고층 건축물이 아니다.　　○　|　×

❷ 최하층 바닥, 보, 차양, 옥외 계단은 건축물의 주요구조부에 해당하지 않는다.　　○　|　×

❸ 건축이란 건축물을 신축·증축·개축·재축하는 것을 말하며, 건축물을 이전하는 것은 건축에 해당하지 않는다.　　○　|　×

❹ 건축법령상 대지면적에 대한 연면적의 비율을 지칭하는 용어는 건폐율이다.　　○　|　×

❺ (　　　　)(이)란 층수가 50층 이상이거나 높이가 200미터 이상인 건축물을 말한다.

❻ (　　　　)(이)란 내력벽, 기둥, 바닥, 보, 지붕틀 및 주계단을 말한다. 다만, 사이 기둥, 최하층 바닥, 작은 보, 차양, 옥외 계단, 그 밖에 이와 유사한 것으로 건축물의 구조상 중요하지 아니한 부분은 제외한다.

① X 고층 건축물은 층수가 30층 이상이거나 높이가 120미터 이상인 건축물을 말하므로 하나의 요건만 해당하더라도 고층 건축물이다.　② X '보'는 주요구조부에 해당한다.　③ X '이전'도 건축에 해당한다.　④ X '용적률'에 관한 설명이다.
⑤ 초고층 건축물　⑥ 주요구조부

CHAPTER 06 기타 법령

기타 법령에 속하는 법령들은 모두 1문제 내지 2문제가 출제되어 법령의 양에 비해 각 법령의 출제비중은 높지 않다고 할 수 있습니다. 그러나 전체를 합하면 32.5%의 비중을 가진 만큼 소홀히 해서는 안 되며, 특히 상대평가인 만큼 기타 법령의 경우도 자주 출제되는 중요 부분 위주로 확실히 정리하여 놓치는 부분이 없도록 하여야 합니다.

CHAPTER 한눈에 보기

1 도시 및 주거환경정비법
용어 CHECK
- 정비기반시설
- 공동이용시설
- 정비구역
- 정관등

2 도시재정비 촉진을 위한 특별법
용어 CHECK
- 재정비촉진지구
- 기반시설
- 재정비촉진사업
- 재정비촉진계획

3 시설물의 안전 및 유지관리에 관한 특별법
- '내진성능평가' 및 '성능평가' 파악하기

용어 CHECK
- 안전점검
- 시설물
- 정밀안전진단
- 유지관리
- 제1종 시설물
- 제2종 시설물
- 제3종 시설물
- 관리주체
- 내진성능평가

4 소방기본법
용어 CHECK
- 소방대상물
- 관계지역
- 관계인
- 소방본부장
- 소방대
- 소방대장

5 소방시설 설치 및 관리에 관한 법률
6 화재의 예방 및 안전관리에 관한 법률
- 소방안전관리대상물의 관계인의 업무 숙지하기

용어 CHECK
- 소방시설
- 소방시설등
- 특정소방대상물

7 전기사업법
- 전력계통 및 보편적 공급 이해하기

용어 CHECK
1. 전기사업: 발전사업, 송전사업, 배전사업, 전기판매사업, 구역전기사업
2. 전기신사업: 전기자동차충전사업, 소규모전력중개사업, 재생에너지전기공급사업, 통합발전소사업, 재생에너지전기저장판매사업, 송전제약발생지역전기공급사업

8 승강기 안전관리법
- 승강기사업자, 설치신고, 설치검사, 안전검사, 자체점검, 사후관리 등 숙지하기

용어 CHECK
- 승강기

9 집합건물의 소유 및 관리에 관한 법률
- 관리단 및 관리인, 임시관리인, 집합건물분쟁조정위원회, 수선계획 및 수선적립금, 회계감사 등 숙지하기

용어 CHECK
- 전유부분
- 공용부분

발문 미리보기
- 「도시 및 주거환경정비법」 제2조(정의) 규정의 일부이다. (   )에 들어갈 용어를 쓰시오.
- 「도시재정비 촉진을 위한 특별법」 제2조(정의) 규정의 일부이다. (   )에 들어갈 용어를 쓰시오.

|POINT| 기타 법령은 그 양에 비해 출제되는 개수가 적은 편이므로 어느 특정 부분을 중점적으로 언급하기에는 어려움이 있습니다. 다만, 용어의 정의가 주관식에서 자주 출제되는 경향을 보이고 있고, 정확한 수치를 물어보는 문제가 중요하게 다루어지고 있습니다.

1 도시 및 주거환경정비법

1. 정비사업

(1) 주거환경개선사업

도시저소득 주민이 집단거주하는 지역으로서 정비기반시설이 극히 열악하고 노후·불량건축물이 과도하게 밀집한 지역의 주거환경을 개선하거나 단독주택 및 다세대주택이 밀집한 지역에서 정비기반시설과 공동이용시설 확충을 통하여 주거환경을 보전·정비·개량하기 위한 사업이다.

> **용어 보충** **정비기반시설**
> 도로·상하수도·구거(도랑)·공원·공용주차장·공동구(국토의 계획 및 이용에 관한 법률 제2조 제9호에 따른 공동구), 그 밖에 주민의 생활에 필요한 열·가스 등의 공급시설로서 대통령령으로 정하는 시설을 말한다(도시 및 주거환경정비법).

> **용어 보충** **공동이용시설**
> 주민이 공동으로 사용하는 놀이터·마을회관·공동작업장, 그 밖에 대통령령으로 정하는 시설을 말한다.

(2) 재개발사업

정비기반시설이 열악하고 노후·불량건축물이 밀집한 지역에서 주거환경을 개선하거나 상업지역·공업지역 등에서 도시기능의 회복 및 상권활성화 등을 위하여 도시환경을 개선하기 위한 사업이다. 이 경우 다음 요건을 모두 갖추어 시행하는 재개발사업을 '공공재개발사업'이라 한다.

① 특별자치시장, 특별자치도지사, 시장, 군수, 자치구의 구청장(이하 '시장·군수등'이라 한다) 또는 토지주택공사등(조합과 공동으로 시행하는 경우를 포함한다)이 주거환경개선사업의 시행자, 재개발사업의 시행자나 재개발사업의 대행자(이하 '공공재개발사업 시행자'라 한다)일 것

② 건설·공급되는 주택의 전체 세대수 또는 전체 연면적 중 토지등소유자 대상 분양분(지분형주택은 제외한다)을 제외한 나머지 주택의 세대수 또는 연면적의 100분의 20 이상 100분의 50 이하의 범위에서 대통령령으로 정하는 기준에 따라 특별시·광역시·특별자치시·도·특별자치도 또는 「지방자치법」 제198조에 따른 서울특별시·광역시 및 특별자치시를 제외한 인구 50만 이상 대도시(이하 '대도시'라 한다)의 조례(이하 '시·도조례'라 한다)로 정하는 비율 이상을 지분형주택, 「공공주택 특별법」에 따른 공공임대주택 또는 「민간임대주택에 관한 특별법」에

따른 공공지원민간임대주택으로 건설·공급할 것. 이 경우 주택 수 산정방법 및 주택 유형별 건설비율은 대통령령으로 정한다.

(3) 재건축사업

정비기반시설은 양호하나 노후·불량건축물에 해당하는 공동주택이 밀집한 지역에서 주거환경을 개선하기 위한 사업이다. 이 경우 다음 요건을 모두 갖추어 시행하는 재건축사업을 '공공재건축사업'이라 한다.

① 시장·군수등 또는 토지주택공사등(조합과 공동으로 시행하는 경우를 포함한다)이 재건축사업의 시행자나 재건축사업의 대행자(이하 '공공재건축사업 시행자'라 한다)일 것

② 종전의 용적률, 토지면적, 기반시설 현황 등을 고려하여 대통령령으로 정하는 세대수(종전 세대수의 100분의 160 이상에 해당하는 세대수) 이상을 건설·공급할 것. 다만, 정비구역의 지정권자가 「국토의 계획 및 이용에 관한 법률」 제18조에 따른 도시·군기본계획, 토지이용 현황 등 대통령령으로 정하는 불가피한 사유로 해당하는 세대수를 충족할 수 없다고 인정하는 경우에는 그러하지 아니하다.

2. 정비사업의 절차

(1) 도시 및 주거환경정비 기본방침 수립

국토교통부장관은 도시 및 주거환경을 개선하기 위하여 10년마다 도시 및 주거환경정비를 위한 국가 정책 방향 등의 사항을 포함한 기본방침을 정하고, 5년마다 타당성을 검토하여 그 결과를 기본방침에 반영하여야 한다.

(2) 도시·주거환경정비기본계획의 수립

① '특별시장·광역시장·특별자치시장·특별자치도지사' 또는 '시장'은 관할 구역에 대하여 도시·주거환경정비기본계획(이하 '기본계획'이라 한다)을 10년 단위로 수립하여야 한다. 다만, 도지사가 대도시가 아닌 시로서 기본계획을 수립할 필요가 없다고 인정하는 시에 대하여는 기본계획을 수립하지 아니할 수 있다.

② 특별시장·광역시장·특별자치시장·특별자치도지사 또는 시장(이하 '기본계획의 수립권자'라 한다)은 기본계획에 대하여 5년마다 타당성을 검토하여 그 결과를 기본계획에 반영하여야 한다.

(3) 정비구역의 지정

① '특별시장·광역시장·특별자치시장·특별자치도지사'·'시장 또는 군수'(광역시의 군수는 제외하며, 이하 '정비구역의 지정권자'라 한다)는 '기본계획'에 적합한 범위에서 노후·불량건축물이 밀집하는 등 대통령령으로 정하는 요건에 해당하는 구역에 대하여 정비계획을 결정하여 정비구역을 지정(변경지정을 포함한다)할 수 있다.

> **용어 보충** 정비구역
> 정비사업을 계획적으로 시행하기 위하여 지정·고시된 구역을 말한다.

② 자치구의 구청장 또는 광역시의 군수(이하 '구청장등'이라 한다)는 정비계획을 입안하여 특별시장·광역시장에게 정비구역 지정을 신청하여야 한다.

③ 정비구역의 지정권자는 정비구역 지정을 위하여 직접 법 제9조에 따른 정비계획을 입안할 수 있다.

(4) 사업시행계획인가

사업시행자는 정비사업을 시행하려는 경우에는 사업시행계획서에 정관등과 그 밖에 국토교통부령으로 정하는 서류를 첨부하여 시장·군수등에게 제출하고 사업시행계획인가를 받아야 하고, 인가받은 사항을 변경하거나 정비사업을 중지 또는 폐지하려는 경우에도 또한 같다.

> **용어 보충** 정관등
> 다음의 것을 말한다.
> ① 조합의 정관
> ② 사업시행자인 토지등소유자가 자치적으로 정한 규약
> ③ 특별자치시장, 특별자치도지사, 시장, 군수, 자치구의 구청장(이하 '시장·군수등'이라 한다), 토지주택공사등 또는 신탁업자가 작성한 시행규정

(5) 관리처분계획의 인가

사업시행자는 분양신청기간이 종료된 때에는 분양신청의 현황을 기초로 분양설계 등의 사항이 포함된 관리처분계획을 수립하여 시장·군수등의 인가를 받아야 한다.

(6) 정비사업의 준공인가

시장·군수등이 아닌 사업시행자가 정비사업 공사를 완료한 때에는 대통령령으로 정하는 방법 및 절차에 따라 시장·군수등의 준공인가를 받아야 한다.

3. 정비사업조합

(1) 조합설립추진위원회의 구성·승인

조합을 설립하려는 경우에는 정비구역 지정·고시 후 다음의 사항에 대하여 토지등소유자 과반수의 동의를 받아 조합설립을 위한 추진위원회를 구성하여 국토교통부령으로 정하는 방법과 절차에 따라 시장·군수등의 승인을 받아야 한다.

① 추진위원회 위원장(이하 '추진위원장'이라 한다)을 포함한 5명 이상의 추진위원회 위원(이하 '추진위원'이라 한다)
② 법 제34조 제1항에 따른 운영규정

(2) 조합설립인가 등

① 시장·군수등, 토지주택공사등 또는 지정개발자가 '아닌 자'가 정비사업을 시행하려는 경우에는 토지등소유자로 구성된 조합을 설립하여야 한다.
② 토지등소유자가 20인 미만인 경우로서 토지등소유자가 재개발사업을 시행하려는 경우에는 그러하지 아니하다.

(3) 조합의 법인격 등

① 조합은 법인으로 한다.
② 조합은 조합설립인가를 받은 날부터 30일 이내에 주된 사무소의 소재지에서 대통령령으로 정하는 사항을 등기하는 때에 성립한다.
③ 조합은 명칭에 '정비사업조합'이라는 문자를 사용하여야 한다.
④ 조합에 관하여는 이 법에 규정된 사항을 제외하고는 「민법」 중 사단법인에 관한 규정을 준용한다.

2 도시재정비 촉진을 위한 특별법

1. 재정비촉진지구

(1) 유형

① **주거지형**: 노후·불량 주택과 건축물이 밀집한 지역으로서 주로 주거환경의 개선과 기반시설의 정비가 필요한 지구

용어 보충	기반시설
도로·철도·항만·공항·주차장 등 교통시설, 광장·공원·녹지 등 공간시설, 수도·전기·가스 공급설비, 방송·통신시설, 공동구 등 유통·공급시설, 하천, 하수도 등을 말한다('주택법' 및 '국토의 계획 및 이용에 관한 법률'상의 개념이다).	

② **중심지형**: 상업지역, 공업지역 등으로서 토지의 효율적 이용과 도심 또는 부도심 등의 도시기능의 회복이 필요한 지구
③ **고밀복합형**: 주요 역세권, 간선도로의 교차지 등 양호한 기반시설을 갖추고 있어 대중교통 이용이 용이한 지역으로서 도심 내 소형 주택의 공급 확대, 토지의 고도이용과 건축물의 복합개발이 필요한 지구

(2) 재정비촉진지구 지정의 요건 등
① 재정비촉진지구의 면적은 10만제곱미터 이상으로 한다. 다만, 고밀복합형 재정비촉진지구를 지정하는 경우에는 주요 역세권 또는 간선도로 교차지 등으로부터 일정 반경 이내 등 대통령령으로 정하는 지정범위에서 지정하여야 한다.
② 재정비촉진지구는 2개 이상의 재정비촉진사업을 포함하여 지정하여야 한다.

(3) 재정비촉진지구 지정의 효력 상실 등
'재정비촉진지구 지정을 고시한 날'부터 2년이 되는 날까지 '재정비촉진계획이 결정'되지 아니하면 그 '2년이 되는 날의 다음 날'에 재정비촉진지구 지정의 효력이 상실된다. 다만, 시·도지사 또는 대도시 시장은 해당 기간을 1년의 범위에서 연장할 수 있다.

2. 재정비촉진사업 및 재정비촉진계획

(1) 재정비촉진사업
재정비촉진지구에서 시행되는 다음의 사업을 말한다.
① 「도시 및 주거환경정비법」에 따른 주거환경개선사업, 재개발사업 및 재건축사업, 「빈집 및 소규모주택 정비에 관한 특례법」에 따른 가로주택정비사업, 소규모재건축사업 및 소규모재개발사업
② 「도시개발법」에 따른 도시개발사업
③ 「도시재생 활성화 및 지원에 관한 특별법」에 따른 주거재생혁신지구의 혁신지구재생사업
④ 「공공주택 특별법」에 따른 도심 공공주택 복합사업
⑤ 「전통시장 및 상점가 육성을 위한 특별법」에 따른 시장정비사업
⑥ 「국토의 계획 및 이용에 관한 법률」에 따른 도시·군계획시설사업

(2) 재정비촉진계획 결정의 효력

> **용어 보충** 　**재정비촉진계획**
> 재정비촉진지구의 재정비촉진사업을 계획적이고 체계적으로 추진하기 위한 법 제9조에 따른 재정비촉진지구의 토지 이용, 기반시설의 설치 등에 관한 계획을 말한다.

재정비촉진계획이 결정·고시되었을 때에는 그 고시일에 다음에 해당하는 승인·결정 등이 있은 것으로 본다.
① 「도시 및 주거환경정비법」에 따른 도시·주거환경정비기본계획의 수립 또는 변경, 정비구역의 지정 또는 변경 및 정비계획의 수립 또는 변경
② 「도시개발법」에 따른 도시개발구역의 지정 및 개발계획의 수립 또는 변경
③ 「국토의 계획 및 이용에 관한 법률」에 따른 도시·군관리계획의 결정 또는 변경 및 도시·군계획시설사업의 시행자 지정
④ 「도시재생 활성화 및 지원에 관한 특별법」 제41조에 따른 주거재생혁신지구의 지정 또는 변경 및 같은 조에 따른 주거혁신지구계획의 확정·승인 또는 변경
⑤ 「공공주택 특별법」에 따른 도심 공공주택 복합지구의 지정 또는 변경

3 시설물의 안전 및 유지관리에 관한 특별법

1. 용어의 정의

(1) 안전점검

경험과 기술을 갖춘 자가 육안이나 점검기구 등으로 검사하여 시설물에 내재되어 있는 위험요인을 조사하는 행위를 말하며, 점검목적 및 점검수준을 고려하여 국토교통부령으로 정하는 바에 따라 다음의 정기안전점검 및 정밀안전점검으로 구분한다.
① **정기안전점검**: 시설물의 상태를 판단하고 시설물이 점검 당시의 사용요건을 만족시키고 있는지 확인할 수 있는 수준의 외관조사를 실시하는 안전점검
② **정밀안전점검**: 시설물의 상태를 판단하고 시설물이 점검 당시의 사용요건을 만족시키고 있는지 확인하며 시설물 주요부재의 상태를 확인할 수 있는 수준의 외관조사 및 측정·시험장비를 이용한 조사를 실시하는 안전점검

> **용어 보충** 　**시설물**
> 건설공사를 통하여 만들어진 교량·터널·항만·댐·건축물 등 구조물과 그 부대시설로서 제1종 시설물, 제2종 시설물 및 제3종 시설물을 말한다.

(2) 긴급안전점검
시설물의 붕괴·전도 등으로 인한 재난 또는 재해가 발생할 우려가 있는 경우에 시설물의 물리적·기능적 결함을 신속하게 발견하기 위하여 실시하는 점검을 말한다.

(3) 정밀안전진단
시설물의 물리적·기능적 결함을 발견하고 그에 대한 신속하고 적절한 조치를 하기 위하여 구조적 안전성과 결함의 원인 등을 조사·측정·평가하여 보수·보강 등의 방법을 제시하는 행위를 말한다.

(4) 유지관리
완공된 시설물의 기능을 보전하고 시설물 이용자의 편의와 안전을 높이기 위하여 시설물을 일상적으로 점검·정비하고 손상된 부분을 원상복구하며 경과시간에 따라 요구되는 시설물의 개량·보수·보강에 필요한 활동을 하는 것을 말한다.

2. 제1종 시설물, 제2종 시설물 및 제3종 시설물

(1) 제1종 시설물
공중의 이용편의와 안전을 도모하기 위하여 특별히 관리할 필요가 있거나 구조상 안전 및 유지관리에 고도의 기술이 필요한 대규모 시설물로서 다음의 어느 하나에 해당하는 시설물 등 대통령령으로 정하는 시설물이다.
① 고속철도 교량, 연장 500미터 이상의 도로 및 철도 교량
② 고속철도 및 도시철도 터널, 연장 1천 미터 이상의 도로 및 철도 터널
③ 갑문시설 및 연장 1천 미터 이상의 방파제
④ 다목적댐, 발전용댐, 홍수전용댐 및 총저수용량 1천만 톤 이상의 용수전용댐
⑤ 21층 이상 또는 연면적 5만 제곱미터 이상의 건축물(공동주택은 제외)
⑥ 하구둑, 포용저수량 8천만 톤 이상의 방조제
⑦ 광역상수도, 공업용수도, 1일 공급능력 3만 톤 이상의 지방상수도

(2) 제2종 시설물
제1종 시설물 외에 사회기반시설 등 재난이 발생할 위험이 높거나 재난을 예방하기 위하여 계속적으로 관리할 필요가 있는 시설물로서 다음의 어느 하나에 해당하는 시설물 등 대통령령으로 정하는 시설물이다.
① 연장 100미터 이상의 도로 및 철도 교량

② 고속국도, 일반국도, 특별시도 및 광역시도 도로터널 및 특별시 또는 광역시에 있는 철도터널
③ 연장 500미터 이상의 방파제
④ 지방상수도 전용댐 및 총저수용량 1백만 톤 이상의 용수전용댐
⑤ 16층 이상 또는 연면적 3만 제곱미터 이상의 건축물
⑥ 포용저수량 1천만 톤 이상의 방조제
⑦ 1일 공급능력 3만 톤 미만의 지방상수도

(3) 제3종 시설물
제1종 시설물 및 제2종 시설물 외에 안전관리가 필요한 소규모 시설물로서 법령에 따라 지정·고시된 시설물이다.

※ 제3종 시설물이 될 수 있는 '공동주택'
준공 후 15년이 경과된 다음의 공동주택
① 5층 이상 15층 이하인 아파트
② 연면적이 660제곱미터를 초과하고 4층 이하인 연립주택
③ 연면적 660제곱미터 초과인 기숙사

(4) 제1종 시설물 및 제2종 시설물의 종류(시설물의 안전 및 유지관리에 관한 특별법 시행령 [별표 1])

▶ 제1종 시설물 및 제2종 시설물의 종류(건축물)

구분	제1종 시설물	제2종 시설물
가. 공동주택	–	16층 이상의 공동주택
나. 공동주택 외의 건축물	1) 21층 이상 또는 연면적 5만 제곱미터 이상의 건축물 2) 연면적 3만 제곱미터 이상의 철도역시설 및 관람장 3) 연면적 1만 제곱미터 이상의 지하도상가(지하보도면적을 포함한다)	1) 제1종 시설물에 해당하지 않는 건축물로서 16층 이상 또는 연면적 3만 제곱미터 이상의 건축물 2) 제1종 시설물에 해당하지 않는 건축물로서 연면적 5천 제곱미터 이상(각 용도별 시설의 합계를 말한다)의 문화 및 집회시설, 종교시설, 판매시설, 운수시설 중 여객용 시설, 의료시설, 노유자시설, 수련시설, 운동시설, 숙박시설 중 관광숙박시설 및 관광 휴게시설 3) 제1종 시설물에 해당하지 않는 철도역시설로서 고속철도, 도시철도 및 광역철도역시설 4) 제1종 시설물에 해당하지 않는 지하도상가로서 연면적 5천 제곱미터 이상의 지하도상가(지하보도면적을 포함한다)

3. 안전점검·정밀안전진단 및 유지관리

(1) 안전점검의 실시

① 관리주체는 소관 시설물의 안전과 기능을 유지하기 위해 정기적으로 안전점검을 실시하여야 한다. 다만, 법 제6조 제1항 단서에 해당하는 시설물(제3종 시설물 중 공동주택관리법 제2조 제2호에 따른 의무관리대상 공동주택이 아닌 공동주택 등 민간관리주체 소관 시설물 중 '대통령령으로 정하는 시설물')의 경우에는 시장·군수·구청장이 안전점검을 실시하여야 한다.

> **용어 보충** 관리주체(시설물법상의 개념)
>
> 관계 법령에 따라 해당 시설물의 관리자로 규정된 자나 해당 시설물의 소유자를 말한다. 이 경우 해당 시설물의 소유자와의 관리계약 등에 따라 시설물의 관리책임을 진 자는 관리주체로 보며, 관리주체는 공공관리주체와 민간관리주체로 구분한다.
> ㉠ **공공관리주체**: 다음의 어느 하나에 해당하는 관리주체를 말한다.
>   ⓐ 국가·지방자치단체
>   ⓑ 공공기관
>   ⓒ 지방공기업
> ㉡ **민간관리주체**: 공공관리주체 외의 관리주체를 말한다.

② 관리주체는 시설물의 하자담보책임기간이 끝나기 전에 마지막으로 실시하는 '정밀안전점검'의 경우에는 안전진단전문기관이나 국토안전관리원에 의뢰하여 실시하여야 한다.

③ 민간관리주체가 어음·수표의 지급불능으로 인한 부도(不渡) 등 부득이한 사유로 인하여 안전점검을 실시하지 못하게 될 때에는 관할 '시장·군수·구청장'이 민간관리주체를 대신하여 안전점검을 실시할 수 있다. 이 경우 안전점검에 드는 비용은 그 민간관리주체에게 부담하게 할 수 있다.

(2) 정기안전점검 및 정밀안전점검

① 관리주체 또는 시장·군수·구청장은 소관 시설물의 안전과 기능을 유지하기 위하여 정기안전점검 및 정밀안전점검을 실시해야 한다. 다만, 제3종 시설물에 대한 정밀안전점검은 정기안전점검 결과 해당 시설물의 안전등급이 D등급(미흡) 또는 E등급(불량)인 경우에 한정하여 실시한다.

② 정기안전점검 결과 안전등급이 D등급(미흡) 또는 E등급(불량)으로 지정된 제3종 시설물의 최초 정밀안전점검은 해당 정기안전점검을 완료한 날부터 1년 이내에 실시한다. 다만, 이 기간 내 정밀안전진단을 실시한 경우에는 해당 정밀안전점검을 생략할 수 있다.

(3) 정밀안전진단의 실시

① 관리주체는 제1종 시설물에 대하여 정기적으로 정밀안전진단을 실시하여야 한다.
② 관리주체는 법 제11조에 따른 안전점검 또는 법 제13조에 따른 긴급안전점검을 실시한 결과 재해 및 재난을 예방하기 위해 필요하다고 인정되는 경우에는 정밀안전진단을 실시하여야 한다. 이 경우 법 제13조 제7항 및 제17조 제4항에 따른 결과보고서 제출일부터 1년 이내에 정밀안전진단을 착수하여야 한다.
③ 관리주체는 「지진·화산재해대책법」 제14조 제1항에 따른 내진설계 대상 시설물 중 내진성능평가를 받지 않은 시설물에 대하여 정밀안전진단을 실시하는 경우에는 해당 시설물에 대한 내진성능평가를 포함하여 실시하여야 한다.

> **용어 보충** **내진성능평가**
> 지진으로부터 시설물의 안전성을 확보하고 기능을 유지하기 위하여 시설물별로 정하는 내진설계기준에 따라 시설물이 지진에 견딜 수 있는 능력을 평가하는 것을 말한다.

④ 국토교통부장관은 내진성능평가가 포함된 정밀안전진단의 실시결과를 법 제18조에 따라 평가한 결과 '내진성능의 보강이 필요하다고 인정'되면 내진성능을 보강하도록 권고할 수 있다.

(4) 긴급안전점검의 실시

① 관리주체는 시설물의 붕괴·전도 등이 발생할 위험이 있다고 판단하는 경우 긴급안전점검을 실시하여야 한다.
② 국토교통부장관 및 관계 행정기관의 장은 시설물의 구조상 공중의 안전한 이용에 중대한 영향을 미칠 우려가 있다고 판단되는 경우에는 소속 공무원으로 하여금 긴급안전점검을 하게 하거나 해당 관리주체 또는 시장·군수·구청장(법 제6조 제1항 단서에 해당하는 시설물의 경우에 한정한다)에게 긴급안전점검을 실시할 것을 요구할 수 있다. 이 경우 요구를 받은 자는 특별한 사유가 없으면 그 요구를 따라야 한다.

(5) 시설물의 유지관리 방법

① 관리주체는 시설물의 기능을 보전하고 편의와 안전을 높이기 위해 소관 시설물을 유지관리하여야 한다. 다만, 대통령령으로 정하는 시설물(공동주택)로서 다른 법령에 따라 유지관리하는 경우에는 그러하지 아니하다.
② 관리주체는 건설사업자 또는 그 시설물을 '시공한 자'[하자담보책임기간(동일한 시설물의 각 부분별 하자담보책임기간이 다른 경우에는 가장 긴 하자담보책임기간을 말한다) 내인 경우에 한정한다]로 하여금 시설물의 유지관리를 대행하게 할 수 있다.
③ 시설물의 유지관리에 드는 비용은 관리주체가 부담한다.

(6) 안전진단전문기관의 등록

① 시설물의 안전점검등 또는 성능평가를 대행하려는 자는 기술인력 및 장비 등 대통령령으로 정하는 분야별 등록기준을 갖추어 시·도지사에게 안전진단전문기관으로 등록을 하여야 한다.

② 안전진단전문기관은 타인에게 자기의 명칭이나 상호(商號)를 사용하여 안전점검 등 또는 성능평가의 업무를 하게 하거나 안전진단전문기관 등록증을 대여(貸與)하여서는 아니 된다.

(7) 안전점검전문기관의 등록

시설물의 안전점검 또는 긴급안전점검을 대행하려는 자는 기술인력 및 장비 등 대통령령으로 정하는 분야별 등록기준을 갖추어 시·도지사에게 등록하여야 한다.

4 소방기본법

1. 용어의 정의

(1) 소방대상물

건축물, 차량, 선박(선박법 제1조의2 제1항에 따른 선박으로서 항구에 매어둔 선박만 해당한다), 선박 건조 구조물, 산림, 그 밖의 인공구조물 또는 물건을 말한다.

(2) 관계지역

소방대상물이 있는 장소 및 그 이웃 지역으로서 화재의 예방·경계·진압, 구조·구급 등의 활동에 필요한 지역을 말한다.

(3) 관계인

소방대상물의 소유자·관리자 또는 점유자를 말한다.

(4) 소방본부장

특별시·광역시·특별자치시·도 또는 특별자치도(이하 '시·도'라 한다)에서 화재의 예방·경계·진압·조사 및 구조·구급 등의 업무를 담당하는 부서의 장을 말한다.

(5) 소방대

화재를 진압하고 화재, 재난·재해, 그 밖의 위급한 상황에서 구조·구급 활동 등을 하기 위하여 다음의 사람으로 구성된 조직체를 말한다.

① 「소방공무원법」에 따른 소방공무원
② 「의무소방대설치법」 제3조에 따라 임용된 의무소방원(義務消防員)
③ 「의용소방대 설치 및 운영에 관한 법률」에 따른 의용소방대원(義勇消防隊員)

(6) 소방대장

소방본부장 또는 소방서장 등 화재, 재난·재해, 그 밖의 위급한 상황이 발생한 현장에서 소방대를 지휘하는 사람을 말한다.

2. 소방활동 등

(1) 관계인의 소방활동 등

① 관계인은 소방대상물에 화재, 재난·재해, 그 밖의 위급한 상황이 발생한 경우에는 소방대가 현장에 도착할 때까지 경보를 울리거나 대피를 유도하는 등의 방법으로 사람을 구출하는 조치 또는 불을 끄거나 불이 번지지 아니하도록 필요한 조치를 하여야 한다.
② 위 ①의 위반자에게는 1백만원 이하의 벌금에 처한다.
③ 관계인은 소방대상물에 화재, 재난·재해, 그 밖의 위급한 상황이 발생한 경우에는 이를 소방본부, 소방서 또는 관계 행정기관에 지체 없이 알려야 한다.

(2) 소방활동구역의 설정

① 소방대장은 화재, 재난·재해, 그 밖의 위급한 상황이 발생한 현장에 소방활동구역을 정하여 소방활동에 필요한 사람으로서 대통령령으로 정하는 다음의 사람 외에는 그 구역에 출입하는 것을 제한할 수 있다.

> ㉠ 소방활동구역 안에 있는 소방대상물의 소유자·관리자 또는 점유자
> ㉡ 전기·가스·수도·통신·교통의 업무에 종사하는 사람으로서 원활한 소방활동을 위해 필요한 사람
> ㉢ 의사·간호사 그 밖의 구조·구급업무에 종사하는 사람
> ㉣ 취재인력 등 보도업무에 종사하는 사람
> ㉤ 수사업무에 종사하는 사람
> ㉥ 그 밖에 소방대장이 소방활동을 위하여 출입을 허가한 사람

② 경찰공무원은 소방대가 소방활동구역에 있지 아니하거나 소방대장의 요청이 있을 때에는 위 ①에 따른 조치를 할 수 있다.

5 소방시설 설치 및 관리에 관한 법률

1. 용어의 정의

(1) 소방시설

소화설비, 경보설비, 피난구조설비, 소화용수설비, 그 밖에 소화활동설비로서 대통령령으로 정하는 것을 말한다.

(2) 소방시설등

소방시설과 비상구, 그 밖에 소방 관련 시설로서 대통령령으로 정하는 것(방화문 및 자동방화셔터)을 말한다.

(3) 특정소방대상물

건축물 등의 규모·용도 및 수용인원 등을 고려하여 소방시설을 설치하여야 하는 소방대상물로서 대통령령으로 정하는 다음의 것을 말한다.
① 건축법령상 공동주택 중 '아파트등', '연립주택', '다세대주택' 및 '기숙사'
▶ 연립주택 및 다세대주택은 2024. 12. 1일부터 특정소방대상물에 해당한다.
② 건축법령상 '근린생활시설' 등 다수

(4) 무창층(無窓層)

'지상층' 중 다음 요건을 모두 갖춘 개구부(건축물에서 채광·환기·통풍 또는 출입 등을 위하여 만든 창·출입구, 그 밖에 이와 비슷한 것을 말한다. 이하 같다)의 면적의 합계가 해당 층의 바닥면적(「건축법 시행령」 제119조 제1항 제3호에 따라 산정된 면적을 말한다. 이하 같다)의 30분의 1 이하가 되는 층을 말한다.
① 크기는 지름 50센티미터 이상의 원이 통과할 수 있을 것
② 해당 층의 바닥면으로부터 개구부 밑부분까지의 높이가 1.2미터 이내일 것
③ 도로 또는 차량이 진입할 수 있는 빈터를 향할 것
④ 화재 시 건축물로부터 쉽게 피난할 수 있도록 창살이나 그 밖의 장애물이 설치되지 않을 것
⑤ 내부 또는 외부에서 쉽게 부수거나 열 수 있을 것

(5) 피난층

곧바로 지상으로 갈 수 있는 출입구가 있는 층을 말한다.

(6) 소방용품

소방시설등을 구성하거나 소방용으로 사용되는 제품 또는 기기로서 대통령령으로 정하는 것을 말한다.

2. 특정소방대상물에 설치하는 소방시설의 관리 등

(1) 소방용품의 내용연수 등
① 특정소방대상물의 관계인은 내용연수가 경과한 소방용품을 교체하여야 한다. 이 경우 '내용연수를 설정하여야 하는 소방용품'의 종류 및 그 내용연수 연한에 필요한 사항은 대통령령으로 정한다.
② 위 ①에 따라 내용연수를 설정해야 하는 소방용품은 '분말형태의 소화약제를 사용하는 소화기'로 한다.
③ 위 ②에 따른 소방용품의 내용연수는 10년으로 한다.

(2) 소방시설등의 자체점검
특정소방대상물의 관계인은 그 대상물에 설치되어 있는 소방시설등이 법령 등에 적합하게 설치·관리되고 있는지에 대해 일정한 기간 내 스스로 점검하거나 점검능력평가를 받은 관리업자 또는 행정안전부령으로 정하는 기술자격자(이하 '관리업자등'이라 한다)로 하여금 정기적으로 점검(이하 '자체점검'이라 한다)하게 하여야 한다. 이 경우 관리업자등이 점검한 경우에는 그 점검 결과를 관계인에게 제출하여야 한다.

6 화재의 예방 및 안전관리에 관한 법률

1. 용어의 정의

(1) 예방
화재의 위험으로부터 사람의 생명·신체 및 재산을 보호하기 위하여 화재발생을 사전에 제거하거나 방지하기 위한 모든 활동을 말한다.

(2) 안전관리
화재로 인한 피해를 최소화하기 위한 예방, 대비, 대응 등의 활동을 말한다.

(3) 화재안전조사
소방청장, 소방본부장 또는 소방서장(이하 '소방관서장'이라 한다)이 소방대상물, 관계지역 또는 관계인에 대하여 소방시설등(소방시설 설치 및 관리에 관한 법률에 따른 소방시설등을 말한다)이 소방 관계 법령에 적합하게 설치·관리되고 있는지, 소방대상물에 화재의 발생 위험이 있는지 등을 확인하기 위하여 실시하는 현장조사·문서열람·보고요구 등을 하는 활동을 말한다.

(4) 화재예방강화지구

특별시장·광역시장·특별자치시장·도지사·특별자치도지사(이하 '시·도지사'라 한다)가 화재발생 우려가 크거나 화재가 발생할 경우 피해가 클 것으로 예상되는 지역에 대하여 화재의 예방 및 안전관리를 강화하기 위해 지정·관리하는 지역을 말한다.

(5) 화재예방안전진단

화재가 발생할 경우 사회·경제적으로 피해 규모가 클 것으로 예상되는 소방대상물에 대하여 화재위험요인을 조사하고 그 위험성을 평가하여 개선대책을 수립하는 것을 말한다.

2. 화재안전조사

(1) 화재안전조사

① 소방관서장은 다음의 어느 하나에 해당하는 경우 화재안전조사를 실시할 수 있다. 다만, 개인의 주거(실제 주거용도로 사용되는 경우에 한정한다)에 대한 화재안전조사는 관계인의 승낙이 있거나 화재발생의 우려가 뚜렷하여 긴급한 필요가 있는 때에 한정한다.

　㉠ 「소방시설 설치 및 관리에 관한 법률」 제22조에 따른 자체점검이 불성실하거나 불완전하다고 인정되는 경우
　㉡ 화재예방강화지구 등 법령에서 화재안전조사를 하도록 규정되어 있는 경우
　㉢ 화재예방안전진단이 불성실하거나 불완전하다고 인정되는 경우
　㉣ 국가적 행사 등 주요 행사가 개최되는 장소 및 그 주변의 관계 지역에 대하여 소방안전관리 실태를 조사할 필요가 있는 경우
　㉤ 화재가 자주 발생하였거나 발생할 우려가 뚜렷한 곳에 대한 조사가 필요한 경우
　㉥ 재난예측정보, 기상예보 등을 분석한 결과 소방대상물에 화재의 발생 위험이 크다고 판단되는 경우

② '소방관서장'은 화재안전조사를 실시하려는 경우 '사전'에 관계인에게 조사대상, 조사기간 및 조사사유 등을 우편, 전화, 전자메일 또는 문자전송 등을 통하여 통지하고 이를 인터넷 홈페이지나 전산시스템 등을 통하여 공개해야 한다. 다만, 다음의 어느 하나에 해당하는 경우에는 그러하지 아니하다.

　㉠ 화재가 발생할 우려가 뚜렷하여 긴급하게 조사할 필요가 있는 경우
　㉡ 위 ㉠ 외에 화재안전조사의 실시를 사전에 통지하거나 공개하면 조사목적을 달성할 수 없다고 인정되는 경우

③ 화재안전조사는 관계인의 승낙 없이 소방대상물의 공개시간 또는 근무시간 이외에는 할 수 없다. 다만, 위 ②의 ㉠에 해당하는 경우에는 그러하지 아니하다.

(2) 화재안전조사단 및 화재안전조사위원회
① 소방관서장은 화재안전조사를 효율적으로 수행하기 위하여 대통령령으로 정하는 바에 따라 소방청에는 중앙화재안전조사단을, 소방본부 및 소방서에는 지방화재안전조사단을 편성하여 운영할 수 있다.
② 소방관서장은 화재안전조사의 대상을 객관적이고 공정하게 선정하기 위해 필요한 경우 화재안전조사위원회를 구성하여 화재안전조사의 대상을 선정할 수 있다.

3. 화재의 예방조치 등

(1) 화재의 예방조치 등
누구든지 화재예방강화지구 및 이에 준하는 대통령령으로 정하는 장소에서는 다음의 어느 하나에 해당하는 행위를 하여서는 아니 된다. 다만, 행정안전부령으로 정하는 바에 따라 안전조치를 한 경우에는 그러하지 아니한다.
① 모닥불, 흡연 등 화기의 취급
② 풍등 등 소형열기구 날리기
③ 용접·용단 등 불꽃을 발생시키는 행위
④ 그 밖에 대통령령으로 정하는 화재발생 위험이 있는 행위

(2) 화재예방강화지구의 지정 등
① 시·도지사는 다음의 어느 하나에 해당하는 지역을 화재예방강화지구로 지정하여 관리할 수 있다.
　㉠ 시장지역
　㉡ 공장·창고가 밀집한 지역
　㉢ 목조건물이 밀집한 지역
　㉣ 노후·불량건축물이 밀집한 지역
　㉤ 위험물의 저장 및 처리 시설이 밀집한 지역
　㉥ 석유화학제품을 생산하는 공장이 있는 지역
　㉦ 「산업입지 및 개발에 관한 법률」 제2조 제8호에 따른 산업단지
　㉧ 소방시설·소방용수시설 또는 소방출동로가 없는 지역
　㉨ 「물류시설의 개발 및 운영에 관한 법률」 제2조 제6호에 따른 물류단지
　㉩ 그 밖에 위 ㉠부터 ㉨까지에 준하는 지역으로서 소방관서장이 화재예방강화지구로 지정할 필요가 있다고 인정하는 지역

② 위 ①에도 불구하고 '시·도지사'가 화재예방강화지구로 지정할 필요가 있는 지역을 화재예방강화지구로 지정하지 아니하는 경우 '소방청장'은 해당 '시·도지사'에게 해당 지역의 화재예방강화지구 지정을 요청할 수 있다.

(3) 화재안전영향평가
① 소방청장은 화재발생 원인 및 연소과정을 조사·분석하는 등의 과정에서 법령이나 정책의 개선이 필요하다고 인정되는 경우 그 법령이나 정책에 대한 화재 위험성의 유발요인 및 완화 방안에 대한 평가(이하 '화재안전영향평가'라 한다)를 실시할 수 있다.
② 소방청장은 위 ①에 따라 화재안전영향평가를 실시한 경우 그 결과를 해당 법령이나 정책의 소관 기관의 장에게 통보하여야 한다.
③ 위 ②에 따라 결과를 통보받은 소관 기관의 장은 특별한 사정이 없는 한 이를 해당 법령이나 정책에 반영하도록 노력하여야 한다.

(4) 화재안전영향평가심의회
① 소방청장은 화재안전영향평가에 관한 업무를 수행하기 위하여 화재안전영향평가심의회(이하 '심의회'라 한다)를 구성·운영할 수 있다.
② 심의회는 위원장 1명을 포함한 12명 이내의 위원으로 구성한다.

4. 소방대상물의 소방안전관리

(1) 특정소방대상물의 소방안전관리
특정소방대상물 중 전문적인 안전관리가 요구되는 '대통령령으로 정하는 특정소방대상물'(이하 '소방안전관리대상물'이라 한다)의 관계인은 소방안전관리업무를 수행하기 위하여 '소방안전관리자 자격증을 발급받은 사람'을 소방안전관리자로 선임하여야 한다. 이 경우 소방안전관리자의 업무에 대하여 보조가 필요한 대통령령으로 정하는 소방안전관리대상물의 경우에는 소방안전관리자 외에 '소방안전관리보조자'를 추가로 선임하여야 한다.

(2) 소방안전관리자를 두어야 하는 특정소방대상물
① **특급 소방안전관리대상물의 범위**: 「소방시설 설치 및 관리에 관한 법률 시행령」의 '특정소방대상물' 중 다음의 어느 하나에 해당하는 것
㉠ 50층 이상(지하층은 제외한다)이거나 지상으로부터 높이가 200미터 이상인 아파트

ⓛ 30층 이상(지하층을 포함한다)이거나 지상으로부터 높이가 120미터 이상인 특정소방대상물(아파트는 제외한다)
　　　ⓒ 위 ⓛ에 해당하지 않는 특정소방대상물로서 연면적이 10만 제곱미터 이상인 특정소방대상물(아파트는 제외한다)
　② **1급 소방안전관리대상물의 범위**: 「소방시설 설치 및 관리에 관한 법률 시행령」의 '특정소방대상물' 중 다음의 어느 하나에 해당하는 것('특급 소방안전관리대상물'은 제외한다)
　　　㉠ 30층 이상(지하층은 제외한다)이거나 지상으로부터 높이가 120미터 이상인 아파트
　　　ⓛ 연면적 1만 5천 제곱미터 이상인 특정소방대상물(아파트 및 연립주택은 제외)
　　　ⓒ 위 ⓛ에 해당하지 않는 특정소방대상물로서 지상층의 층수가 11층 이상인 특정소방대상물(아파트는 제외한다)
　　　㉢ 가연성 가스를 1천 톤 이상 저장·취급하는 시설
　③ **2급 소방안전관리대상물의 범위**: 「소방시설 설치 및 관리에 관한 법률 시행령」의 '특정소방대상물' 중 다음의 어느 하나에 해당하는 것('특급 소방안전관리대상물' 및 '1급 소방안전관리대상물'은 제외한다)
　　　㉠ 「소방시설 설치 및 관리에 관한 법률 시행령」 [별표 4] 제1호 다목에 따라 옥내소화전설비를 설치해야 하는 특정소방대상물, 같은 호 라목에 따라 스프링클러설비를 설치해야 하는 특정소방대상물 또는 같은 호 바목에 따라 물분무등소화설비[화재안전기준에 따라 호스릴(hose reel) 방식의 물분무등소화설비만을 설치할 수 있는 특정소방대상물은 제외한다]를 설치해야 하는 특정소방대상물
　　　ⓛ 가스 제조설비를 갖추고 도시가스사업의 허가를 받아야 하는 시설 또는 가연성 가스를 100톤 이상 1천 톤 미만 저장·취급하는 시설
　　　ⓒ 지하구
　　　㉢ 「공동주택관리법」 제2조 제1항 제2호의 어느 하나에 해당하는 의무관리대상 공동주택(소방시설 설치 및 관리에 관한 법률 시행령 [별표 4] 제1호 다목 또는 라목에 따른 옥내소화전설비 또는 스프링클러설비가 설치된 공동주택으로 '한정'한다)
　　　㉣ 「문화유산의 보존 및 활용에 관한 법률」 제23조에 따라 보물 또는 국보로 지정된 목조건축물
　④ **3급 소방안전관리대상물의 범위**: 「소방시설 설치 및 관리에 관한 법률 시행령」의 '특정소방대상물' 중 다음의 어느 하나에 해당하는 것('특급 소방안전관리대상물', '1급 소방안전관리대상물' 및 '2급 소방안전관리대상물'은 제외한다)

㉠ 「소방시설 설치 및 관리에 관한 법률 시행령」 [별표 4] 제1호 마목에 따라 '간이스프링클러설비'('주택전용 간이스프링클러설비'는 '제외'한다)를 설치해야 하는 특정소방대상물
㉡ 「소방시설 설치 및 관리에 관한 법률 시행령」 [별표 4] 제2호 다목에 따른 '자동화재탐지설비'를 설치해야 하는 특정소방대상물

(3) '소방안전관리보조자'를 추가로 선임하여야 하는 특정소방대상물
[별표 4]에 따라 소방안전관리자를 선임해야 하는 소방안전관리대상물 중 다음 어느 하나에 해당하는 소방안전관리대상물은 '소방안전관리보조자'를 추가로 선임해야 한다.
① 「건축법 시행령」 [별표 1] 제2호 가목에 따른 아파트 중 300세대 이상인 아파트
② 연면적이 1만 5천 제곱미터 이상인 특정소방대상물(아파트 및 연립주택은 제외한다)
③ 위 ① 및 ②에 따른 특정소방대상물을 제외한 특정소방대상물 중 다음 어느 하나에 해당하는 특정소방대상물
㉠ 공동주택 중 기숙사
㉡ 의료시설
㉢ 노유자시설
㉣ 수련시설
㉤ 숙박시설(숙박시설로 사용되는 바닥면적의 합계가 1천500제곱미터 미만이고 관계인이 24시간 상시 근무하고 있는 숙박시설은 제외한다)

(4) 소방안전관리자 선임신고 등
① 소방안전관리대상물의 관계인이 소방안전관리자 또는 소방안전관리보조자를 선임한 경우에는 '선임한 날'부터 14일 이내에 소방본부장 또는 소방서장에게 신고하고, 소방안전관리대상물의 출입자가 쉽게 알 수 있도록 소방안전관리자의 성명과 그 밖에 행정안전부령으로 정하는 사항을 게시하여야 한다.
② 소방안전관리대상물의 관계인이 소방안전관리자 또는 소방안전관리보조자를 해임한 경우에는 그 관계인 또는 해임된 소방안전관리자 또는 소방안전관리보조자는 소방본부장이나 소방서장에게 그 사실을 알려 해임한 사실의 확인을 받을 수 있다.

5. 특별관리시설물의 소방안전관리

(1) 소방안전 특별관리시설물의 안전관리

소방청장은 화재 등 재난이 발생할 경우 사회·경제적으로 피해가 큰 다음의 시설(이하 '소방안전 특별관리시설물'이라 한다)에 대하여 '소방안전 특별관리'를 하여야 한다.
① 「공항시설법」 제2조 제7호의 공항시설
② 「철도산업발전기본법」 제3조 제2호의 철도시설
③ 「도시철도법」 제2조 제3호의 도시철도시설
④ 「항만법」 제2조 제5호의 항만시설
⑤ 「문화유산의 보존 및 활용에 관한 법률」의 지정문화유산 및 「자연유산의 보존 및 활용에 관한 법률」에 따른 천연기념물등인 시설(시설이 아닌 지정문화유산 및 천연기념물등을 보호하거나 소장하고 있는 시설을 포함한다) 등

(2) 화재예방안전진단

① '대통령령으로 정하는 소방안전 특별관리시설물'의 관계인은 화재 예방 및 안전관리를 체계적·효율적으로 수행하기 위하여 「소방기본법」에 따른 한국소방안전원(이하 '안전원'이라 한다) 또는 소방청장이 지정하는 화재예방안전진단기관(이하 '진단기관'이라 한다)으로부터 정기적으로 화재예방안전진단을 받아야 한다.
② 위 ①에서 '대통령령으로 정하는 소방안전 특별관리시설물'이란 다음의 시설을 말한다.
　㉠ '공항시설' 중 여객터미널의 연면적이 1천 제곱미터 이상인 공항시설
　㉡ '철도시설' 중 역 시설의 연면적이 5천 제곱미터 이상인 철도시설
　㉢ '도시철도시설' 중 역사 및 역 시설의 연면적이 5천 제곱미터 이상인 도시철도시설
　㉣ '항만시설' 중 여객이용시설 및 지원시설의 연면적이 5천 제곱미터 이상인 항만시설 등

(3) 화재예방안전진단의 실시 절차 등

① 소방안전관리대상물이 건축되어 위 **(2)**의 ②의 소방안전 특별관리시설물에 해당하게 된 경우 해당 소방안전 특별관리시설물의 관계인은 「건축법」 제22조에 따른 사용승인 또는 「소방시설공사업법」 제14조에 따른 완공검사를 받은 날부터 5년이 경과한 날이 속하는 해에 '최초'의 화재예방안전진단을 받아야 한다.
② 화재예방안전진단을 받은 소방안전 특별관리시설물의 관계인은 안전등급에 따라 정기적으로 다음의 기간에 화재예방안전진단을 받아야 한다.

㉠ 안전등급이 '우수'인 경우: 안전등급을 통보받은 날부터 6년이 경과한 날이 속하는 해
㉡ 안전등급이 '양호'·'보통'인 경우: 안전등급을 통보받은 날부터 5년이 경과한 날이 속하는 해
㉢ 안전등급이 '미흡'·'불량'인 경우: 안전등급을 통보받은 날부터 4년이 경과한 날이 속하는 해

7 전기사업법

1. 용어의 정의

(1) 발전사업

전기를 생산하여 이를 전력시장을 통하여 전기판매사업자에게 공급하는 것을 주된 목적으로 하는 사업을 말한다.

(2) 송전사업

발전소에서 생산된 전기를 배전사업자에게 송전하는 데 필요한 전기설비를 설치·관리하는 것을 주된 목적으로 하는 사업을 말한다.

(3) 배전사업

발전소로부터 송전된 전기를 전기사용자에게 배전하는 데 필요한 전기설비를 설치·운용하는 것을 주된 목적으로 하는 사업을 말한다.

(4) 전기판매사업

전기사용자에게 전기를 공급하는 것을 주된 목적으로 하는 사업(전기자동차충전사업, 재생에너지전기공급사업 및 재생에너지전기저장판매사업은 제외한다)을 말한다.

(5) 구역전기사업

대통령령으로 정하는 규모(3만 5천 킬로와트) 이하의 발전설비를 갖추고 특정한 공급구역의 수요에 맞추어 전기를 생산하여 전력시장을 통하지 아니하고 그 공급구역의 전기사용자에게 공급하는 것을 주된 목적으로 하는 사업을 말한다.

(6) 전기신사업

전기자동차충전사업, 소규모전력중개사업, 재생에너지전기공급사업 및 통합발전소사업, 재생에너지전기저장판매사업 및 송전제약발생지역전기공급사업을 말한다.

(7) 전기자동차충전사업

「환경친화적 자동차의 개발 및 보급 촉진에 관한 법률」 제2조 제3호에 따른 전기자동차에 전기를 유상으로 공급하는 것을 주된 목적으로 하는 사업을 말한다.

(8) 소규모전력중개사업

다음의 설비(이하 '소규모전력자원'이라 한다)에서 생산 또는 저장된 전력을 모아서 전력시장을 통하여 거래하는 것을 주된 목적으로 하는 사업을 말한다.

① 대통령령으로 정하는 종류 및 규모(신에너지 및 재생에너지의 발전설비로서 발전설비용량 2만 킬로와트 이하)의 「신에너지 및 재생에너지 개발·이용·보급 촉진법」 제2조 제3호에 따른 신에너지 및 재생에너지 설비
② 대통령령으로 정하는 규모(충전·방전설비용량 2만 킬로와트 이하)의 전기저장장치
③ 대통령령으로 정하는 유형의 전기자동차

(9) 재생에너지전기공급사업

「신에너지 및 재생에너지 개발·이용·보급 촉진법」 제2조 제2호에 따른 재생에너지를 이용하여 생산한 전기를 전기사용자에게 공급하는 것을 주된 목적으로 하는 사업을 말한다.

(10) 통합발전소사업

정보통신 및 자동제어 기술을 이용해 대통령령으로 정하는 에너지자원을 연결·제어하여 하나의 발전소처럼 운영하는 시스템을 활용하는 사업을 말한다.

(11) 재생에너지전기저장판매사업

재생에너지를 이용하여 생산한 전기를 전기저장장치에 저장하여 전기사용자에게 판매하는 것을 주된 목적으로 하는 사업으로서 산업통상자원부령으로 정하는 것을 말한다.

(12) 송전제약발생지역전기공급사업

발전용량과 송전용량의 불일치(이하 '송전제약'이라 한다)로 인하여 전력시장을 통하여 전기판매사업자에게 공급하지 못하게 된 전기를 발전설비의 인접한 지역에 위치한 전기사용자의 신규 시설에 공급하는 것을 주된 목적으로 하는 사업을 말한다.

(13) 전력시장

전력거래를 위하여 법 제35조에 따라 설립된 한국전력거래소가 개설하는 시장을 말한다.

(14) 소규모전력중개시장

소규모전력중개사업자가 소규모전력자원을 모집·관리할 수 있도록 한국전력거래소가 개설하는 시장을 말한다.

2. 전기사업의 허가 등

(1) 전기사업의 허가
① 전기사업을 하려는 자는 전기사업의 종류별 또는 규모별로 '산업통상자원부장관' 또는 시·도지사의 '허가'를 받아야 한다.
② 산업통상자원부장관은 전기사업을 허가 또는 변경허가를 하려는 경우에는 미리 전기위원회의 심의를 거쳐야 한다.
③ 동일인에게는 두 종류 이상의 전기사업을 허가할 수 없다. 다만, 대통령령으로 정하는 다음의 경우에는 그러하지 아니하다.

> ㉠ 배전사업과 전기판매사업을 겸업하는 경우
> ㉡ 도서지역에서 전기사업을 하는 경우
> ㉢ 「집단에너지사업법」에 따라 발전사업의 허가를 받은 것으로 보는 집단에너지사업자가 전기판매사업을 겸업하는 경우

(2) 전기신사업의 등록
① 전기신사업을 하려는 자는 전기신사업의 종류별로 '산업통상자원부장관'에게 등록하여야 한다.
② 전기신사업을 등록하려는 자는 산업통상자원부령으로 정하는 바에 따라 산업통상자원부장관에게 신청하여야 한다.
③ 위 ②에 따라 전기신사업의 등록을 하려는 자는 별지 전기신사업 등록신청서에 일정 서류 등을 첨부하여 '지능형전력망 협회' 또는 '한국전력거래소'에 제출하여야 한다(산업통상자원부령).

(3) 전기공급의 의무

발전사업자, 전기판매사업자, 전기자동차충전사업자, 재생에너지전기공급사업자, 통합발전소사업자, 재생에너지전기저장판매사업자 및 송전제약발생지역전기공급사업자는 대통령령으로 정하는 정당한 사유 없이 전기의 공급을 거부하여서는 아니 된다.

3. 전력수급의 안정

(1) 전력수급기본계획의 수립
산업통상자원부장관은 전력수급의 안정을 위하여 전력수급기본계획을 2년 단위로 수립·시행한다. 기본계획을 변경하는 경우에도 또한 같다.

(2) 전력산업기반조성계획의 수립·시행
산업통상자원부장관은 전력산업의 지속적인 발전과 전력수급 안정을 위해 전력산업의 기반조성을 위한 계획을 3년 단위로 수립·시행하여야 한다.

8 승강기 안전관리법

1. 용어의 정의

(1) 승강기
건축물이나 고정된 시설물에 설치되어 일정한 경로에 따라 사람이나 화물을 승강장으로 옮기는 데에 사용되는 설비(주차장법에 따른 기계식주차장치 등 대통령령으로 정하는 것은 제외한다)로서 구조나 용도 등의 구분에 따라 대통령령으로 정하는 다음의 설비를 말한다.
① **엘리베이터**: 일정한 수직로 또는 경사로를 따라 위·아래로 움직이는 운반구(運搬具)를 통해 사람이나 화물을 승강장으로 운송시키는 설비
② **에스컬레이터**: 일정한 경사로 또는 수평로를 따라 위·아래 또는 옆으로 움직이는 디딤판을 통해 사람이나 화물을 승강장으로 운송시키는 설비
③ **휠체어리프트**: 일정한 수직로 또는 경사로를 따라 위·아래로 움직이는 운반구를 통해 휠체어에 탑승한 장애인 또는 그 밖의 장애인·노인·임산부 등 거동이 불편한 사람을 승강장으로 운송시키는 설비

(2) 승강기부품
승강기를 구성하는 제품이나 그 부분품 또는 부속품을 말한다.

(3) 유지관리
법령에 따른 설치검사를 받은 승강기가 그 설계에 따른 기능 및 안전성을 유지할 수 있도록 하는 다음의 안전관리 활동을 말한다.

① 주기적인 점검
② 승강기 또는 승강기부품의 수리
③ 승강기부품의 교체
④ 그 밖에 행정안전부장관이 승강기의 기능 및 안전성의 유지를 위하여 필요하다고 인정하여 고시하는 안전관리 활동

(4) 승강기사업자

다음의 어느 하나에 해당하는 자를 말한다.
① 승강기나 승강기부품의 제조업 또는 수입업을 하기 위하여 등록을 한 자(이하 '제조·수입업자'라 한다)
② 승강기의 유지관리를 업(業)으로 하기 위하여 등록을 한 자(이하 '유지관리업자'라 한다)
③ 「건설산업기본법」 제9조 제1항에 따라 건설업의 등록을 한 자로서 대통령령으로 정하는 승강기설치공사업에 종사하는 자(이하 '설치공사업자'라 한다)

(5) 관리주체

다음의 어느 하나에 해당하는 자를 말한다.
① 승강기 소유자
② 다른 법령에 따라 승강기 관리자로 규정된 자
③ 승강기 소유자나 다른 법령에 따라 승강기 관리자로 규정된 자와의 계약에 따라 승강기를 안전하게 관리할 책임과 권한을 부여받은 자

2. 승강기의 자체점검 및 안전검사

(1) 승강기의 자체점검

① 관리주체는 승강기의 안전에 관한 자체점검(이하 '자체점검'이라 한다)을 월 1회 이상 하고, 그 결과를 대통령령으로 정하는 기간 이내에 승강기안전종합정보망에 입력하여야 한다.
② 관리주체는 자체점검 결과 승강기에 결함이 있다는 사실을 알았을 경우에는 즉시 보수하여야 하며, 보수가 끝날 때까지 해당 승강기의 운행을 중지하여야 한다.
③ 자체점검을 담당할 수 있는 사람의 자격, 자체점검의 기준·항목 및 방법, 그 밖에 필요한 사항은 대통령령으로 정한다.

> **참고** 승강기의 자체점검(승강기 안전관리법 시행령 제29조)
>
> ① 자체점검을 담당하는 사람은 다음의 사항을 고려하여 행정안전부장관이 정하여 고시하는 자체점검의 기준·항목 및 방법 등에 따라 자체점검을 해야 한다.
>   ㉠ 승강기 안전기준
>   ㉡ 유지관리 관련 자료에서 정하는 기준
>   ㉢ 「산업안전보건법」에 따른 승강기 관련 사업주의 안전·보건 관련 의무 및 근로자의 준수사항
> ② 자체점검을 담당하는 사람은 자체점검을 마치면 지체 없이 자체점검 결과를 양호, 주의관찰 또는 긴급수리로 구분하여 관리주체에 통보해야 한다.
> ③ 위 (1)의 ①에서 '대통령령으로 정하는 기간'이란 자체점검 실시일부터 10일을 말한다.

(2) 승강기의 설치신고

① '설치공사업자'는 승강기의 설치를 끝냈을 때는 행정안전부령으로 정하는 바에 따라 관할 시·도지사에게 그 사실을 신고하여야 한다.

② '설치공사업자'는 법 제27조에 따라 승강기의 설치를 끝낸 날부터 10일 이내에 '공단'에 승강기의 설치신고를 해야 한다.

(3) 승강기의 설치검사

① 승강기의 제조·수입업자는 설치를 끝낸 승강기(법 제18조 제1호에 따라 승강기안전인증을 면제받은 승강기는 제외한다)에 대하여 행정안전부령으로 정하는 바에 따라 행정안전부장관이 실시하는 설치검사(이하 '설치검사'라 한다)를 받아야 한다.

② 승강기의 제조·수입업자가 설치검사를 받으려는 경우에는 별지 제23호 서식의 설치검사 신청서(전자문서를 포함한다)에 사업자등록증 사본 등의 서류(전자문서를 포함한다)를 첨부하여 '공단'에 제출해야 한다.

③ 승강기의 제조·수입업자 또는 관리주체는 설치검사를 받지 아니하거나 설치검사에 불합격한 승강기를 운행하게 하거나 운행하여서는 아니 된다.

(4) 승강기의 안전검사

① 관리주체는 승강기에 대해 행정안전부장관이 실시하는 다음의 안전검사(이하 '안전검사'라 한다)를 받아야 한다.

> ㉠ **정기검사**: 설치검사 후 정기적으로 하는 검사. 이 경우 검사주기는 2년 이하로 하되, 다음의 사항을 고려하여 행정안전부령으로 정하는 바에 따라 승강기별로 검사주기를 다르게 할 수 있다.
>   ⓐ 승강기의 종류 및 사용 연수
>   ⓑ 법 제48조 제1항에 따른 중대한 사고 또는 중대한 고장의 발생 여부
>   ⓒ 그 밖에 행정안전부령으로 정하는 사항

ⓒ **수시검사**: 다음의 어느 하나에 해당하는 경우에 하는 검사
　　　ⓐ 승강기 종류, 제어방식, 정격(기기의 사용조건 및 성능의 범위를 말한다)속도, 정격용량 또는 왕복운행거리를 변경한 경우(변경된 승강기에 대한 검사의 기준이 완화되는 경우 등 행정안전부령으로 정하는 경우는 제외한다)
　　　ⓑ 승강기의 제어반(制御盤) 또는 구동기(驅動機)를 교체한 경우
　　　ⓒ 승강기에 사고가 발생하여 수리한 경우(아래 ⓒ의 ⓑ의 경우는 제외한다)
　　　ⓓ 관리주체가 요청하는 경우
　　ⓒ **정밀안전검사**: 다음의 어느 하나에 해당하는 경우에 하는 검사. 이 경우 아래 ⓒ에 해당할 때에는 정밀안전검사를 받고, 그 후 3년마다 정기적으로 정밀안전검사를 받아야 한다.
　　　ⓐ 정기검사 또는 수시검사 결과 결함의 원인이 불명확하여 사고 예방과 안전성 확보를 위하여 행정안전부장관이 정밀안전검사가 필요하다고 인정하는 경우
　　　ⓑ 승강기의 결함으로 법 제48조 제1항에 따른 중대한 사고 또는 중대한 고장이 발생한 경우
　　　ⓒ 설치검사를 받은 날부터 15년이 지난 경우
　　　ⓓ 그 밖에 승강기 성능의 저하로 승강기 이용자의 안전을 위협할 우려가 있어 행정안전부장관이 정밀안전검사가 필요하다고 인정한 경우

② 관리주체는 안전검사를 받지 아니하거나 안전검사에 불합격한 승강기를 운행할 수 없으며, 운행을 하려면 안전검사에 합격하여야 한다. 이 경우 관리주체는 안전검사에 불합격한 승강기에 대해 행정안전부령으로 정하는 기간(안전검사에 불합격한 날부터 4개월 이내)에 안전검사를 다시 받아야 한다.

③ 행정안전부장관은 행정안전부령으로 정하는 바에 따라 위 ① 또는 ②에 따른 안전검사를 받을 수 없다고 인정하면 '그 사유가 없어질 때'까지 '안전검사'를 연기할 수 있다.

(5) 정기검사의 검사주기 등

① 정기검사의 검사주기는 1년(설치검사 또는 직전 정기검사를 받은 날부터 매 1년을 말한다)으로 한다.

② 위 ①에도 불구하고 다음의 어느 하나에 해당하는 승강기의 경우에는 정기검사의 검사주기를 직전 정기검사를 받은 날부터 다음의 구분에 따른 기간으로 한다.

　　㉠ **설치검사를 받은 날부터 25년이 지난 승강기**: 6개월. 다만, 정기검사의 검사주기 도래일 전에 수시검사 또는 법 제32조 제1항 제3호(나목은 제외한다)에 따른 정밀안전검사를 받은 경우에는 해당 검사 직후의 정기검사에 한정하여 1년으로 한다.
　　㉡ 법 제32조 제1항 제3호 나목에 따른 승강기 결함으로 중대한 사고 또는 중대한 고장이 발생한 후 2년이 지나지 않은 승강기: 6개월
　　㉢ 다음의 엘리베이터: 2년
　　　ⓐ 화물용 엘리베이터
　　　ⓑ 자동차용 엘리베이터
　　　ⓒ 소형화물용 엘리베이터(Dumbwaiter)
　　㉣ 「건축법 시행령」 [별표 1] 제1호 가목에 따른 단독주택에 설치된 승강기: 2년

9 집합건물의 소유 및 관리에 관한 법률

1. 공용부분

(1) 공유자의 사용권

각 공유자는 공용부분을 그 용도에 따라 사용할 수 있다.

(2) 공유자의 지분권

각 공유자의 지분은 그가 가지는 전유부분의 면적 비율에 따른다.

(3) 전유부분과 공용부분에 대한 지분의 일체성

① 공용부분에 대한 공유자의 지분은 그가 가지는 전유부분의 처분에 따른다.
② 공유자는 그가 가지는 전유부분과 분리하여 공용부분에 대한 지분을 처분할 수 없다.
③ 공용부분에 관한 물권의 득실변경(得失變更)은 등기가 필요하지 아니하다.

> **용어 보충** **전유부분**
>
> '구분소유권의 목적'인 건물부분을 말한다.

> **용어 보충** **공용부분**
>
> 전유부분 외의 건물부분, 전유부분에 속하지 아니하는 건물의 부속물 및 공용부분으로 된 부속의 건물을 말한다.

(4) 공용부분의 변경

① 공용부분의 변경에 관한 사항은 관리단집회에서 구분소유자의 3분의 2 이상 및 의결권의 3분의 2 이상의 결의로써 결정한다. 다만, 다음의 어느 하나에 해당하는 경우에는 통상의 집회결의로써 결정할 수 있다.

> ㉠ 공용부분의 개량을 위한 것으로서 지나치게 많은 비용이 드는 것이 아닐 경우
> ㉡ 「관광진흥법」 제3조 제1항 제2호 나목에 따른 휴양 콘도미니엄업의 운영을 위한 휴양 콘도미니엄의 공용부분 변경에 관한 사항인 경우

② 위 ①의 경우에 공용부분의 변경이 다른 구분소유자의 권리에 특별한 영향을 미칠 때에는 그 구분소유자의 승낙을 받아야 한다.

③ 위 ①에도 불구하고 건물의 노후화 억제 또는 기능 향상 등을 위한 것으로 구분소유권 및 대지사용권의 범위나 내용에 변동을 일으키는 공용부분의 변경에 관한 사항은 관리단집회에서 구분소유자의 5분의 4 이상 및 의결권의 5분의 4 이상의 결의로써 결정한다(권리변동 있는 공용부분의 변경). 다만, 「관광진흥법」에 따른 휴양 콘도미니엄업의 운영을 위한 휴양 콘도미니엄의 권리변동 있는 공용부분 변경에 관한 사항은 구분소유자의 3분의 2 이상 및 의결권의 3분의 2 이상의 결의로써 결정한다.

(5) 공용부분의 관리

공용부분의 관리에 관한 사항은 위 **(4)**의 ①의 본문 및 ③의 경우를 제외하고는 통상의 집회결의로써 결정한다. 다만, 보존행위는 각 공유자가 할 수 있다.

(6) 공용부분의 부담·수익

각 공유자는 규약에 달리 정한 바가 없으면 그 지분의 비율에 따라 공용부분의 관리비용과 그 밖의 의무를 부담하며 공용부분에서 생기는 이익을 취득한다.

(7) 수선계획 및 수선적립금

① 관리단은 규약에 달리 정한 바가 없으면 관리단집회 결의에 따라 건물이나 대지 또는 부속시설의 교체 및 보수에 관한 '수선계획'을 수립할 수 있다.
② 관리단은 규약에 달리 정한 바가 없으면 관리단집회의 결의에 따라 '수선적립금'을 징수하여 적립할 수 있다. 다만, 다른 법률에 따라 장기수선을 위한 계획이 수립되어 충당금 또는 적립금이 징수·적립된 경우에는 그러하지 아니하다.
③ '수선적립금'은 구분소유자로부터 징수하며 관리단에 귀속된다.
④ 관리단은 규약에 달리 정한 바가 없으면 수선적립금을 다음의 용도로 사용하여야 한다.

> ㉠ 수선계획에 따른 공사
> ㉡ 자연재해 등 예상하지 못한 사유로 인한 수선공사
> ㉢ 위 ㉠ 및 ㉡의 용도로 사용한 금원의 변제

2. 관리단 및 관리단의 기관

(1) 관리단의 당연 설립 등

건물에 대하여 구분소유 관계가 성립되면 구분소유자 전원을 구성원으로 하여 건물과 그 대지 및 부속시설의 관리에 관한 사업의 시행을 목적으로 하는 관리단이 설립된다.

(2) 관리단의 의무

관리단은 건물의 관리 및 사용에 관한 공동이익을 위하여 필요한 구분소유자의 권리와 의무를 선량한 관리자의 주의로 행사하거나 이행하여야 한다.

(3) 관리인의 선임 등

① 구분소유자가 10인 이상일 때에는 관리단을 대표하고 관리단의 사무를 집행할 관리인을 선임하여야 한다.

② 관리인은 구분소유자일 필요가 없으며, 그 임기는 2년의 범위에서 규약으로 정한다.

③ 관리인은 관리단집회의 결의로 선임되거나 해임된다. 다만, 규약으로 관리위원회의 결의로 선임되거나 해임되도록 정한 경우에는 그에 따른다.

④ 관리인에게 부정한 행위나 그 밖에 그 직무를 수행하기에 적합하지 아니한 사정이 있을 때에는 각 구분소유자는 관리인의 해임을 법원에 청구할 수 있다.

⑤ 전유부분이 50개 이상인 건물(공동주택관리법에 따른 의무관리대상 공동주택 및 임대주택과 유통산업발전법에 따라 신고한 대규모점포등관리자가 있는 대규모점포 및 준대규모점포는 제외한다)의 관리인으로 선임된 자는 대통령령으로 정하는 바에 따라 선임된 사실을 특별자치시장, 특별자치도지사, 시장, 군수 또는 자치구의 구청장(이하 '소관청'이라 한다)에게 '신고'하여야 한다.

(4) 임시관리인의 선임 등

① 구분소유자, 그의 승낙을 받아 전유부분을 점유하는 자, 분양자 등 이해관계인은 법 제24조 제3항에 따라 선임된 관리인이 없는 경우에는 법원에 임시관리인의 선임을 청구할 수 있다.

② 임시관리인은 선임된 날부터 6개월 이내에 법 제24조 제3항에 따른 관리인 선임을 위하여 관리단집회 또는 관리위원회를 소집하여야 한다.

③ 임시관리인의 임기는 선임된 날부터 법 제24조 제3항에 따라 관리인이 선임될 때까지로 하되, 같은 조 제2항에 따라 규약으로 정한 임기를 초과할 수 없다.

(5) 관리인의 보고의무 등

① 관리인은 매년 1회 이상 구분소유자 및 그의 승낙을 받아 전유부분을 점유하는 자에게 그 사무에 관한 보고를 하여야 한다.

② 관리인은 규약에 달리 정한 바가 없으면 월 1회 구분소유자 및 그의 승낙을 받아 전유부분을 점유하는 자에게 관리단의 사무 집행을 위한 분담금액과 비용의 산정방법을 서면으로 보고하여야 한다.

③ 전유부분이 50개 이상인 건물의 관리인은 관리단의 사무 집행을 위한 비용과 분담금 등 금원의 징수·보관·사용·관리 등 모든 거래행위에 관하여 장부를 월별로 작성하여 그 증빙서류와 함께 해당 회계연도 종료일부터 5년간 보관하여야 한다.

(6) 관리위원회의 설치 및 기능

① 관리단에는 규약으로 정하는 바에 따라 관리위원회를 둘 수 있다.
② 관리위원회는 이 법 또는 규약으로 정한 '관리인'의 사무 집행을 감독한다.
③ 관리위원회의 위원은 구분소유자 중에서 관리단집회의 결의에 의하여 선출한다. 다만, 규약으로 관리단집회의 결의에 관하여 달리 정한 경우에는 그에 따른다.
④ 위 ①에 따라 관리위원회를 둔 경우 관리인은 일정한 행위를 하려면 관리위원회의 결의를 거쳐야 한다. 다만, 규약으로 달리 정한 사항은 그러하지 아니하다.

(7) 회계감사

① 전유부분이 150개 이상으로서 대통령령으로 정하는 건물의 관리인은 「주식회사 등의 외부감사에 관한 법률」에 따른 감사인의 회계감사를 매년 1회 이상 받아야 한다. 다만, 관리단집회에서 구분소유자의 3분의 2 이상 및 의결권의 3분의 2 이상이 회계감사를 받지 아니하기로 결의한 연도에는 그러하지 아니하다.
② 전유부분이 50개 이상 150개 미만으로서 대통령령으로 정하는 건물의 관리인은 구분소유자의 5분의 1 이상이 연서(連署)하여 요구하는 경우에는 감사인의 회계감사를 받아야 한다.

▶ 회계감사 비교표

「집합건물의 소유 및 관리에 관한 법률」		「공동주택관리법」	
전유부분 150개 이상 + 관리비, 수선적립금 3억원 이상	원칙: O	의무관리대상	원칙: O
	예외: X (구분소유자 3분의 2)		예외: X 1. 300세대 이상 해당 연도에 회계감사를 받지 아니하기로 입주자등의 3분의 2 이상의 서면동의를 받은 경우 그 연도 2. 300세대 미만 해당 연도에 회계감사를 받지 아니하기로 입주자등의 과반수의 서면동의를 받은 경우 그 연도
전유부분 50개 이상 150개 미만 + 3년 이상 회계감사를 받지 않은 건축물 + 관리비, 수선적립금 1억원 이상	원칙: X		
	예외: O (구분소유자 5분의 1)		

(8) 집합건물의 관리에 관한 감독

'시·도지사' 또는 시장·군수·구청장(자치구의 구청장을 말하며, 이하 '시장·군수·구청장'이라 한다)은 집합건물의 효율적인 관리와 주민의 복리증진을 위하여 필요하다고 인정하는 경우에는 전유부분이 50개 이상인 건물의 관리인에게 수선적립금의 징수·적립·사용 등에 관한 사항 등을 보고하게 하거나 관련 자료의 제출을 명할 수 있다.

3. 집합건물분쟁조정위원회

(1) 집합건물분쟁조정위원회의 설치

이 법을 적용받는 건물과 관련된 분쟁을 심의·조정하기 위하여 특별시·광역시·특별자치시·도 또는 특별자치도(이하 '시·도'라 한다)에 집합건물분쟁조정위원회(이하 '조정위원회'라 한다)를 둔다.

(2) 집합건물분쟁조정위원회의 분쟁 사항

조정위원회는 분쟁 당사자의 신청에 따라 다음의 분쟁(이하 '집합건물분쟁'이라 한다)을 심의·조정한다.

① 이 법을 적용받는 건물의 하자에 관한 분쟁. 다만, 「공동주택관리법」 제36조 및 제37조에 따른 공동주택의 담보책임 및 하자보수 등과 관련된 분쟁은 제외한다.
② 관리인·관리위원의 선임·해임 또는 관리단·관리위원회의 구성·운영에 관한 분쟁
③ 공용부분의 보존·관리 또는 변경에 관한 분쟁
④ 관리비의 징수·관리 및 사용에 관한 분쟁
⑤ 규약의 제정·개정에 관한 분쟁
⑥ '재건축'과 관련된 철거, 비용분담 및 구분소유권 귀속에 관한 분쟁
⑦ 소음·진동·악취 등 공동생활과 관련된 분쟁
⑧ 그 밖에 이 법을 적용받는 건물과 관련된 분쟁으로서 대통령령으로 정한 분쟁

중요 개념 확인하기!

❶ 재개발사업은 정비기반시설은 양호하나 노후·불량건축물에 해당하는 공동주택이 밀집한 지역에서 주거환경을 개선하기 위한 사업이다. ○ | ×

❷ 재정비촉진지구의 유형 중 고밀복합형은 주요 역세권, 간선도로의 교차지 등 양호한 기반시설을 갖추고 있어 대중교통 이용이 용이한 지역으로서 도심 내 소형 주택의 공급 확대, 토지의 고도이용과 건축물의 복합개발이 필요한 지구를 말한다. ○ | ×

❸ 21층 이상(공동주택은 제외한다) 또는 연면적 5만 제곱미터 이상의 건축물(공동주택은 제외한다)은 제1종 시설물이다. ○ | ×

❹ 산업통상자원부장관은 전력수급의 안정을 위하여 전력수급기본계획을 3년 단위로 수립하여야 한다. ○ | ×

❺ 관리주체는 해당 승강기가 설치검사를 받은 날부터 15년이 지난 경우에는 행정안전부장관이 실시하는 정밀안전검사를 받고, 그 후 3년마다 정기적으로 정밀안전검사를 받아야 한다. ○ | ×

❻ 공용부분의 변경이 다른 구분소유자의 권리에 특별한 영향을 미칠 때에는 그 구분소유자의 승낙을 받아야 한다. ○ | ×

❼ (   )(이)란 도시의 낙후된 지역에 대한 주거환경의 개선, 기반시설의 확충 및 도시기능의 회복을 광역적으로 계획하고 체계적·효율적으로 추진하기 위하여 지정하는 지구를 말한다.

❽ (   )(이)란 경험과 기술을 갖춘 자가 육안이나 점검기구 등으로 검사하여 시설물에 내재되어 있는 위험요인을 조사하는 행위를 말한다.

❾ (   )(이)란 소방대상물이 '있는' 장소 및 그 '이웃' 지역으로서 화재의 예방·경계·진압, 구조·구급 등의 활동에 필요한 지역을 말한다.

❿ (   )(이)란 건축물이나 고정된 시설물에 설치되어 일정한 경로에 따라 사람이나 화물을 승강장으로 옮기는 데에 사용되는 설비(기계식 주차장치 등 대통령령으로 정하는 것은 제외)로서 구조나 용도 등의 구분에 따라 대통령령으로 정하는 설비(엘리베이터, 에스컬레이터, 휠체어리프트)를 말한다.

⓫ (   )(이)란 '구분소유권의 목적'인 건물부분을 말한다.

① × 재건축사업에 관한 설명이다. ② ○ ③ ○ ④ × '2년 단위'로 수립하여야 한다. ⑤ ○ ⑥ ○ ⑦ 재정비촉진지구 ⑧ 안전점검 ⑨ 관계지역 ⑩ 승강기 ⑪ 전유부분

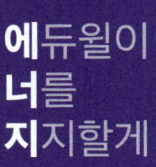

별은 바라보는 자에게 빛을 준다.

– 이영도, 『드래곤 라자』, 황금가지

SUBJECT 2

공동주택 관리실무

CHAPTER 01 총론
CHAPTER 02 공동주택관리법령

학습 전 체크!

❓ 어떻게 출제되나요?

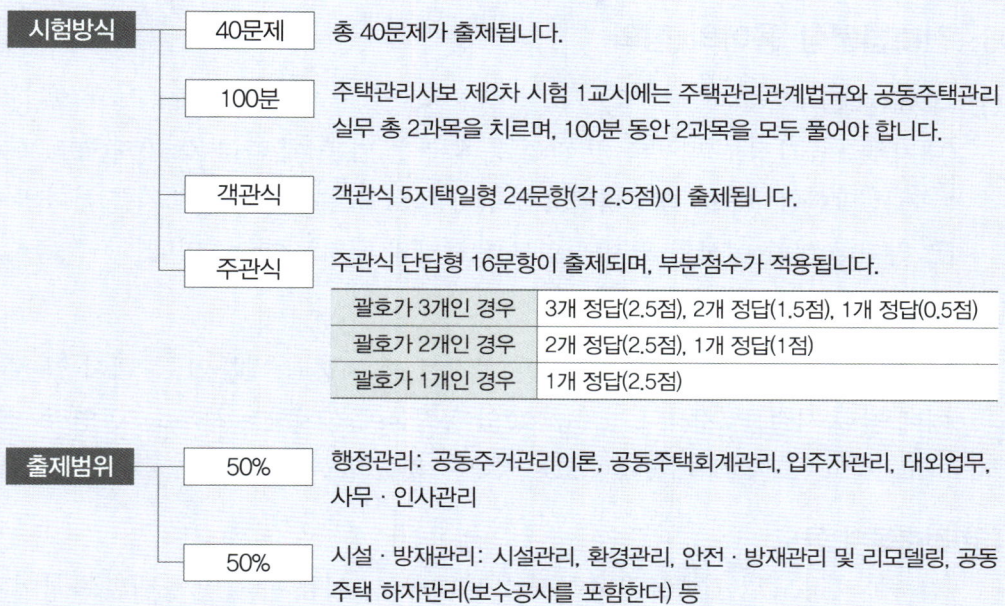

시험방식		
40문제	총 40문제가 출제됩니다.	
100분	주택관리사보 제2차 시험 1교시에는 주택관리관계법규와 공동주택관리실무 총 2과목을 치르며, 100분 동안 2과목을 모두 풀어야 합니다.	
객관식	객관식 5지택일형 24문항(각 2.5점)이 출제됩니다.	
주관식	주관식 단답형 16문항이 출제되며, 부분점수가 적용됩니다.	

괄호가 3개인 경우	3개 정답(2.5점), 2개 정답(1.5점), 1개 정답(0.5점)
괄호가 2개인 경우	2개 정답(2.5점), 1개 정답(1점)
괄호가 1개인 경우	1개 정답(2.5점)

출제범위		
	50%	행정관리: 공동주거관리이론, 공동주택회계관리, 입주자관리, 대외업무, 사무·인사관리
	50%	시설·방재관리: 시설관리, 환경관리, 안전·방재관리 및 리모델링, 공동주택 하자관리(보수공사를 포함한다) 등

❗ 이렇게 공부하세요!

우선 전체 흐름을 파악하고 범위를 넓혀 가자!

공동주택관리실무는 범위가 매우 넓고 난해하므로 1차적으로 이해를 통해 전체 흐름을 파악하여 뼈대를 세우고 2차적으로 뼈대에 살을 붙여가는 방식으로 학습해야 합니다.

용어의 개념을 정확히 숙지하자!

법령에서 제시하는 용어의 개념을 모르면 본문을 이해하기 힘들기 때문에 법령에서 제시하는 각종 용어의 개념을 정확하게 파악해야 합니다.

다른 과목과 연계하여 학습하자!

공동주택관리실무는 제1차 시험의 공동주택시설개론과 제2차 시험의 주택관리관계법규와 많은 부분이 중첩되므로 연계해서 준비하는 것이 좋습니다.

CHAPTER 01 총론

1 용어의 정의

1. 건축법령상 용어의 정의

(1) 대지(垈地)

'대지'란 「공간정보의 구축 및 관리 등에 관한 법률」에 따라 각 필지(筆地)로 나눈 토지를 말한다. 다만, 대통령령으로 정하는 토지는 둘 이상의 필지를 하나의 대지로 하거나 하나 이상의 필지의 일부를 하나의 대지로 할 수 있다.

(2) 건축물

'건축물'이란 토지에 정착(定着)하는 공작물 중 지붕과 기둥 또는 벽이 있는 것과 이에 딸린 시설물, 지하나 고가(高架)의 공작물에 설치하는 사무소·공연장·점포·차고·창고, 그 밖에 대통령령으로 정하는 것을 말한다.

(3) 건축물의 용도

'건축물의 용도'란 건축물의 종류를 유사한 구조, 이용 목적 및 형태별로 묶어 분류한 것을 말한다.

(4) 건축설비

'건축설비'란 건축물에 설치하는 전기·전화 설비, 초고속 정보통신 설비, 지능형 홈네트워크 설비, 가스·급수·배수(配水)·배수(排水)·환기·난방·냉방·소화(消火)·배연(排煙) 및 오물처리의 설비, 굴뚝, 승강기, 피뢰침, 국기 게양대, 공동시청 안테나, 유선방송 수신시설, 우편함, 저수조(貯水槽), 방범시설, 그 밖에 국토교통부령으로 정하는 설비를 말한다.

(5) 지하층

'지하층'이란 건축물의 바닥이 지표면 아래에 있는 층으로서 바닥에서 지표면까지 평균높이가 해당 층 높이의 2분의 1 이상인 것을 말한다.

(6) 거실

'거실'이란 건축물 안에서 거주, 집무, 작업, 집회, 오락, 그 밖에 이와 유사한 목적을 위하여 사용되는 방을 말한다.

▶ 거실과 비거실의 예

거실의 예	• 주거 공간(침실, 거실, 부엌) • 의료시설의 병실 • 숙박시설의 객실 • 학교의 교실 • 판매 공간 등과 같이 일정 이용 목적으로 지속적으로 사용하는 공간
비거실의 예	현관·복도·계단실·변소·욕실·창고·기계실 등과 같이 일시적으로 사용하는 공간

(7) 주요구조부

'주요구조부'란 내력벽(耐力壁), 기둥, 바닥, 보, 지붕틀 및 주계단(主階段)을 말한다. 다만, 사이 기둥, 최하층 바닥, 작은 보, 차양, 옥외 계단, 그 밖에 이와 유사한 것으로 건축물의 구조상 중요하지 아니한 부분은 제외한다.

▶ 주요구조부와 구조내력상 중요한 부분의 구분

주요 구조부	주요 구조부	–	기둥	내력벽	바닥	보	지붕틀	–	–
	제외	–	사이 기둥	칸막이벽	최하층 바닥	작은 보	차양	–	–
구조내력상 중요한 부분		기초	기둥	벽	바닥판	가로재 (보, 도리)	지붕틀	토대	사재(가새, 버팀대, 귀잡이 등)

(8) 건축

'건축'이란 건축물을 신축·증축·개축·재축(再築)하거나 건축물을 이전하는 것을 말한다.

> **참고** 건축의 세부 내용(건축법 시행령 제2조)
>
> ① '신축'이란 건축물이 없는 대지(기존 건축물이 해체되거나 멸실된 대지를 포함한다)에 새로 건축물을 축조(築造)하는 것[부속건축물만 있는 대지에 새로 주된 건축물을 축조하는 것을 포함하되, 개축(改築) 또는 재축(再築)하는 것은 제외한다]을 말한다.
>
> | 구분 | 행위 | 행위 전 → 행위 후 |
> |---|---|---|
> | 신축 | 건축물이 없는 대지에 새로운 건축물을 축조 | 건축물이 없는 대지 ⇒ 새로 축조 |
> | | 기존 건축물이 해체되거나 멸실된 대지에 종전 규모보다 크게 건축물을 축조 | 기존 건축물의 해체·멸실 ⇒ 종전보다 규모를 크게 축조 |
> | | 부속건축물만 있는 대지에 새로 주된 건축물을 축조 | ① 부속건축물만 있는 대지 ⇒ ① 주된 건축물 축조 ② |

② '증축'이란 기존 건축물이 있는 대지에서 건축물의 건축면적, 연면적, 층수 또는 높이를 늘리는 것을 말한다.

구분	행위	행위 전 → 행위 후
증축	기존 건축물의 규모를 늘리는 것	규모 증가
	기존 건축물의 일부를 해체(멸실)한 후 종전 규모보다 크게 건축물을 축조	기존 건축물 일부 해체·멸실 → 종전 규모보다 크게 축조
	주된 건축물이 있는 대지에 새로 부속건축물을 축조	① 주된 건축물 → ① 주된 건축물 ② 부속건축물 축조

③ '개축'이란 기존 건축물의 전부 또는 일부[내력벽·기둥·보·지붕틀(한옥의 경우에는 지붕틀의 범위에서 서까래는 제외한다) 중 셋 이상이 포함되는 경우를 말한다]를 해체하고 그 대지에 종전과 같은 규모의 범위에서 건축물을 다시 축조하는 것을 말한다.

구분	행위	행위 전 → 행위 후
개축	기존 건축물의 전부 또는 일부를 해체하고 그 대지에 종전과 같은 규모의 범위에서 건축물을 다시 축조	인위적인 해체 → 종전과 동일 규모 이내로 다시 축조

④ '재축'이란 건축물이 천재지변이나 그 밖의 재해(災害)로 멸실된 경우 그 대지에 다음의 요건을 모두 갖추어 다시 축조하는 것을 말한다.
  ㉠ 연면적 합계는 종전 규모 이하로 할 것
  ㉡ 동(棟)수, 층수 및 높이는 다음의 어느 하나에 해당할 것
    ⓐ 동수, 층수 및 높이가 모두 종전 규모 이하일 것
    ⓑ 동수, 층수 또는 높이의 어느 하나가 종전 규모를 초과하는 경우에는 해당 동수, 층수 및 높이가 「건축법」(이하 '법'이라 한다), 이 영 또는 건축조례(이하 '법령등'이라 한다)에 모두 적합할 것

구분	행위	행위 전 → 행위 후
재축	재해로 인하여 건축물의 일부 또는 전부가 멸실된 경우 그 대지에 종전과 같은 규모의 범위에서 다시 축조	천재지변에 의한 멸실 → 동일 규모 이내로 다시 축조

⑤ '이전'이란 건축물의 주요구조부를 해체하지 아니하고 같은 대지의 다른 위치로 옮기는 것을 말한다.

구분	행위	행위 전 → 행위 후
이전	건축물의 주요구조부를 해체하지 아니하고 같은 대지의 다른 위치로 옮기는 것	동일 대지 내 기존 건축물 → 위치 이동

(9) 대수선

'대수선'이란 건축물의 기둥, 보, 내력벽, 주계단 등의 구조나 외부 형태를 수선·변경하거나 증설하는 것으로서 다음의 어느 하나에 해당하는 것이며 증축·개축 또는 재축에 해당하지 아니하는 것을 말한다.

> **용어 보충 수선**
>
> 시설물의 노후·마모 등으로 기능이 손상되었을 때에 이를 보수·갱신하여 원래의 기능을 회복시키는 것을 말한다. 따라서 비교적 장기간에 걸친 대규모의 공사를 계획적으로 실시하는 관리행위에 속한다. 수선은 진단을 거쳐 장기수선계획에 의하여 적립된 장기수선충당금을 사용하여 이루어진다. 또한 하자발생 후에 행하여진다는 점에서 보수와 구별되는 개념이다.

① 내력벽을 증설 또는 해체하거나 그 벽면적을 30제곱미터 이상 수선 또는 변경하는 것
② 기둥을 증설 또는 해체하거나 세 개 이상 수선 또는 변경하는 것
③ 보를 증설 또는 해체하거나 세 개 이상 수선 또는 변경하는 것
④ 지붕틀(한옥의 경우에는 지붕틀의 범위에서 서까래는 제외한다)을 증설 또는 해체하거나 세 개 이상 수선 또는 변경하는 것
⑤ 방화벽 또는 방화구획을 위한 바닥 또는 벽을 증설 또는 해체하거나 수선 또는 변경하는 것
⑥ 주계단·피난계단 또는 특별피난계단을 증설 또는 해체하거나 수선 또는 변경하는 것
⑦ 다가구주택의 가구 간 경계벽 또는 다세대주택의 세대 간 경계벽을 증설 또는 해체하거나 수선 또는 변경하는 것
⑧ 건축물의 외벽에 사용하는 마감재료(건축법 제52조 제2항에 따른 마감재료를 말한다)를 증설 또는 해체하거나 벽면적 30제곱미터 이상 수선 또는 변경하는 것

(10) 리모델링

'리모델링'이란 건축물의 노후화를 억제하거나 기능 향상 등을 위하여 대수선하거나 건축물의 일부를 증축 또는 개축하는 행위를 말한다.

(11) 건축주

'건축주'란 건축물의 건축·대수선·용도변경, 건축설비의 설치 또는 공작물의 축조(이하 '건축물의 건축등'이라 한다)에 관한 공사를 발주하거나 현장 관리인을 두어 스스로 그 공사를 하는 자를 말한다.

(12) 발코니

'발코니'란 건축물의 내부와 외부를 연결하는 완충공간으로서 전망이나 휴식 등의 목적으로 건축물 외벽에 접하여 부가적(附加的)으로 설치되는 공간을 말한다. 이 경우 주택에 설치되는 발코니로서 국토교통부장관이 정하는 기준에 적합한 발코니는 필요에 따라 거실·침실·창고 등의 용도로 사용할 수 있다.

(13) 고층 건축물

'고층 건축물'이란 층수가 30층 이상이거나 높이가 120미터 이상인 건축물을 말한다.

(14) 초고층 건축물

'초고층 건축물'이란 층수가 50층 이상이거나 높이가 200미터 이상인 건축물을 말한다.

(15) 준초고층 건축물

'준초고층 건축물'이란 고층 건축물 중 초고층 건축물이 아닌 것을 말한다.

2. 주택법령상 용어의 정의

(1) 주택

'주택'이란 세대(世帶)의 구성원이 장기간 독립된 주거생활을 할 수 있는 구조로 된 건축물의 전부 또는 일부 및 그 부속토지를 말하며, 단독주택과 공동주택으로 구분한다.

(2) 사업주체

'사업주체'란 주택건설사업계획 또는 대지조성사업계획의 승인을 받아 그 사업을 시행하는 다음의 자를 말한다.
① 국가·지방자치단체
② 한국토지주택공사 또는 지방공사
③ 「주택법」제4조에 따라 등록한 주택건설사업자 또는 대지조성사업자
④ 그 밖에 「주택법」에 따라 주택건설사업 또는 대지조성사업을 시행하는 자

(3) 주택조합

'주택조합'이란 많은 수의 구성원이 사업계획의 승인을 받아 주택을 마련하거나 리모델링하기 위하여 결성하는 다음의 조합을 말한다.

① **지역주택조합**: 다음의 구분에 따른 지역에 거주하는 주민이 주택을 마련하기 위하여 설립한 조합

> ㉠ 서울특별시·인천광역시 및 경기도
> ㉡ 대전광역시·충청남도 및 세종특별자치시
> ㉢ 충청북도
> ㉣ 광주광역시 및 전라남도
> ㉤ 전북특별자치도
> ㉥ 대구광역시 및 경상북도
> ㉦ 부산광역시·울산광역시 및 경상남도
> ㉧ 강원특별자치도
> ㉨ 제주특별자치도

② **직장주택조합**: 같은 직장의 근로자가 주택을 마련하기 위하여 설립한 조합
③ **리모델링주택조합**: 공동주택의 소유자가 그 주택을 리모델링하기 위하여 설립한 조합

(4) 주택단지

'주택단지'란 주택건설사업계획 또는 대지조성사업계획의 승인을 받아 주택과 그 부대시설 및 복리시설(福利施設)을 건설하거나 대지를 조성하는 데 사용되는 일단(一團)의 토지를 말한다. 다만, 다음의 시설로 분리된 토지는 각각 별개의 주택단지로 본다.

① 철도·고속도로·자동차전용도로
② 폭 20미터 이상인 일반도로
③ 폭 8미터 이상인 도시계획예정도로
④ 위 ①부터 ③까지의 시설에 준하는 것으로서 대통령령으로 정하는 시설

(5) 부대시설

'부대시설'이란 주택에 딸린 다음의 시설 또는 설비를 말한다.
① 주차장, 관리사무소, 담장 및 주택단지 안의 도로
② 「건축법」 제2조 제1항 제4호의 규정에 의한 건축설비
③ 위 ① 및 ②의 시설·설비에 준하는 것으로서 대통령령으로 정하는 시설 또는 설비

(6) 복리시설

'복리시설'이란 주택단지의 입주자등의 생활복리를 위한 다음의 공동시설을 말한다.
① 어린이놀이터, 근린생활시설, 유치원, 주민운동시설 및 경로당
② 그 밖에 입주자등의 생활복리를 위하여 대통령령으로 정하는 공동시설

(7) 기간시설

'기간시설(基幹施設)'이란 도로·상하수도·전기시설·가스시설·통신시설 및 지역난방시설 등을 말한다.

(8) 간선시설

'간선시설(幹線施設)'이란 도로·상하수도·전기시설·가스시설·통신시설 및 지역난방시설 등 주택단지(둘 이상의 주택단지를 동시에 개발하는 경우에는 각각의 주택단지를 말한다) 안의 기간시설을 그 주택단지 밖에 있는 같은 종류의 기간시설에 연결시키는 시설을 말한다. 다만, 가스시설·통신시설 및 지역난방시설의 경우에는 주택단지 안의 기간시설을 포함한다.

> **용어 보충 지역난방**
> 도시 혹은 일정 지역 내에 대규모 고효율의 열원플랜트를 설치하여 여기에서 생산된 열매(증기 또는 온수)를 지역 내의 각 주택, 상가, 사무실, 병원 등 수용가에 공급함으로써 효율적인 에너지 사용을 도모하는 난방방식을 말한다.

(9) 공구

'공구'란 하나의 주택단지에서 다음의 기준에 따라 둘 이상으로 구분되는 일단의 구역으로, 착공신고 및 사용검사를 별도로 수행할 수 있는 구역을 말한다.

① 다음의 어느 하나에 해당하는 시설을 설치하거나 공간을 조성하여 6미터 이상의 너비로 공구 간 경계를 설정할 것

> ㉠ 「주택건설기준 등에 관한 규정」 제26조에 따른 주택단지 안의 도로
> ㉡ 주택단지 안의 지상에 설치되는 부설주차장
> ㉢ 주택단지 안의 옹벽 또는 축대
> ㉣ 식재, 조경이 된 녹지
> ㉤ 그 밖에 어린이놀이터 등 부대시설이나 복리시설로서 사업계획승인권자가 적합하다고 인정하는 시설

② 공구별 세대수는 300세대 이상으로 할 것

(10) 리모델링

'리모델링'이란 건축물의 노후화 억제 또는 기능 향상 등을 위한 다음의 어느 하나에 해당하는 행위를 말한다.

① 대수선(大修繕)

② 사용검사일(주택단지 안의 공동주택 전부에 대하여 임시사용승인을 받은 경우에는 그 임시사용승인일을 말한다) 또는 「건축법」 제22조에 따른 사용승인일부터 15년[15년 이상 20년 미만의 연수 중 특별시·광역시·특별자치시·도 또는 특별자치도(이하 '시·도'라 한다)의 조례로 정하는 경우에는 그 연수로 한다]이 지난 공동주택을 각 세대의 주거전용면적[건축법 제38조에 따른 건축물대장 중 집합건축물대장의 전유부분(專有部分)의 면적을 말한다]의 30퍼센트 이내(세대의 주거전용면적이 85제곱미터 미만인 경우에는 40퍼센트 이내)에서 증축하는 행위. 이 경우 공동주택의 기능향상 등을 위하여 공용부분에 대하여도 별도로 증축할 수 있다.

③ 위 ②에 따른 각 세대의 증축 가능 면적을 합산한 면적의 범위에서 기존 세대수의 15퍼센트 이내에서 세대수를 증가하는 증축 행위(이하 '세대수 증가형 리모델링'이라 한다). 다만, 수직으로 증축하는 행위(이하 '수직증축형 리모델링'이라 한다)는 다음의 요건을 모두 충족하는 경우로 한정한다.

㉠ 수직으로 증축하는 행위의 대상이 되는 기존 건축물의 층수가 15층 이상인 경우: 3개 층
㉡ 수직증축형 리모델링의 대상이 되는 기존 건축물의 층수가 14층 이하인 경우: 2개 층
㉢ 수직증축형 리모델링의 대상이 되는 기존 건축물의 신축 당시의 구조도를 보유하고 있을 것

(11) 리모델링 기본계획

'리모델링 기본계획'이란 세대수 증가형 리모델링으로 인한 도시과밀, 이주수요 집중 등을 체계적으로 관리하기 위하여 수립하는 계획을 말한다.

3. 공동주택관리법령상 용어의 정의

(1) 의무관리대상 공동주택

'의무관리대상 공동주택'이란 해당 공동주택을 전문적으로 관리하는 자를 두고 자치 의결기구를 의무적으로 구성하여야 하는 등 일정한 의무가 부과되는 공동주택으로서, 다음 중 어느 하나에 해당하는 공동주택을 말한다.
① 300세대 이상의 공동주택
② 150세대 이상으로서 승강기가 설치된 공동주택
③ 150세대 이상으로서 중앙집중식 난방방식(지역난방방식을 포함한다)의 공동주택
④ 「건축법」 제11조에 따른 건축허가를 받아 주택 외의 시설과 주택을 동일 건축물로 건축한 건축물로서 주택이 150세대 이상인 건축물
⑤ 위 ①부터 ④까지에 해당하지 아니하는 공동주택 중 입주자등이 대통령령으로 정하는 기준에 따라 동의하여 정하는 공동주택

(2) 공동주택단지

'공동주택단지'란 「주택법」 제2조 제12호에 따른 주택단지를 말한다.

(3) 혼합주택단지

'혼합주택단지'란 분양을 목적으로 한 공동주택과 임대주택이 함께 있는 공동주택단지를 말한다.

(4) 입주자

'입주자'란 공동주택의 소유자 또는 그 소유자를 대리하는 배우자 및 직계존비속(直系尊卑屬)을 말한다.

(5) 사용자

'사용자'란 공동주택을 임차하여 사용하는 사람(임대주택의 임차인은 제외한다) 등을 말한다.

(6) 입주자등

'입주자등'이란 입주자와 사용자를 말한다.

(7) 입주자대표회의

'입주자대표회의'란 공동주택의 입주자등을 대표하여 관리에 관한 주요사항을 결정하기 위하여 구성하는 자치 의결기구를 말한다.

(8) 관리규약

'관리규약'이란 공동주택의 입주자등을 보호하고 주거생활의 질서를 유지하기 위하여 입주자등이 정하는 자치규약을 말한다.

(9) 관리주체

'관리주체'란 공동주택을 관리하는 다음의 자를 말한다.
① 자치관리기구의 대표자인 공동주택의 관리사무소장
② 관리업무를 인계하기 전의 사업주체
③ 주택관리업자
④ 임대사업자
⑤ 「민간임대주택에 관한 특별법」 제2조 제11호에 따른 주택임대관리업자(시설물 유지·보수·개량 및 그 밖의 주택관리업무를 수행하는 경우에 한정한다)

(10) 주택관리사보

'주택관리사보'란 주택관리사보 합격증서를 발급받은 사람을 말한다.

(11) 주택관리사

'주택관리사'란 주택관리사 자격증을 발급받은 사람을 말한다.

(12) 주택관리사등

'주택관리사등'이란 주택관리사보와 주택관리사를 말한다.

(13) 주택관리업

'주택관리업'이란 공동주택을 안전하고 효율적으로 관리하기 위하여 입주자등으로부터 의무관리대상 공동주택의 관리를 위탁받아 관리하는 업(業)을 말한다.

(14) 주택관리업자

'주택관리업자'란 주택관리업을 하는 자로서 「공동주택관리법」 제52조 제1항에 따라 등록한 자를 말한다.

(15) 장기수선계획

'장기수선계획'이란 공동주택을 오랫동안 안전하고 효율적으로 사용하기 위하여 필요한 주요 시설의 교체 및 보수 등에 관하여 수립하는 장기계획을 말한다.

> **용어 보충** 보수
>
> 소모적인 부품이나 재료 등을 교환하거나 내구성 확보를 도모하기 위하여 먼지, 오염 등을 제거하는 등 사고 발생을 미연에 방지하기 위한 목적으로 실시하는 것을 말한다.

4. 면적 등의 산정방법

(1) 면적·높이 등의 산정방법

건축물의 면적·높이 및 층수 등은 다음의 방법에 따라 산정한다.

① **대지면적**: 대지의 수평투영면적으로 한다(원칙).

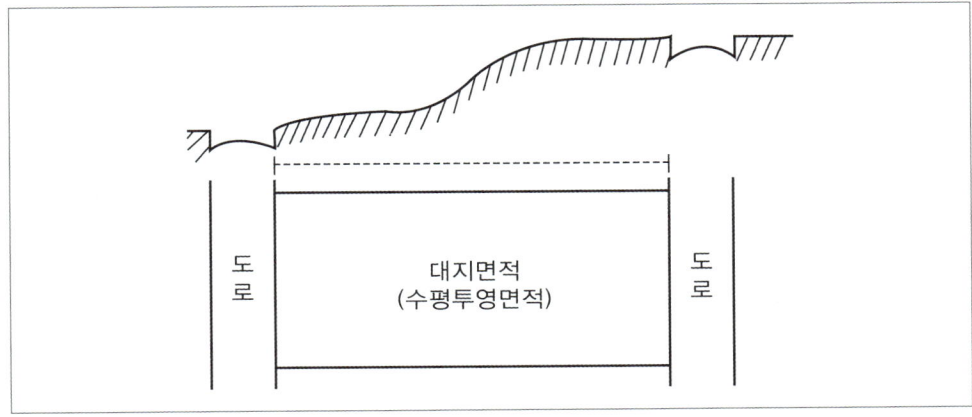

② **건축면적**: 건축물의 외벽(외벽이 없는 경우에는 외곽부분의 기둥을 말한다)의 중심선으로 둘러싸인 부분의 수평투영면적으로 한다(원칙).

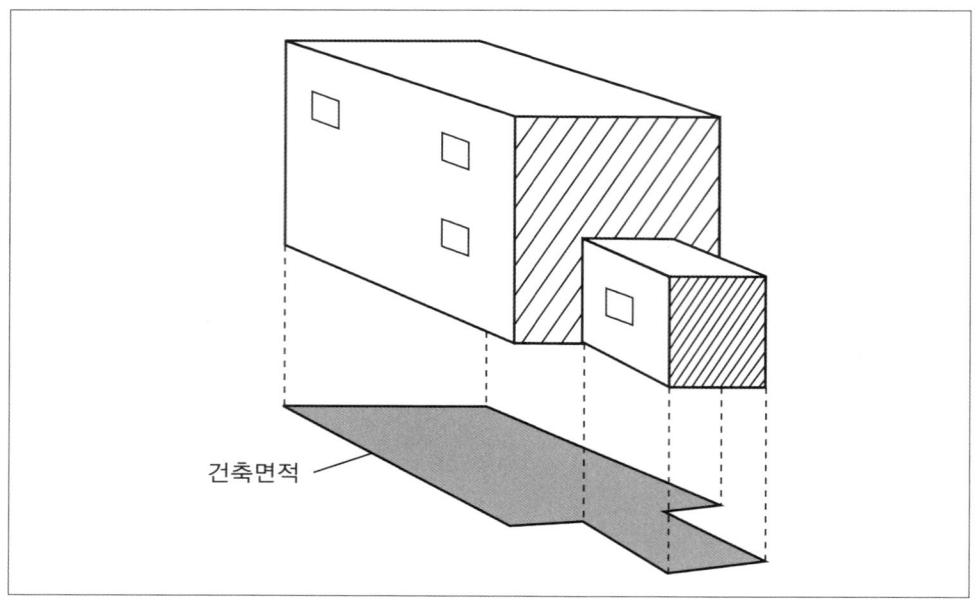

③ **바닥면적**: 건축물의 각 층 또는 그 일부로서 벽, 기둥, 그 밖에 이와 비슷한 구획의 중심선으로 둘러싸인 부분의 수평투영면적으로 한다(원칙).

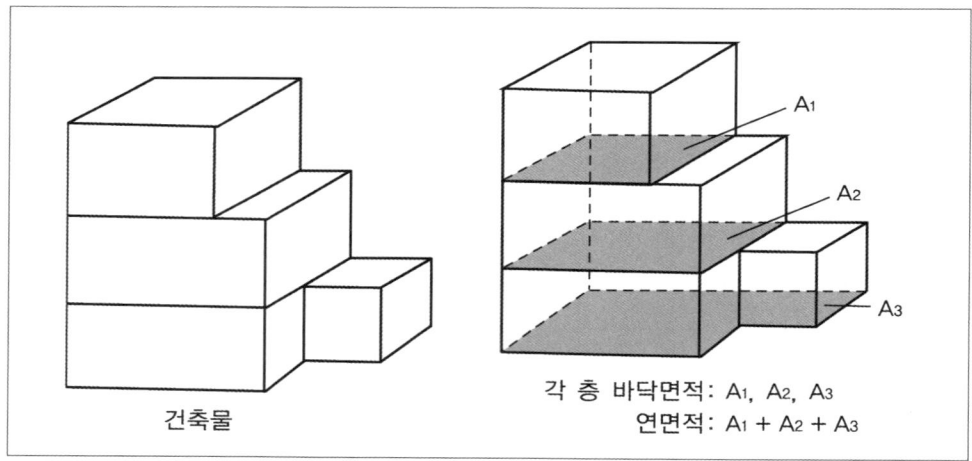

④ **연면적**: 하나의 건축물 각 층의 바닥면적의 합계로 하되, 용적률을 산정할 때에는 다음에 해당하는 면적은 제외한다.

> ㉠ 지하층의 면적
> ㉡ 지상층의 주차용(해당 건축물의 부속용도인 경우만 해당한다)으로 쓰는 면적
> ㉢ 초고층 건축물과 준초고층 건축물에 설치하는 피난안전구역의 면적
> ㉣ 건축물의 경사지붕 아래에 설치하는 대피공간의 면적

(2) 건축물의 건폐율

대지면적에 대한 건축면적(대지에 건축물이 둘 이상 있는 경우에는 이들 건축면적의 합계로 한다)의 비율(이하 '건폐율'이라 한다)의 최대한도는 「국토의 계획 및 이용에 관한 법률」 제77조에 따른 건폐율의 기준에 따른다. 다만, 「건축법」에서 기준을 완화하거나 강화하여 적용하도록 규정한 경우에는 그에 따른다.

(3) 건축물의 용적률

대지면적에 대한 연면적(대지에 건축물이 둘 이상 있는 경우에는 이들 연면적의 합계로 한다)의 비율(이하 '용적률'이라 한다)의 최대한도는 「국토의 계획 및 이용에 관한 법률」 제78조에 따른 용적률의 기준에 따른다. 다만, 「건축법」에서 기준을 완화하거나 강화하여 적용하도록 규정한 경우에는 그에 따른다.

이렇게 출제!

01 주택법령상 수직증축형 리모델링의 허용요건에 관한 내용이다. ( )에 들어갈 숫자를 쓰시오. 　　　　　　　　　　　　　　　　제19회 수정

> '대통령령으로 정하는 범위'란 다음 각 호의 구분에 따른 범위를 말한다.
> 1. 수직으로 증축하는 행위(이하 '수직증축형 리모델링'이라 한다)의 대상이 되는 기존 건축물의 층수가 15층 이상인 경우: (㉠)개 층
> 2. 수직증축형 리모델링의 대상이 되는 기존 건축물의 층수가 14층 이하인 경우: (㉡)개 층

정답 ㉠ 3 ㉡ 2

---

2 주택

1. 정의

'주택'이란 세대(世帶)의 구성원이 장기간 독립된 주거생활을 할 수 있는 구조로 된 건축물의 전부 또는 일부 및 그 부속토지를 말하며, 단독주택과 공동주택으로 구분한다.

2. 종류

(1) 건축법령상 주택의 종류

① **단독주택**: 단독주택의 형태를 갖춘 가정어린이집·공동생활가정·지역아동센터·공동육아나눔터(아이돌봄 지원법 제19조에 따른 공동육아나눔터를 말한다. 이하 같다)·작은도서관(도서관법 제2조 제4호 가목에 따른 작은도서관을 말하며, 해당 주택의 1층에 설치한 경우만 해당한다. 이하 같다) 및 노인복지시설(노인복지주택은 제외한다)을 포함한다.

㉠ 단독주택

㉡ **다중주택**: 다음의 요건을 모두 갖춘 주택을 말한다.

> ⓐ 학생 또는 직장인 등 여러 사람이 장기간 거주할 수 있는 구조로 되어 있는 것
> ⓑ 독립된 주거의 형태를 갖추지 않은 것(각 실별로 욕실은 설치할 수 있으나, 취사시설은 설치하지 않은 것을 말한다)
> ⓒ 1개 동의 주택으로 쓰이는 바닥면적(부설 주차장 면적은 제외한다. 이하 같다)의 합계가 660제곱미터 이하이고 주택으로 쓰는 층수(지하층은 제외한다)가 3개 층 이하일 것. 다만, 1층의 전부 또는 일부를 필로티 구조로 하여 주차장으로 사용하고 나머지 부분을 주택(주거 목적으로 한정한다) 외의 용도로 쓰는 경우에는 해당 층을 주택의 층수에서 제외한다.
> ⓓ 적정한 주거환경을 조성하기 위하여 건축조례로 정하는 실별 최소 면적, 창문의 설치 및 크기 등의 기준에 적합할 것

㉢ **다가구주택**: 다음의 요건을 모두 갖춘 주택으로서 공동주택에 해당하지 아니하는 것을 말한다.

> ⓐ 주택으로 쓰는 층수(지하층은 제외한다)가 3개 층 이하일 것. 다만, 1층의 전부 또는 일부를 필로티 구조로 하여 주차장으로 사용하고 나머지 부분을 주택(주거 목적으로 한정한다) 외의 용도로 쓰는 경우에는 해당 층을 주택의 층수에서 제외한다.
> ⓑ 1개 동의 주택으로 쓰이는 바닥면적의 합계가 660제곱미터 이하일 것
> ⓒ 19세대(대지 내 동별 세대수를 합한 세대를 말한다) 이하가 거주할 수 있을 것

㉣ 공관(公館)

② **공동주택**: 공동주택의 형태를 갖춘 가정어린이집·공동생활가정·지역아동센터·공동육아나눔터·작은도서관·노인복지시설(노인복지주택은 제외한다) 및 「주택법 시행령」에 따른 아파트형 주택을 포함한다. 다만, 아래 ㉠이나 ㉡에서 층수를 산정할 때 1층 전부를 필로티 구조로 하여 주차장으로 사용하는 경우에는 필로티 부분을 층수에서 제외하고, ㉢에서 층수를 산정할 때 1층의 전부 또는 일부를 필로티 구조로 하여 주차장으로 사용하고 나머지 부분을 주택(주거 목적으로 한정한다)

외의 용도로 쓰는 경우에는 해당 층을 주택의 층수에서 제외하며, ㉠부터 ㉣까지의 규정에서 층수를 산정할 때 지하층을 주택의 층수에서 제외한다.

㉠ **아파트**: 주택으로 쓰는 층수가 5개 층 이상인 주택

㉡ **연립주택**: 주택으로 쓰는 1개 동의 바닥면적(2개 이상의 동을 지하주차장으로 연결하는 경우에는 각각의 동으로 본다)의 합계가 660제곱미터를 초과하고, 층수가 4개 층 이하인 주택

㉢ **다세대주택**: 주택으로 쓰는 1개 동의 바닥면적 합계가 660제곱미터 이하이고, 층수가 4개 층 이하인 주택(2개 이상의 동을 지하주차장으로 연결하는 경우에는 각각의 동으로 본다)

㉣ **기숙사**: 다음의 어느 하나에 해당하는 건축물로서 공간의 구성과 규모 등에 관하여 국토교통부장관이 정하여 고시하는 기준에 적합한 것. 다만, 구분소유된 개별 실(室)은 제외한다.

ⓐ **일반기숙사**: 학교 또는 공장 등의 학생 또는 종업원 등을 위하여 사용하는 것으로서 해당 기숙사의 공동취사시설 이용 세대수가 전체 세대수(건축물의 일부를 기숙사로 사용하는 경우에는 기숙사로 사용하는 세대수로 한다. 이하 같다)의 50퍼센트 이상인 것(교육기본법 제27조 제2항에 따른 학생복지주택을 포함한다)

ⓑ **임대형 기숙사**: 「공공주택 특별법」 제4조에 따른 공공주택사업자 또는 「민간임대주택에 관한 특별법」 제2조 제7호에 따른 임대사업자가 임대사업에 사용하는 것으로서 임대 목적으로 제공하는 실이 20실 이상이고 해당 기숙사의 공동취사시설 이용 세대수가 전체 세대수의 50퍼센트 이상인 것

(2) 주택법령상 주택 등의 정의 및 종류

① **단독주택**

㉠ **정의**: '단독주택'이란 1세대가 하나의 건축물 안에서 독립된 주거생활을 할 수 있는 구조로 된 주택을 말하며, 그 종류와 범위는 대통령령(아래 ㉡)으로 정한다.

㉡ **종류와 범위**: 위 ㉠에 따른 단독주택의 종류와 범위는 다음과 같다.

> ⓐ 단독주택
> ⓑ 다중주택
> ⓒ 다가구주택

② **공동주택**
  ㉠ 정의: '공동주택'이란 건축물의 벽·복도·계단이나 그 밖의 설비 등의 전부 또는 일부를 공동으로 사용하는 각 세대가 하나의 건축물 안에서 각각 독립된 주거생활을 할 수 있는 구조로 된 주택을 말하며, 그 종류와 범위는 대통령령(아래 ㉡)으로 정한다.
  ㉡ 종류와 범위: 위 ㉠에 따른 공동주택의 종류와 범위는 다음과 같다.

  > ⓐ 아파트
  > ⓑ 연립주택
  > ⓒ 다세대주택

③ **준주택**
  ㉠ 정의: '준주택'이란 주택 외의 건축물과 그 부속토지로서 주거시설로 이용 가능한 시설 등을 말하며, 그 종류와 범위는 대통령령(아래 ㉡)으로 정한다.
  ㉡ 종류와 범위: 위 ㉠에 따른 준주택의 종류와 범위는 다음과 같다.

  > ⓐ 기숙사
  > ⓑ 제2종 근린생활시설 및 숙박시설의 다중생활시설
  > ⓒ 노유자시설의 노인복지시설 중 「노인복지법」의 노인복지주택
  > ⓓ 오피스텔

④ **국민주택 및 국민주택규모**
  ㉠ 국민주택의 정의: '국민주택'이란 다음의 어느 하나에 해당하는 주택으로서 국민주택규모 이하인 주택을 말한다.

  > ⓐ 국가·지방자치단체, 「한국토지주택공사법」에 따른 한국토지주택공사(이하 '한국토지주택공사'라 한다) 또는 「지방공기업법」 제49조에 따라 주택사업을 목적으로 설립된 지방공사(이하 '지방공사'라 한다)가 건설하는 주택
  > ⓑ 국가·지방자치단체의 재정 또는 「주택도시기금법」에 따른 주택도시기금(이하 '주택도시기금'이라 한다)으로부터 자금을 지원받아 건설되거나 개량되는 주택

  ㉡ 국민주택규모의 정의: '국민주택규모'란 주거의 용도로만 쓰이는 면적(이하 '주거전용면적'이라 한다)이 1호(戶) 또는 1세대당 85제곱미터 이하인 주택(수도권정비계획법 제2조 제1호에 따른 수도권을 제외한 도시지역이 아닌 읍 또는 면 지역은 1호 또는 1세대당 주거전용면적이 100제곱미터 이하인 주택을 말한다)을 말한다. 이 경우 주거전용면적의 산정방법은 국토교통부령(아래 ㉢)으로 정한다.

ⓒ **주거전용면적의 산정방법**: 위 ⓑ의 후단에 따른 주거전용면적(주거의 용도로만 쓰이는 면적을 말한다. 이하 같다)의 산정방법은 다음의 기준에 의한다.

> ⓐ **단독주택의 경우**: 그 바닥면적(건축법 시행령 제119조 제1항 제3호의 규정에 의한 바닥면적을 말한다. 이하 같다)에서 지하실(거실로 사용되는 면적은 제외한다), 본 건축물과 분리된 창고·차고 및 화장실의 면적을 제외한 면적. 다만, 그 주택이「건축법 시행령」[별표 1] 제1호 다목의 다가구주택에 해당하는 경우 그 바닥면적에서 본 건축물의 지상층에 있는 부분으로서 복도, 계단, 현관 등 2세대 이상이 공동으로 사용하는 부분의 면적도 제외한다.
> ⓑ **공동주택의 경우**: 외벽의 내부 선을 기준으로 산정한 면적. 다만, 2세대 이상이 공동으로 사용하는 부분으로서 다음에 해당하는 공용면적을 제외하며, 이 경우 바닥면적에서 주거전용면적을 제외하고 남는 외벽면적은 공용면적에 가산한다.
>   ⅰ) 복도·계단·현관 등 공동주택의 지상층에 있는 공용면적
>   ⅱ) 위 ⅰ)의 공용면적을 제외한 지하층·관리사무소 등 그 밖의 공용면적

⑤ **민영주택**: 국민주택을 제외한 주택을 말한다.

⑥ **임대주택**: 임대를 목적으로 하는 주택으로서,「공공주택 특별법」에 따른 공공임대주택과「민간임대주택에 관한 특별법」에 따른 민간임대주택으로 구분한다.

⑦ **토지임대부 분양주택**: 토지의 소유권은 사업계획의 승인을 받아 토지임대부 분양주택 건설사업을 시행하는 자가 가지고, 건축물 및 복리시설(福利施設) 등에 대한 소유권(건축물의 전유부분에 대한 구분소유권은 이를 분양받은 자가 가지고, 건축물의 공용부분·부속건물 및 복리시설은 분양받은 자들이 공유한다)은 주택을 분양받은 자가 가지는 주택을 말한다.

⑧ **세대구분형 공동주택**

ⓐ **정의**: '세대구분형 공동주택'이란 공동주택의 주택 내부 공간의 일부를 세대별로 구분하여 생활이 가능한 구조로 하되, 그 구분된 공간의 일부를 구분소유할 수 없는 주택으로서 대통령령(아래 ⓑ)으로 정하는 건설기준, 설치기준, 면적기준 등에 적합하게 건설된 주택을 말한다.

ⓑ **건설기준 등**: 위 ⓐ에서 '대통령령으로 정하는 건설기준, 설치기준, 면적기준 등에 적합하게 건설된 주택'이란 다음의 구분에 따른 요건을 충족하는 공동주택을 말한다.

> ⓐ **사업계획의 승인을 받아 건설하는 공동주택의 경우**: 다음의 요건을 모두 충족할 것
>   ⅰ) 세대별로 구분된 각각의 공간마다 별도의 욕실, 부엌과 현관을 설치할 것
>   ⅱ) 하나의 세대가 통합하여 사용할 수 있도록 세대 간에 연결문 또는 경량구조의 경계벽 등을 설치할 것
>   ⅲ) 세대구분형 공동주택의 세대수가 해당 주택단지 안의 공동주택 전체 세대수의 3분의 1을 넘지 않을 것

ⅳ) 세대별로 구분된 각각의 공간의 주거전용면적(주거의 용도로만 쓰이는 면적으로서 위 ④의 ⓒ에 따른 방법으로 산정된 것을 말한다. 이하 같다) 합계가 해당 주택단지 전체 주거전용면적 합계의 3분의 1을 넘지 않는 등 국토교통부장관이 정하여 고시하는 주거전용면적의 비율에 관한 기준을 충족할 것

ⓑ 「공동주택관리법」에 따른 행위의 허가를 받거나 신고를 하고 설치하는 공동주택의 경우: 다음의 요건을 모두 충족할 것

ⅰ) 구분된 공간의 세대수는 기존 세대를 포함하여 2세대 이하일 것
ⅱ) 세대별로 구분된 각각의 공간마다 별도의 욕실, 부엌과 구분 출입문을 설치할 것
ⅲ) 세대구분형 공동주택의 세대수가 해당 주택단지 안의 공동주택 전체 세대수의 10분의 1과 해당 동의 전체 세대수의 3분의 1을 각각 넘지 않을 것. 다만, 시장·군수·구청장이 부대시설의 규모 등 해당 주택단지의 여건을 고려하여 인정하는 범위에서 세대수의 기준을 넘을 수 있다.
ⅳ) 구조, 화재, 소방 및 피난안전 등 관계 법령에서 정하는 안전 기준을 충족할 것

ⓒ 세대수 산정방법: 세대구분형 공동주택의 건설 또는 설치되는 주택과 관련하여 주택건설기준 등을 적용하는 경우 세대구분형 공동주택의 세대수는 그 구분된 공간의 세대수에 관계없이 하나의 세대로 산정한다.

⑨ **도시형 생활주택**

㉠ 정의: '도시형 생활주택'이란 300세대 미만의 국민주택규모에 해당하는 주택으로서 대통령령(아래 ㉡)으로 정하는 주택을 말한다.

㉡ 종류: 위 ㉠에서 '대통령령으로 정하는 주택'이란 「국토의 계획 및 이용에 관한 법률」에 따른 도시지역에 건설하는 다음의 주택을 말한다.

> ⓐ **아파트형 주택**: 다음의 요건을 모두 갖춘 아파트
>   ⅰ) 세대별로 독립된 주거가 가능하도록 욕실 및 부엌을 설치할 것
>   ⅱ) 지하층에는 세대를 설치하지 아니할 것
> ⓑ **단지형 연립주택**: 연립주택. 다만, 「건축법」에 따라 건축위원회의 심의를 받은 경우에는 주택으로 쓰는 층수를 5개 층까지 건축할 수 있다.
> ⓒ **단지형 다세대주택**: 다세대주택. 다만, 「건축법」에 따라 건축위원회의 심의를 받은 경우에는 주택으로 쓰는 층수를 5개 층까지 건축할 수 있다.

㉢ 건축제한

ⓐ 하나의 건축물에는 도시형 생활주택과 그 밖의 주택을 함께 건축할 수 없다. 다만, 다음의 어느 하나에 해당하는 경우는 예외로 한다.

> ⅰ) 도시형 생활주택과 주거전용면적이 85제곱미터를 초과하는 주택 1세대를 함께 건축하는 경우
> ⅱ) 「국토의 계획 및 이용에 관한 법률 시행령」에 따른 준주거지역 또는 상업지역에서 아파트형 주택과 도시형 생활주택 외의 주택을 함께 건축하는 경우

ⓑ 하나의 건축물에는 단지형 연립주택 또는 단지형 다세대주택과 아파트형 주택을 함께 건축할 수 없다.

⑩ **에너지절약형 친환경주택**
   ㉠ **정의**: '에너지절약형 친환경주택'이란 저에너지 건물 조성기술 등 대통령령으로 정하는 기술을 이용하여 에너지 사용량을 절감하거나 이산화탄소 배출량을 저감할 수 있도록 건설된 주택을 말하며, 그 종류와 범위는 대통령령(아래 ㉡)으로 정한다.
   ㉡ **종류와 범위**(위임규정): 에너지절약형 친환경주택의 종류·범위 및 건설기준은 「주택건설기준 등에 관한 규정」으로 정한다.

⑪ **건강친화형 주택**: 건강하고 쾌적한 실내환경의 조성을 위하여 실내공기의 오염물질 등을 최소화할 수 있도록 대통령령으로 정하는 기준에 따라 건설된 주택을 말한다.

⑫ **장수명 주택**: 구조적으로 오랫동안 유지·관리될 수 있는 내구성을 갖추고, 입주자의 필요에 따라 내부 구조를 쉽게 변경할 수 있는 가변성과 수리 용이성 등이 우수한 주택을 말한다.

(3) 「공동주택관리법」상 공동주택의 정의 및 종류

'공동주택'이란 다음의 주택 및 시설을 말한다. 이 경우 일반인에게 분양되는 복리시설은 제외한다.
① 「주택법」에 따른 공동주택
② 「건축법」에 따른 건축허가를 받아 주택 외의 시설과 주택을 동일 건축물로 건축하는 건축물
③ 「주택법」에 따른 부대시설 및 복리시설

이렇게 출제!

02 주택법령상 용어의 정의이다. ( )에 들어갈 용어 및 숫자를 순서대로 쓰시오.   제13회

> ( )(이)란 주택 외의 건축물과 그 부속토지로서 주거시설로 이용 가능한 시설 등을 말하며, 도시형 생활주택이란 ( )세대 미만의 국민주택규모에 해당하는 주택으로서 「국토의 계획 및 이용에 관한 법률」에 따른 도시지역에 건설하는 단지형 연립주택, 단지형 다세대주택, 아파트형 주택을 말한다.

정답 준주택, 300

CHAPTER 02 공동주택관리법령

1 총칙

1. 「공동주택관리법」의 목적

「공동주택관리법」은 공동주택의 관리에 관한 사항을 정함으로써 공동주택을 투명하고 안전하며 효율적으로 관리할 수 있게 하여 국민의 주거수준 향상에 이바지함을 목적으로 한다.

2. 국가 등의 의무

(1) 국가 및 지방자치단체의 의무

국가 및 지방자치단체는 공동주택의 관리에 관한 정책을 수립·시행할 때에는 다음의 사항을 위하여 노력하여야 한다.
① 공동주택에 거주하는 입주자등이 쾌적하고 살기 좋은 주거생활을 할 수 있도록 할 것
② 공동주택이 투명하고 체계적이며 평온하게 관리될 수 있도록 할 것
③ 공동주택의 관리와 관련한 산업이 건전한 발전을 꾀할 수 있도록 할 것

(2) 관리주체의 의무

관리주체는 공동주택을 효율적이고 안전하게 관리하여야 한다.

(3) 입주자등의 의무

입주자등은 공동체 생활의 질서가 유지될 수 있도록 이웃을 배려하고 관리주체의 업무에 협조하여야 한다.

3. 다른 법률과의 관계

(1) 「주택법」과의 관계

공동주택의 관리에 관하여 「공동주택관리법」에서 정하지 아니한 사항에 대하여는 「주택법」을 적용한다.

(2) 「민간임대주택에 관한 특별법」 및 「공공주택 특별법」과의 관계

임대주택의 관리에 관하여 「민간임대주택에 관한 특별법」 또는 「공공주택 특별법」에서 정하지 아니한 사항에 대하여는 「공동주택관리법」을 적용한다.

> **이렇게 출제!**
>
> **03** 「공동주택관리법」상 다른 법률과의 관계에 관한 내용이다. ( )에 들어갈 용어를 쓰시오. 　　제25회
>
> > 제4조【다른 법률과의 관계】① 공동주택의 관리에 관하여 이 법에서 정하지 아니한 사항에 대하여는 (㉠)(을)를 적용한다.
> > ② 임대주택의 관리에 관하여 「민간임대주택에 관한 특별법」 또는 (㉡)에서 정하지 아니한 사항에 대하여는 이 법을 적용한다.
>
> 정답 ㉠「주택법」 ㉡「공공주택 특별법」

2 공동주택의 관리방법

1. 의무관리대상 공동주택

(1) 정의 및 범위

① **정의**: '의무관리대상 공동주택'이란 해당 공동주택을 전문적으로 관리하는 자를 두고 자치 의결기구를 의무적으로 구성하여야 하는 등 일정한 의무가 부과되는 공동주택으로서, 다음 중 어느 하나에 해당하는 공동주택을 말한다.

> ㉠ 300세대 이상의 공동주택
> ㉡ 150세대 이상으로서 승강기가 설치된 공동주택
> ㉢ 150세대 이상으로서 중앙집중식 난방방식(지역난방방식을 포함한다)의 공동주택
> ㉣ 「건축법」 제11조에 따른 건축허가를 받아 주택 외의 시설과 주택을 동일 건축물로 건축한 건축물로서 주택이 150세대 이상인 건축물
> ㉤ 위 ㉠부터 ㉣까지에 해당하지 아니하는 공동주택 중 입주자등이 대통령령(아래 ②)으로 정하는 기준에 따라 동의하여 정하는 공동주택

② **범위**: 위 ①의 ㉤에서 '대통령령으로 정하는 기준'이란 전체 입주자등의 3분의 2 이상이 서면으로 동의하는 방법을 말한다.

(2) 공동주택의 관리방법

입주자등은 의무관리대상 공동주택을 자치관리하거나 주택관리업자에게 위탁하여 관리하여야 한다.

(3) 의무관리대상 공동주택 전환 등

① **전환신고**

㉠ 신고의무: 위 **(1)**의 ①의 ㉤에 따라 의무관리대상 공동주택으로 전환되는 공동주택(이하 '의무관리대상 전환 공동주택'이라 한다)의 관리인(집합건물의 소유 및 관리에 관한 법률에 따른 관리인을 말하며, 관리단이 관리를 개시하기 전인 경우에는 같은 법 제9조의3 제1항에 따라 공동주택을 관리하고 있는 자를 말한다. 이하 같다)은 대통령령(아래 ㉡으로 정하는 바에 따라 관할 특별자치시장·특별자치도지사·시장·군수·구청장(자치구의 구청장을 말하며 이하 같다. 이하 특별자치시장·특별자치도지사·시장·군수·구청장은 '시장·군수·구청장'이라 한다)에게 의무관리대상 공동주택 전환 신고를 하여야 한다. 다만, 관리인이 신고하지 않는 경우에는 입주자등의 10분의 1 이상이 연서하여 신고할 수 있다.

㉡ 신고기한: 위 ㉠에 따라 의무관리대상 공동주택 전환 신고를 하려는 자는 입주자등의 동의를 받은 날부터 30일 이내에 관할 특별자치시장·특별자치도지사·시장·군수·구청장(구청장은 자치구의 구청장을 말하며, 이하 '시장·군수·구청장'이라 한다)에게 국토교통부령(아래 ⑤)으로 정하는 신고서를 제출해야 한다.

② **입주자대표회의 구성 및 관리방법 결정**: 의무관리대상 전환 공동주택의 입주자등은 관리규약의 제정 신고가 수리된 날부터 3개월 이내에 입주자대표회의를 구성하여야 하며, 입주자대표회의의 구성 신고가 수리된 날부터 3개월 이내에 위 **(2)**에 따른 공동주택의 관리방법을 결정하여야 한다.

③ **주택관리업자의 선정**: 의무관리대상 전환 공동주택의 입주자등이 공동주택을 위탁관리할 것을 결정한 경우 입주자대표회의는 입주자대표회의의 구성 신고가 수리된 날부터 6개월 이내에 「공동주택관리법」 제7조 제1항의 기준에 따라 주택관리업자를 선정하여야 한다.

④ **의무관리대상 공동주택 제외 신고**

㉠ 신고의무: 의무관리대상 전환 공동주택의 입주자등은 위 **(1)**의 ①의 ㉤의 기준에 따라 해당 공동주택을 의무관리대상에서 제외할 것을 정할 수 있으며, 이 경우 입주자대표회의의 회장(직무를 대행하는 경우에는 그 직무를

대행하는 사람을 포함한다. 이하 같다)은 대통령령(아래 ⓒ)으로 정하는 바에 따라 시장·군수·구청장에게 의무관리대상 공동주택 제외 신고를 하여야 한다.

ⓛ **통지의무**: 시장·군수·구청장은 위 ①의 ㉠ 및 위 ㉠에 따른 신고를 받은 날부터 10일 이내에 신고수리 여부를 신고인에게 통지하여야 한다. 시장·군수·구청장이 10일 이내에 신고수리 여부 또는 민원 처리 관련 법령에 따른 처리기간의 연장을 신고인에게 통지하지 아니하면 그 기간(민원 처리 관련 법령에 따라 처리기간이 연장 또는 재연장된 경우에는 해당 처리기간을 말한다)이 끝난 날의 다음 날에 신고를 수리한 것으로 본다.

ⓒ **신고기한**: 위 ㉠에 따라 의무관리대상 공동주택 제외 신고를 하려는 입주자대표회의의 회장(직무를 대행하는 경우에는 그 직무를 대행하는 사람을 포함한다. 이하 같다)은 입주자등의 동의를 받은 날부터 30일 이내에 시장·군수·구청장에게 국토교통부령(아래 ⑤)으로 정하는 신고서를 제출해야 한다.

⑤ **신고방법**: 위 ①의 ⓛ 및 ④의 ⓒ에서 '국토교통부령으로 정하는 신고서'란 각각 의무관리대상 공동주택 전환 등 신고서를 말하며, 해당 신고서를 제출할 때에는 다음의 서류를 첨부해야 한다.

> ㉠ 제안서 및 제안자 명부
> ㉡ 입주자등의 동의서
> ㉢ 입주자등의 명부

2. 관리의 이관

① **사업주체의 통지**

㉠ **사업주체의 요구**: 의무관리대상 공동주택을 건설한 사업주체는 입주예정자의 과반수가 입주할 때까지 그 공동주택을 관리하여야 하며, 입주예정자의 과반수가 입주하였을 때에는 입주자등에게 대통령령(아래 ⓛ)으로 정하는 바에 따라 그 사실을 통지하고 해당 공동주택을 관리할 것을 요구하여야 한다.

ⓛ **입주자등에 대한 관리요구의 통지**: 사업주체는 위 ㉠에 따라 입주자등에게 입주예정자의 과반수가 입주한 사실을 통지할 때에는 통지서에 다음의 사항을 기재하여야 한다.

> ⓐ 총 입주예정세대수 및 총 입주세대수
> ⓑ 동별 입주예정세대수 및 동별 입주세대수
> ⓒ 공동주택의 관리방법에 관한 결정의 요구
> ⓓ 사업주체의 성명 및 주소(법인인 경우에는 명칭 및 소재지를 말한다)

ⓒ 임대사업자는 다음의 어느 하나에 해당하는 경우에는 위 ⓒ을 준용하여 입주자등에게 통지하여야 한다.

> ⓐ 「민간임대주택에 관한 특별법」에 따른 민간건설임대주택을 임대사업자 외의 자에게 양도하는 경우로서 해당 양도 임대주택 입주예정자의 과반수가 입주하였을 때
> ⓑ 「공공주택 특별법」에 따른 공공건설임대주택에 대하여 분양전환을 하는 경우로서 해당 공공건설임대주택 전체 세대수의 과반수가 분양전환된 때

② **입주자대표회의의 구성**
  ㉠ 구성시기: 입주자등이 위 ①의 ㉠에 따른 요구를 받았을 때에는 그 요구를 받은 날부터 3개월 이내에 입주자를 구성원으로 하는 입주자대표회의를 구성하여야 한다.
  ㉡ 협력의무: 사업주체 및 위 ①의 ⓒ에 따른 임대사업자는 입주자대표회의의 구성에 협력하여야 한다.

③ **관리방법의 결정방법**
  ㉠ 위임규정: 입주자등이 공동주택의 관리방법을 정하거나 변경하는 경우에는 대통령령(아래 ㉡)으로 정하는 바에 따른다.
  ㉡ 결정방법: 위 ㉠에 따른 공동주택 관리방법의 결정 또는 변경은 다음의 어느 하나에 해당하는 방법으로 한다.

> ⓐ 입주자대표회의의 의결로 제안하고 전체 입주자등의 과반수가 찬성
> ⓑ 전체 입주자등의 10분의 1 이상이 서면으로 제안하고 전체 입주자등의 과반수가 찬성

④ **관리방법 결정 등의 신고**
  ㉠ 신고의무: 입주자대표회의의 회장은 입주자등이 해당 공동주택의 관리방법을 결정(위탁관리하는 방법을 선택한 경우에는 그 주택관리업자의 선정을 포함한다)한 경우에는 이를 사업주체 또는 의무관리대상 전환 공동주택의 관리인에게 통지하고, 대통령령(아래 ㉢)으로 정하는 바에 따라 관할 시장·군수·구청장에게 신고하여야 한다. 신고한 사항이 변경되는 경우에도 또한 같다.
  ㉡ 통지의무: 시장·군수·구청장은 위 ㉠에 따른 신고를 받은 날부터 7일 이내에 신고수리 여부를 신고인에게 통지하여야 한다. 시장·군수·구청장이 7일

이내에 신고수리 여부 또는 민원 처리 관련 법령에 따른 처리기간의 연장을 신고인에게 통지하지 아니하면 그 기간(민원 처리 관련 법령에 따라 처리기간이 연장 또는 재연장된 경우에는 해당 처리기간을 말한다)이 끝난 날의 다음 날에 신고를 수리한 것으로 본다.

ⓒ **신고기한**: 위 ⓐ에 따라 입주자대표회의의 회장은 공동주택 관리방법의 결정(위탁관리하는 방법을 선택한 경우에는 그 주택관리업자의 선정을 포함한다) 또는 변경결정에 관한 신고를 하려는 경우에는 그 결정일 또는 변경결정일부터 30일 이내에 신고서를 시장·군수·구청장에게 제출해야 한다.

ⓔ **신고방법**: 입주자대표회의의 회장(직무를 대행하는 경우에는 그 직무를 대행하는 사람을 포함한다. 이하 같다)은 시장·군수·구청장에게 관리방법의 결정 및 변경결정 신고서를 제출할 때에는 관리방법의 제안서 및 그에 대한 입주자등의 동의서를 첨부하여야 한다.

3. 사업주체의 관리

(1) 사업주체의 관리기간

의무관리대상 공동주택을 건설한 사업주체는 입주예정자의 과반수가 입주할 때까지 그 공동주택을 관리하여야 하며, 입주예정자의 과반수가 입주하였을 때에는 입주자등에게 대통령령으로 정하는 바에 따라 그 사실을 통지하고 해당 공동주택을 관리할 것을 요구하여야 한다.

(2) 사업주체의 관리상 의무

① **관리계약 체결 및 관리비예치금의 징수**: 사업주체는 위 (1)에 따라 입주예정자의 과반수가 입주할 때까지 공동주택을 직접 관리하는 경우에는 입주예정자와 관리계약을 체결하여야 하며, 그 관리계약에 따라 관리비예치금을 징수할 수 있다.

> **용어 보충** 관리비예치금
> 공동주택의 공용부분의 관리 및 운영 등에 필요한 경비를 말한다.

② **사업주체의 어린이집 등의 임대계약 체결**

ⓐ **임대계약의 체결**: 시장·군수·구청장은 입주자대표회의가 구성되기 전에 다음의 주민공동시설의 임대계약 체결이 필요하다고 인정하는 경우에는 사업주체로 하여금 입주예정자 10분의 3 이상의 서면 동의를 받아 해당 시설의 임대계약을 체결하도록 할 수 있다.

ⓐ 「영유아보육법」에 따른 어린이집
ⓑ 「아동복지법」에 따른 다함께돌봄센터
ⓒ 「아이돌봄 지원법」에 따른 공동육아나눔터

    ⓛ **공고 및 개별통지**: 사업주체는 위 ㉠에 따라 임대계약을 체결하려는 경우에는 해당 공동주택단지의 인터넷 홈페이지에 관련 내용을 공고하고 입주예정자에게 개별 통지하여야 한다.

    ⓒ **선정기준**: 사업주체는 위 ㉠에 따라 임대계약을 체결하려는 경우에는 관리규약 및 관련 법령의 규정에 따라야 한다. 이 경우 어린이집은 관리규약 중 「공동주택관리법 시행령」 제19조 제1항 제21호 다목의 사항(어린이집을 이용하는 입주자등 중 어린이집 임대에 동의하여야 하는 비율)은 적용하지 않는다.

③ **사업주체의 주택관리업자 선정**: 사업주체는 입주자대표회의로부터 관리방법 결정에 관한 통지가 없거나 입주자대표회의가 자치관리기구를 구성하지 아니하는 경우에는 주택관리업자를 선정하여야 한다. 이 경우 사업주체는 입주자대표회의 및 관할 시장·군수·구청장에게 그 사실을 알려야 한다.

④ **관리업무의 인계**

   ㉠ **사업주체의 관리업무 인계**

     ⓐ **관리업무의 인계**: 사업주체 또는 의무관리대상 전환 공동주택의 관리인은 다음의 어느 하나에 해당하는 경우에는 대통령령(아래 ⓑ)으로 정하는 바에 따라 해당 관리주체에게 공동주택의 관리업무를 인계하여야 한다.

ⅰ) 입주자대표회의 회장으로부터 주택관리업자의 선정을 통지받은 경우
ⅱ) 자치관리기구가 구성된 경우
ⅲ) 위 ③에 따라 주택관리업자가 선정된 경우

     ⓑ **관리업무 인계기한**: 사업주체 또는 의무관리대상 전환 공동주택의 관리인은 위 ⓐ의 어느 하나에 해당하게 된 날부터 1개월 이내에 해당 공동주택의 관리주체에게 공동주택의 관리업무를 인계하여야 한다.

   ⓛ **관리주체 변경 시 관리업무 인계**

     ⓐ **관리업무의 인계**: 공동주택의 관리주체가 변경되는 경우에 기존 관리주체는 새로운 관리주체에게 위 ㉠을 준용하여 해당 공동주택의 관리업무를 인계하여야 한다.

     ⓑ **관리기구의 구성 및 인계기한**: 위 ⓐ에 따른 새로운 관리주체는 기존 관리의 종료일까지 공동주택관리기구를 구성하여야 하며, 기존 관리주체는 해당 관리의 종료일까지 공동주택의 관리업무를 인계하여야 한다.

ⓒ **인계기한의 예외**: 위 ⓑ에도 불구하고 기존 관리의 종료일까지 인계·인수가 이루어지지 아니한 경우 기존 관리주체는 기존 관리의 종료일(기존 관리의 종료일까지 새로운 관리주체가 선정되지 못한 경우에는 새로운 관리주체가 선정된 날을 말한다)부터 1개월 이내에 새로운 관리주체에게 공동주택의 관리업무를 인계하여야 한다. 이 경우 그 인계기간에 소요되는 기존 관리주체의 인건비 등은 해당 공동주택의 관리비로 지급할 수 있다.

ⓒ **관리업무 인계·인수서**: 사업주체 또는 의무관리대상 전환 공동주택의 관리인은 위 ㉠의 ⓐ에 따라 공동주택의 관리업무를 해당 관리주체에 인계할 때에는 입주자대표회의의 회장 및 1명 이상의 감사의 참관하에 인계자와 인수자가 인계·인수서에 각각 서명·날인하여 다음의 서류를 인계하여야 한다. 기존 관리주체가 위 ㉡의 ⓐ에 따라 새로운 관리주체에게 공동주택의 관리업무를 인계하는 경우에도 또한 같다.

> ⓐ 설계도서, 장비의 명세, 장기수선계획 및 안전관리계획
> ⓑ 관리비·사용료·이용료의 부과·징수현황 및 이에 관한 회계서류
> ⓒ 장기수선충당금의 적립현황
> ⓓ 관리비예치금의 명세
> ⓔ 세대 전유부분을 입주자에게 인도한 날의 현황
> ⓕ 관리규약과 그 밖에 공동주택의 관리업무에 필요한 사항

㉢ **건설임대주택 관리업무 인계**: 건설임대주택(민간임대주택에 관한 특별법에 따른 민간건설임대주택 및 공공주택 특별법에 따른 공공건설임대주택을 말한다. 이하 같다)을 분양전환(민간임대주택에 관한 특별법에 따른 임대사업자 외의 자에게의 양도 및 공공주택 특별법에 따른 분양전환을 말한다. 이하 같다)하는 경우 임대사업자는 위 ㉠의 ⓑ 및 위 ㉢을 준용하여 관리주체에게 공동주택의 관리업무를 인계하여야 한다.

4. 자치관리

(1) 개념

'자치관리'는 입주자들이 단지를 스스로 관리하는 방식을 말한다. 특히, 의무관리대상 공동주택의 경우 자치관리는 입주자등이 자치관리 여부를 결정하면, 입주자등에 의하여 구성된 입주자대표회의가 자치관리기구의 대표자인 관리사무소장을 선임하고, 법정 기술인력 및 장비를 갖춘 자치관리기구를 구성하여 업무를 개시한다.

(2) 자치관리기구의 구성 및 운영

① **자치관리기구의 구성시기**

㉠ 사업주체의 관리요구에 따른 구성시기: 의무관리대상 공동주택의 입주자등이 공동주택을 자치관리할 것을 정한 경우에는 입주자대표회의는 사업주체로부터 해당 공동주택에 대한 관리요구가 있은 날(의무관리대상 공동주택으로 전환되는 경우에는 입주자대표회의의 구성 신고가 수리된 날을 말한다)부터 6개월 이내에 공동주택의 관리사무소장을 자치관리기구의 대표자로 선임하고, 대통령령(아래 ③)으로 정하는 기술인력 및 장비를 갖춘 자치관리기구를 구성하여야 한다.

㉡ 관리방법 변경에 따른 구성시기: 주택관리업자에게 위탁관리하다가 자치관리로 관리방법을 변경하는 경우 입주자대표회의는 그 위탁관리의 종료일까지 위 ㉠에 따른 자치관리기구를 구성하여야 한다.

② **관리사무소장의 선임 및 재선임**

㉠ 관리사무소장의 선임방법: 자치관리기구 관리사무소장은 입주자대표회의가 입주자대표회의 구성원(관리규약으로 정한 정원을 말하며, 해당 입주자대표회의 구성원의 3분의 2 이상이 선출되었을 때에는 그 선출된 인원을 말한다. 이하 같다) 과반수의 찬성으로 선임한다.

㉡ 관리사무소장의 재선임 기한: 입주자대표회의는 위 ㉠에 따라 선임된 관리사무소장이 해임되거나 그 밖의 사유로 결원이 되었을 때에는 그 사유가 발생한 날부터 30일 이내에 새로운 관리사무소장을 선임하여야 한다.

③ **공동주택관리기구의 기술인력 및 장비기준**: 위 ①의 ㉠에서 '대통령령으로 정하는 기술인력 및 장비'란 다음의 표에 따른 기술인력 및 장비를 말한다.

구분	기준
기술인력	다음의 기술인력. 다만, 관리주체가 입주자대표회의의 동의를 받아 관리업무의 일부를 해당 법령에서 인정하는 전문용역업체에 용역하는 경우에는 해당 기술인력을 갖추지 않을 수 있다. ㉠ 승강기가 설치된 공동주택인 경우에는 「승강기 안전관리법 시행령」 제28조에 따른 승강기자체검사자격을 갖추고 있는 사람 1명 이상 ㉡ 해당 공동주택의 건축설비의 종류 및 규모 등에 따라 「전기안전관리법」·「고압가스 안전관리법」·「액화석유가스의 안전관리 및 사업법」·「도시가스사업법」·「에너지이용 합리화법」·「소방기본법」·「화재의 예방 및 안전관리에 관한 법률」·「소방시설 설치 및 관리에 관한 법률」 및 「대기환경보전법」 등 관계 법령에 따라 갖추어야 할 기준 인원 이상의 기술자
장비	㉠ 비상용 급수펌프(수중펌프를 말한다) 1대 이상 ㉡ 절연저항계(누전측정기를 말한다) 1대 이상 ㉢ 건축물 안전점검의 보유장비: 망원경, 카메라, 돋보기, 콘크리트 균열폭 측정기, 5미터 이상용 줄자 및 누수탐지기 각 1대 이상

[비고]
1. 관리사무소장과 기술인력 상호간에는 겸직할 수 없다.
2. 기술인력 상호간에는 겸직할 수 없다. 다만, 입주자대표회의가 제14조 제1항에 따른 방법으로 다음의 겸직을 허용한 경우에는 그러하지 아니하다.
    ㉠ 해당 법령에서 「국가기술자격법」에 따른 국가기술자격(이하 '국가기술자격'이라 한다)의 취득을 선임요건으로 정하고 있는 기술인력과 국가기술자격을 취득하지 않아도 선임할 수 있는 기술인력의 겸직
    ㉡ 해당 법령에서 국가기술자격을 취득하지 않아도 선임할 수 있는 기술인력 상호간의 겸직

④ **자치관리기구의 감독**: 자치관리기구는 입주자대표회의의 감독을 받는다.
⑤ **자치관리기구 직원의 겸임금지**: 입주자대표회의 구성원은 자치관리기구의 직원을 겸할 수 없다.

5. 위탁관리

(1) 개념
'위탁관리'란 공동주택 관리업무의 전부 또는 일부를 주택관리업자에게 위탁하여 관리하는 방식을 의미한다.

(2) 주택관리업 및 주택관리업자의 정의
① **주택관리업의 정의**: '주택관리업'이란 공동주택을 안전하고 효율적으로 관리하기 위하여 입주자등으로부터 의무관리대상 공동주택의 관리를 위탁받아 관리하는 업(業)을 말한다.
② **주택관리업자의 정의**: '주택관리업자'란 주택관리업을 하는 자로서 등록한 자를 말한다.

(3) 주택관리업자의 선정 등
① **주택관리업자의 선정기준**
    ㉠ 선정기준: 의무관리대상 공동주택의 입주자등이 공동주택을 위탁관리할 것을 정한 경우에는 입주자대표회의는 다음의 기준에 따라 주택관리업자를 선정하여야 한다.

> ⓐ 「전자문서 및 전자거래 기본법」에 따른 정보처리시스템을 통하여 선정(이하 '전자입찰방식'이라 한다)할 것. 다만, 선정방법 등이 전자입찰방식을 적용하기 곤란한 경우로서 국토교통부장관이 정하여 고시하는 경우에는 전자입찰방식으로 선정하지 아니할 수 있다.
> ⓑ 다음의 구분에 따른 사항에 대하여 전체 입주자등의 과반수의 동의를 얻을 것
>   ⅰ) **경쟁입찰**: 입찰의 종류 및 방법, 낙찰방법, 참가자격 제한 등 입찰과 관련한 중요사항
>   ⅱ) **수의계약**: 계약상대자 선정, 계약 조건 등 계약과 관련한 중요사항
> ⓒ 그 밖에 입찰의 방법 등 대통령령(아래 ②)으로 정하는 방식을 따를 것

ⓒ **위임규정**: 위 ㉠의 ⓐ에 따른 전자입찰방식의 세부기준, 절차 및 방법 등은 국토교통부장관이 정하여 고시한다.
② **입찰의 방법 등**: 위 ①의 ㉠의 ⓒ에서 '입찰의 방법 등 대통령령으로 정하는 방식'이란 다음에 따른 방식을 말한다.

> ㉠ **경쟁입찰**: 국토교통부장관이 정하여 고시하는 경우 외에는 경쟁입찰로 할 것. 이 경우 다음의 사항은 국토교통부장관이 정하여 고시한다.
> 　ⓐ 입찰의 절차
> 　ⓑ 입찰 참가자격
> 　ⓒ 입찰의 효력
> 　ⓓ 그 밖에 주택관리업자의 적정한 선정을 위하여 필요한 사항
> ㉡ **참관**: 입주자대표회의의 감사가 입찰과정 참관을 원하는 경우에는 참관할 수 있도록 할 것
> ㉢ **계약기간**: 계약기간은 장기수선계획의 조정 주기를 고려하여 정할 것

③ **기존 주택관리업자의 입찰참가 제한**
　㉠ **입찰참가 제한의 요구**: 입주자등은 기존 주택관리업자의 관리 서비스가 만족스럽지 못한 경우에는 대통령령(아래 ⓒ)으로 정하는 바에 따라 새로운 주택관리업자 선정을 위한 입찰에서 기존 주택관리업자의 참가를 제한하도록 입주자대표회의에 요구할 수 있다. 이 경우 입주자대표회의는 그 요구에 따라야 한다.
　㉡ **입찰참가 제한의 절차**: 위 ㉠의 전단에 따라 입주자등이 새로운 주택관리업자 선정을 위한 입찰에서 기존 주택관리업자의 참가를 제한하도록 입주자대표회의에 요구하려면 전체 입주자등 과반수의 서면동의가 있어야 한다.

(4) 주택관리업의 등록

① **등록의 의무**: 주택관리업을 하려는 자는 대통령령(아래 ⑥)으로 정하는 바에 따라 시장·군수·구청장에게 등록하여야 하며, 등록사항이 변경되는 경우에는 국토교통부령(아래 ⑩)으로 정하는 바에 따라 변경신고를 하여야 한다.
② **재등록 제한**: 위 ①에 따라 등록을 한 주택관리업자가 그 등록이 말소된 후 2년이 지나지 아니한 때에는 다시 등록할 수 없다.
③ **등록의 신청 및 등록요건**: 위 ①에 따른 등록은 주택관리사(임원 또는 사원의 3분의 1 이상이 주택관리사인 상사법인을 포함한다)가 신청할 수 있다. 이 경우 주택관리업을 등록하려는 자는 다음의 요건을 갖추어야 한다.

> ㉠ 자본금(법인이 아닌 경우 자산평가액을 말한다)이 2억원 이상으로서 대통령령(아래 ④)으로 정하는 금액 이상일 것
> ㉡ 대통령령(아래 ⑤)으로 정하는 인력·시설 및 장비를 보유할 것

④ **등록자본금**: 위 ③의 ⊙의 '대통령령으로 정하는 금액'이란 2억원을 말한다.
⑤ **주택관리업의 등록기준**: 위 ③에 따른 주택관리업의 등록기준은 다음의 표와 같다.

구분		등록기준
자본금		2억원 이상
기술인력	전기분야 기술자	전기산업기사 이상의 기술자 1명 이상
	연료사용기기 취급 관련 기술자	에너지관리산업기사 이상의 기술자 또는 에너지관리기능사 1명 이상
	고압가스 관련 기술자	가스기능사 이상의 자격을 가진 사람 1명 이상
	위험물취급 관련 기술자	위험물기능사 이상의 기술자 1명 이상
주택관리사		주택관리사 1명 이상
시설·장비		⊙ 5마력 이상의 양수기 1대 이상 ⓒ 절연저항계(누전측정기를 말한다) 1대 이상 ⓒ 사무실

[비고]
1. '자본금'이란 법인인 경우에는 주택관리업을 영위하기 위한 출자금을 말한다.
2. 주택관리사와 기술자격(국가기술자격법 시행령 별표 중 해당 분야의 것을 말한다)은 각각 상시 근무하는 사람으로 하며, 「국가기술자격법」에 따라 그 자격이 정지된 사람과 「건설기술 진흥법」에 따라 업무정지처분을 받은 기술인은 제외한다.
3. 사무실은 「건축법」 및 그 밖의 법령에 적합한 건물이어야 한다.

⑥ **등록절차**

㉠ **등록의 신청**: 위 ①에 따라 주택관리업의 등록을 하려는 자는 국토교통부령(아래 ㉡으로 정하는 바에 따라 신청서(전자문서에 의한 신청서를 포함한다)를 시장·군수·구청장에게 제출하여야 한다.

㉡ **첨부서류**: 위 ①에 따라 주택관리업의 등록을 하려는 자는 위 ㉠에 따른 주택관리업 등록신청서를 제출할 때에는 다음의 서류를 첨부하여야 한다.

> ⓐ 법인인 경우에는 납입자본금에 관한 증명서류, 개인인 경우에는 자산평가서와 그 증명서류
> ⓑ 장비보유현황 및 그 증명서류
> ⓒ 기술자의 기술자격 및 주택관리사의 자격에 관한 증명서 사본
> ⓓ 사무실 확보를 증명하는 서류(건물 임대차 계약서 사본 등 사용에 관한 권리를 증명하는 서류)

⑦ **등록신청서의 확인**: 위 ⑥의 ㉠에 따른 신청서를 받은 시장·군수·구청장은 「전자정부법」에 따른 행정정보의 공동이용을 통하여 건물등기사항증명서를 확인하여야 하며, 신청인이 법인인 경우에는 법인 등기사항증명서를 확인하여야 한다.

⑧ **등록증 교부**: 시장·군수·구청장은 주택관리업 등록을 한 자에게 등록증을 내주어야 한다.

⑨ **주택관리업 등록대장의 등재**: 시장·군수·구청장은 주택관리업등록증을 발급한 경우에는 주택관리업 등록대장에 그 내용을 적어야 한다.

⑩ **주택관리업 등록사항 변경신고**: 위 ①에 따라 등록사항 변경신고를 하려는 자는 변경사유가 발생한 날부터 15일 이내에 주택관리업 등록사항 변경신고서에 변경내용을 증명하는 서류를 첨부하여 시장·군수·구청장에게 제출하여야 한다.

⑪ **주택관리업 등록대장의 작성·관리**: 주택관리업 등록대장은 전자적 처리가 불가능한 특별한 사유가 없으면 전자적 처리가 가능한 방법으로 작성·관리하여야 한다.

(5) 명칭사용금지

주택관리업자가 아닌 자는 주택관리업 또는 이와 유사한 명칭을 사용하지 못한다.

(6) 지위에 관한 법률 적용

주택관리업자의 지위에 관하여 「공동주택관리법」에 규정이 있는 것 외에는 「민법」 중 위임에 관한 규정을 준용한다.

(7) 주택관리업자의 관리상 의무

① **주택관리사등의 재배치**: 주택관리업자는 관리하는 공동주택에 배치된 주택관리사등이 해임 그 밖의 사유로 결원이 된 때에는 그 사유가 발생한 날부터 15일 이내에 새로운 주택관리사등을 배치하여야 한다.

② **공동주택관리기구의 구성**: 주택관리업자는 공동주택을 관리할 때에는 [별표 1] (공동주택관리기구의 기술인력 및 장비기준)에 따른 기술인력 및 장비를 갖추고 있어야 한다.

(8) 주택관리업의 행정처분

① **행정처분사유**: 시장·군수·구청장은 주택관리업자가 다음의 어느 하나에 해당하면 그 등록을 말소하거나 1년 이내의 기간을 정하여 영업의 전부 또는 일부의 정지를 명할 수 있다. 다만, 아래 ㉠, ㉡ 또는 ㉢에 해당하는 경우에는 그 등록을 말소하여야 하고, ㉾ 또는 ㉿에 해당하는 경우에는 1년 이내의 기간을 정하여 영업의 전부 또는 일부의 정지를 명하여야 한다.

> ㉠ 거짓이나 그 밖의 부정한 방법으로 등록을 한 경우
> ㉡ 영업정지기간 중에 주택관리업을 영위한 경우 또는 최근 3년간 2회 이상의 영업정지처분을 받은 자로서 그 정지처분을 받은 기간이 합산하여 12개월을 초과한 경우
> ㉢ 고의 또는 과실로 공동주택을 잘못 관리하여 소유자 및 사용자에게 재산상의 손해를 입힌 경우
> ㉣ 매년 12월 31일을 기준으로 최근 3년간 공동주택의 관리 실적이 없는 경우
> ㉤ 등록요건에 미달하게 된 경우
> ㉥ 「공동주택관리법」 제52조 제4항에 따른 관리방법 및 업무내용 등을 위반하여 공동주택을 관리한 경우
> ㉦ 부정하게 재물 또는 재산상의 이익을 취득하거나 제공한 경우
> ㉧ 관리비ㆍ사용료와 장기수선충당금을 「공동주택관리법」에 따른 용도 외의 목적으로 사용한 경우
> ㉨ 다른 자에게 자기의 성명 또는 상호를 사용하여 「공동주택관리법」에서 정한 사업이나 업무를 수행하게 하거나 그 등록증을 대여한 경우
> ㉩ 공동주택관리에 관한 감독에 따른 보고, 자료의 제출, 조사 또는 검사를 거부ㆍ방해 또는 기피하거나 거짓으로 보고를 한 경우
> ㉪ 입주자등의 감사요청에 의한 지방자치단체의 감사를 거부ㆍ방해 또는 기피한 경우

② **행정처분의 일반 기준**

㉠ 위반행위의 횟수에 따른 행정처분의 기준은 최근 1년간 같은 위반행위로 처분을 받은 경우에 적용한다. 이 경우 기준 적용일은 위반행위에 대한 행정처분일과 그 처분 후에 한 위반행위가 다시 적발된 날을 기준으로 한다.

㉡ 위 ㉠에 따라 가중된 처분을 하는 경우 가중처분의 적용 차수는 그 위반행위 전 처분 차수(위 ㉠에 따른 기간 내에 처분이 둘 이상 있었던 경우에는 높은 차수를 말한다)의 다음 차수로 한다.

㉢ 같은 등록사업자가 둘 이상의 위반행위를 한 경우로서 그에 해당하는 각각의 처분기준이 다른 경우에는 다음의 기준에 따라 처분한다.

> ⓐ 가장 무거운 위반행위에 대한 처분기준이 등록말소인 경우에는 등록말소처분을 한다.
> ⓑ 각 위반행위에 대한 처분기준이 영업정지인 경우에는 가장 중한 처분의 2분의 1까지 가중할 수 있되, 각 처분기준을 합산한 기간을 초과할 수 없다. 이 경우 그 합산한 영업정지기간이 1년을 초과하는 때에는 1년으로 한다.

㉣ 시장ㆍ군수ㆍ구청장은 위반행위의 동기ㆍ내용ㆍ횟수 및 위반의 정도 등 다음에 해당하는 사유를 고려하여 아래 ③의 개별기준에 따른 행정처분을 가중하거나 감경할 수 있다. 이 경우 그 처분이 영업정지인 경우에는 그 처분기준의 2분의 1의 범위에서 가중(가중한 영업정지기간은 1년을 초과할 수 없다)하거나 감경할 수 있고, 등록말소인 경우(위 ①의 ㉠ 및 ㉡ 또는 ㉨에 해당하는 경우는 제외한다)에는 6개월 이상의 영업정지처분으로 감경할 수 있다.

ⓐ 가중사유
  ⅰ) 위반행위가 고의나 중대한 과실에 따른 것으로 인정되는 경우
  ⅱ) 위반의 내용과 정도가 중대하여 입주자등 소비자에게 주는 피해가 크다고 인정되는 경우
ⓑ 감경사유
  ⅰ) 위반행위가 사소한 부주의나 오류에 따른 것으로 인정되는 경우
  ⅱ) 위반의 내용과 정도가 경미하여 입주자등 소비자에게 미치는 피해가 적다고 인정되는 경우
  ⅲ) 위반 행위자가 처음 위반행위를 한 경우로서 3년 이상 해당 사업을 모범적으로 해 온 사실이 인정되는 경우
  ⅳ) 위반 행위자가 해당 위반행위로 검사로부터 기소유예 처분을 받거나 법원으로부터 선고유예의 판결을 받은 경우
  ⅴ) 위반 행위자가 해당 사업과 관련 지역사회의 발전 등에 기여한 사실이 인정되는 경우
  ⅵ) 등록요건에 미달하게 된 주택관리업자가 「공동주택관리법」에 따른 청문 또는 「행정절차법」에 따른 의견제출 기한까지 등록기준을 보완하고 그 증명서류를 제출하는 경우

③ **행정처분의 개별기준**

위반행위	근거 법조문	행정처분기준		
		1차 위반	2차 위반	3차 이상 위반
가. 거짓이나 그 밖의 부정한 방법으로 등록을 한 경우	법 제53조 제1항 제1호	등록말소		
나. 영업정지기간 중에 주택관리업을 영위한 경우 또는 최근 3년간 2회 이상의 영업정지처분을 받은 자로서 그 정지처분을 받은 기간이 합산하여 12개월을 초과한 경우	법 제53조 제1항 제2호	등록말소		
다. 고의 또는 과실로 공동주택을 잘못 관리하여 소유자 및 사용자에게 재산상의 손해를 입힌 경우	법 제53조 제1항 제3호			
1) 고의로 공동주택을 잘못 관리하여 소유자 및 사용자에게 재산상의 손해를 입힌 경우		영업정지 6개월	영업정지 1년	
2) 중대한 과실로 공동주택을 잘못 관리하여 소유자 및 사용자에게 재산상의 손해를 입힌 경우		영업정지 2개월	영업정지 3개월	영업정지 3개월
3) 경미한 과실로 공동주택을 잘못 관리하여 소유자 및 사용자에게 재산상의 손해를 입힌 경우		경고	영업정지 1개월	영업정지 1개월

라.	최근 3년간 공동주택 관리 실적이 없는 경우	법 제53조 제1항 제4호	등록말소		
마.	법 제52조 제3항에 따른 등록요건에 미달하게 된 경우	법 제53조 제1항 제5호			
	1) 등록요건에 미달하게 된 날부터 1개월이 지날 때까지 보완하지 않은 경우		영업정지 3개월	영업정지 6개월	등록말소
	2) 위 1)에 해당되어 영업정지처분을 받은 후 영업정지기간이 끝나는 날까지 보완하지 않은 경우		등록말소		
바.	법 제52조 제4항에 따른 관리방법 및 업무내용 등을 위반하여 공동주택을 관리한 경우	법 제53조 제1항 제6호			
	1) 배치된 주택관리사등의 해임 그 밖의 사유로 결원이 된 때 그 사유가 발생한 날부터 15일 이내에 새로운 주택관리사등을 배치하지 않은 경우		경고	영업정지 3개월	영업정지 6개월
	2) 별표 1에 따른 기술인력 및 장비를 갖추지 않고 공동주택을 관리한 경우		경고	영업정지 1개월	영업정지 3개월
사.	법 제90조 제2항을 위반하여 부정하게 재물 또는 재산상의 이익을 취득하거나 제공한 경우	법 제53조 제1항 제7호	영업정지 3개월	영업정지 6개월	영업정지 1년
아.	법 제90조 제3항을 위반하여 관리비·사용료와 장기수선충당금을 법에 따른 용도 외의 목적으로 사용한 경우	법 제53조 제1항 제8호	영업정지 3개월	영업정지 6개월	영업정지 6개월
자.	법 제90조 제4항을 위반하여 다른 자에게 자기의 성명 또는 상호를 사용하여 법에서 정한 사업이나 업무를 수행하게 하거나 그 등록증을 대여한 경우	법 제53조 제1항 제9호	등록말소		
차.	법 제93조 제1항에 따른 보고, 자료의 제출, 조사 또는 검사를 거부·방해 또는 기피하거나 거짓으로 보고를 한 경우	법 제53조 제1항 제10호			
	1) 조사 또는 검사를 거부·방해 또는 기피하거나 거짓으로 보고를 한 경우		경고	영업정지 2개월	영업정지 3개월
	2) 보고 또는 자료제출 등의 명령을 이행하지 않은 경우		경고	영업정지 1개월	영업정지 2개월
	3) 공동주택관리에 관한 신고 또는 보고를 게을리한 경우		경고	영업정지 1개월	영업정지 1개월
카.	법 제93조 제3항·제4항에 따른 감사를 거부·방해 또는 기피한 경우	법 제53조 제1항 제11호	경고	영업정지 2개월	영업정지 3개월

④ **행정처분의 통보**: 시장·군수·구청장은 위 ①에 따라 주택관리업자에 대하여 등록말소 또는 영업정지처분을 하려는 때에는 처분일 1개월 전까지 해당 주택관리업자가 관리하는 공동주택의 입주자대표회의에 그 사실을 통보해야 한다.
⑤ 지방자치단체의 장은 주택관리업자가 위 ①의 어느 하나에 해당하게 된 사실을 발견한 경우에는 그 사실을 지체 없이 그 주택관리업을 등록한 시장·군수·구청장에게 통보해야 한다.
⑥ **주택관리업자에 대한 과징금의 부과 및 납부**
　㉠ **과징금의 부과대상**: 시장·군수·구청장은 주택관리업자가 다음의 어느 하나에 해당하는 경우에는 영업정지에 갈음하여 2천만원 이하의 과징금을 부과할 수 있다.

> ⓐ 고의 또는 과실로 공동주택을 잘못 관리하여 소유자 및 사용자에게 재산상의 손해를 입힌 경우
> ⓑ 매년 12월 31일을 기준으로 최근 3년간 공동주택의 관리 실적이 없는 경우
> ⓒ 등록요건에 미달하게 된 경우
> ⓓ 「공동주택관리법」 제52조 제4항에 따른 관리방법 및 업무내용 등을 위반하여 공동주택을 관리한 경우
> ⓔ 공동주택관리에 관한 감독에 따른 보고, 자료의 제출, 조사 또는 검사를 거부·방해 또는 기피하거나 거짓으로 보고를 한 경우
> ⓕ 입주자등의 감사요청에 의한 지방자치단체의 감사를 거부·방해 또는 기피한 경우

　㉡ **부과기준**: 위 ㉠에 따른 과징금은 영업정지기간 1일당 3만원을 부과하며, 영업정지 1개월은 30일을 기준으로 한다. 이 경우 과징금은 2천만원을 초과할 수 없다.
　㉢ **서면통지**: 시장·군수·구청장은 위 ㉠에 따라 과징금을 부과하려는 때에는 그 위반행위의 종류와 과징금의 금액을 명시하여 이를 납부할 것을 서면으로 통지하여야 한다.
　㉣ **납부기한**: 위 ㉢에 따라 통지를 받은 자는 통지를 받은 날부터 30일 이내에 과징금을 시장·군수·구청장이 정하는 수납기관에 납부하여야 한다.
　㉤ **영수증의 발급**: 위 ㉣에 따라 과징금의 납부를 받은 수납기관은 그 납부자에게 영수증을 발급하여야 한다.
　㉥ **수납통보**: 과징금 수납기관은 위 ㉣에 따라 과징금을 수납한 때에는 지체 없이 그 사실을 시장·군수·구청장에게 통보하여야 한다.
　㉦ **과징금의 미납처분**: 시장·군수·구청장은 주택관리업자가 과징금을 기한까지 내지 아니하면 「지방행정제재·부과금의 징수 등에 관한 법률」에 따라 징수한다.

6. 공동관리 및 구분관리

(1) 공동관리 및 구분관리

입주자대표회의는 해당 공동주택의 관리에 필요하다고 인정하는 경우에는 국토교통부령[아래 **(2)**]으로 정하는 바에 따라 인접한 공동주택단지(임대주택단지를 포함한다)와 공동으로 관리하거나 500세대 이상의 단위로 나누어 관리하게 할 수 있다.

(2) 통지사항

입주자대표회의는 위 **(1)**에 따라 공동주택을 공동관리하거나 구분관리하려는 경우에는 다음의 사항을 입주자등에게 통지하고 입주자등의 서면동의를 받아야 한다.

① 공동관리 또는 구분관리의 필요성
② 공동관리 또는 구분관리의 범위
③ 공동관리 또는 구분관리에 따른 다음의 사항

> ㉠ 입주자대표회의의 구성 및 운영 방안
> ㉡ 공동주택 관리기구의 구성 및 운영 방안
> ㉢ 장기수선계획의 조정 및 장기수선충당금의 적립 및 관리 방안
> ㉣ 입주자등이 부담하여야 하는 비용변동의 추정치
> ㉤ 그 밖에 공동관리 또는 구분관리에 따라 변경될 수 있는 사항 중 입주자대표회의가 중요하다고 인정하는 사항

④ 그 밖에 관리규약으로 정하는 사항

(3) 서면동의

위 **(2)**에 따른 서면동의는 다음의 구분에 따라 받아야 한다.

① **공동관리의 경우**: 단지별로 입주자등 과반수의 서면동의
② **구분관리의 경우**: 구분관리 단위별 입주자등 과반수의 서면동의. 다만, 관리규약으로 달리 정한 경우에는 그에 따른다.

(4) 공동관리의 기준

① **위임규정**: 위 **(1)**에 따른 공동관리는 단지별로 입주자등의 과반수의 서면동의를 받은 경우(임대주택단지의 경우에는 임대사업자와 임차인대표회의의 서면동의를 받은 경우를 말한다)로서 국토교통부령(아래 ②)으로 정하는 기준에 적합한 경우에만 해당한다.

② **공동관리의 기준**: 위 ①에서 '국토교통부령으로 정하는 기준'이란 다음의 기준을 말한다. 다만, 특별자치시장·특별자치도지사·시장·군수 또는 구청장(구청장은 자치구의 구청장을 말하며, 이하 '시장·군수·구청장'이라 한다)이 지하도, 육교, 횡단보도, 그 밖에 이와 유사한 시설의 설치를 통하여 단지 간 보행자 통행의 편리성 및 안전성이 확보되었다고 인정하는 경우에는 아래 ⓒ의 기준은 적용하지 아니한다.

> ㉠ 세대수: 공동관리하는 총세대수가 1천5백세대 이하일 것. 다만, 의무관리대상 공동주택단지와 인접한 300세대 미만의 공동주택단지를 공동으로 관리하는 경우는 제외한다.
> ㉡ 제한시설: 공동주택단지 사이에 다음의 어느 하나에 해당하는 시설이 없을 것
> ⓐ 철도·고속도로·자동차전용도로
> ⓑ 폭 20미터 이상인 일반도로
> ⓒ 폭 8미터 이상인 도시계획예정도로
> ⓓ 위 ⓐ부터 ⓒ까지의 시설에 준하는 것으로서 「주택법 시행령」으로 정하는 시설

(5) 관리기구의 설치

입주자대표회의 또는 관리주체는 공동주택을 공동관리하거나 구분관리하는 경우에는 공동관리 또는 구분관리 단위별로 공동주택관리기구를 구성하여야 한다.

(6) 공동관리 및 구분관리의 결정 통보

입주자대표회의는 공동주택을 공동관리하거나 구분관리할 것을 결정한 경우에는 지체 없이 그 내용을 시장·군수·구청장에게 통보하여야 한다.

7. 혼합주택단지의 관리

(1) 관리에 관한 사항의 결정 및 협의

입주자대표회의와 임대사업자는 혼합주택단지의 관리에 관한 사항을 공동으로 결정하여야 한다. 이 경우 임차인대표회의가 구성된 혼합주택단지에서는 임대사업자는 「민간임대주택에 관한 특별법」 제52조 제4항의 사항을 임차인대표회의와 사전에 협의하여야 한다.

(2) 공동결정사항 및 공동결정방법

① **공동결정사항**: 위 **(1)**에 따라 혼합주택단지의 입주자대표회의와 임대사업자가 혼합주택단지의 관리에 관하여 공동으로 결정하여야 하는 사항은 다음과 같다.

> ㉠ 관리방법의 결정 및 변경
> ㉡ 주택관리업자의 선정
> ㉢ 장기수선계획의 조정

ⓔ 장기수선충당금 및 특별수선충당금(민간임대주택에 관한 특별법 또는 공공주택 특별법에 따른 특별수선충당금을 말한다)을 사용하는 주요 시설의 교체 및 보수에 관한 사항
ⓜ 관리비등을 사용하여 시행하는 각종 공사 및 용역에 관한 사항

② **각자 결정사항**: 위 ①에도 불구하고 다음의 요건을 모두 갖춘 혼합주택단지에서는 위 ①의 ⓔ 또는 ⓜ의 사항을 입주자대표회의와 임대사업자가 각자 결정할 수 있다.

> ㉠ 분양을 목적으로 한 공동주택과 임대주택이 별개의 동(棟)으로 배치되는 등의 사유로 구분하여 관리가 가능할 것
> ㉡ 입주자대표회의와 임대사업자가 공동으로 결정하지 아니하고 각자 결정하기로 합의하였을 것

③ **합의가 이루어지지 않는 경우 관리에 관한 사항의 결정방법**: 위 ①의 사항을 공동으로 결정하기 위한 입주자대표회의와 임대사업자 간의 합의가 이뤄지지 않는 경우에는 다음의 구분에 따라 혼합주택단지의 관리에 관한 사항을 결정한다.

> ㉠ **관리방법의 결정 및 변경, 주택관리업자의 선정에 관한 사항**: 해당 혼합주택단지 공급면적의 2분의 1을 초과하는 면적을 관리하는 입주자대표회의 또는 임대사업자가 결정
> ㉡ **장기수선계획의 조정, 장기수선충당금 및 특별수선충당금을 사용하는 주요 시설의 교체 및 보수에 관한 사항, 관리비등을 사용하여 시행하는 각종 공사 및 용역에 관한 사항**: 해당 혼합주택단지 공급면적의 3분의 2 이상을 관리하는 입주자대표회의 또는 임대사업자가 결정. 다만, 다음의 요건에 모두 해당하는 경우에는 해당 혼합주택단지 공급면적의 2분의 1을 초과하는 면적을 관리하는 자가 결정한다.
>   ⓐ 해당 혼합주택단지 공급면적의 3분의 2 이상을 관리하는 입주자대표회의 또는 임대사업자가 없을 것
>   ⓑ 시설물의 안전관리계획 수립대상 등 안전관리에 관한 사항일 것
>   ⓒ 입주자대표회의와 임대사업자 간 2회의 협의에도 불구하고 합의가 이뤄지지 않을 것

④ **분쟁조정의 신청**: 입주자대표회의 또는 임대사업자는 위 ③에도 불구하고 혼합주택단지의 관리에 관한 위 ①의 사항에 관한 결정이 이루어지지 아니하는 경우에는 공동주택관리 분쟁조정위원회에 분쟁의 조정을 신청할 수 있다.

8. 공동주택관리기구의 구성

입주자대표회의 또는 관리주체는 공동주택 공용부분의 유지·보수 및 관리 등을 위하여 공동주택관리기구(자치관리기구를 포함한다)를 구성하여야 한다.

> **이렇게 출제!**
>
> **04** 공동주택관리법령상 사업주체의 어린이집 등의 임대계약 체결에 관한 내용이다. ( )에 들어갈 용어를 쓰시오. 　　　　　　　　　　　　제25회
>
> > 시행령 제29조의3 【사업주체의 어린이집 등의 임대계약 체결】 ① 시장·군수·구청장은 입주자대표회의가 구성되기 전에 다음 각 호의 주민공동시설의 임대계약 체결이 필요하다고 인정하는 경우에는 사업주체로 하여금 입주예정자 과반수의 서면 동의를 받아 해당 시설의 임대계약을 체결하도록 할 수 있다.
> > 1. 「영유아보육법」 제10조에 따른 어린이집
> > 2. 「아동복지법」 제44조의2에 따른 다함께돌봄센터
> > 3. 「아이돌봄 지원법」 제19조에 따른 ( )
>
> [정답] 공동육아나눔터

3 관리규약 등

1. 관리규약

(1) 정의

'관리규약'이란 공동주택의 입주자등을 보호하고 주거생활의 질서를 유지하기 위하여 입주자등이 정하는 자치규약을 말한다.

(2) 관리규약의 준칙

① **관리규약준칙의 제정**: 특별시장·광역시장·특별자치시장·도지사 또는 특별자치도지사(이하 '시·도지사'라 한다)는 공동주택의 입주자등을 보호하고 주거생활의 질서를 유지하기 위하여 대통령령(아래 ②)으로 정하는 바에 따라 공동주택의 관리 또는 사용에 관하여 준거가 되는 관리규약의 준칙을 정하여야 한다.

② **관리규약준칙의 내용**: 위 ①에 따른 관리규약의 준칙(이하 '관리규약준칙'이라 한다)에는 다음의 사항이 포함되어야 한다. 이 경우 입주자등이 아닌 자의 기본적인 권리를 침해하는 사항이 포함되어서는 아니 된다.

> ㉠ 입주자등의 권리 및 의무(입주자등이 관리주체의 동의를 받아야 하는 의무를 포함한다)
> ㉡ 입주자대표회의의 구성·운영(회의의 녹음·녹화·중계 및 방청에 관한 사항을 포함한다)과 그 구성원의 의무 및 책임
> ㉢ 동별 대표자의 선거구·선출절차와 해임 사유·절차 등에 관한 사항

ㄹ 선거관리위원회의 구성·운영·업무·경비, 위원의 선임·해임 및 임기 등에 관한 사항
ㅁ 입주자대표회의의 소집절차, 임원의 해임 사유·절차 등에 관한 사항
ㅂ 입주자대표회의 운영경비의 용도 및 사용금액(운영·윤리교육 수강비용을 포함한다)
ㅅ 자치관리기구의 구성·운영 및 관리사무소장과 그 소속 직원의 자격요건·인사·보수·책임
ㅇ 입주자대표회의 또는 관리주체가 작성·보관하는 자료의 종류 및 그 열람방법 등에 관한 사항
ㅈ 위·수탁관리계약에 관한 사항
ㅊ 입주자등이 관리주체의 동의를 받아야 하는 행위에 대한 관리주체의 동의기준
ㅋ 관리비예치금의 관리 및 운용방법
ㅌ 관리비등의 세대별 부담액 산정방법, 징수, 보관, 예치 및 사용절차
ㅍ 관리비등을 납부하지 아니한 자에 대한 조치 및 가산금의 부과
ㅎ 장기수선충당금의 요율 및 사용절차
㉮ 회계관리 및 회계감사에 관한 사항
㉯ 회계관계 임직원의 책임 및 의무(재정보증에 관한 사항을 포함한다)
㉰ 각종 공사 및 용역의 발주와 물품구입의 절차
㉱ 관리 등으로 인하여 발생한 수입의 용도 및 사용절차
㉲ 공동주택의 관리책임 및 비용부담
㉳ 관리규약을 위반한 자 및 공동생활의 질서를 문란하게 한 자에 대한 조치
㉴ 공동주택의 어린이집 임대계약(지방자치단체에 무상임대하는 것을 포함한다)에 대한 다음의 임차인 선정기준. 이 경우 그 기준은 「영유아보육법」에 따른 국공립어린이집 위탁체 선정관리 기준에 따라야 한다.
　ⓐ 임차인의 신청자격
　ⓑ 임차인 선정을 위한 심사기준
　ⓒ 어린이집을 이용하는 입주자등 중 어린이집 임대에 동의하여야 하는 비율
　ⓓ 임대료 및 임대기간
　ⓔ 그 밖에 어린이집의 적정한 임대를 위하여 필요한 사항
㉵ 공동주택의 층간소음 및 간접흡연에 관한 사항
㉶ 주민공동시설의 위탁에 따른 방법 또는 절차에 관한 사항
㉷ 주민공동시설을 인근 공동주택단지 입주자등도 이용할 수 있도록 허용하는 경우에 대한 다음의 기준
　ⓐ 입주자등 중 허용에 동의하여야 하는 비율
　ⓑ 이용자의 범위
　ⓒ 그 밖에 인근 공동주택단지 입주자등의 이용을 위하여 필요한 사항
㉸ 혼합주택단지의 관리에 관한 사항
㉹ 전자투표의 본인확인 방법에 관한 사항
㉺ 공동체 생활의 활성화에 관한 사항
㉻ 공동주택의 주차장 임대계약 등에 대한 다음의 기준
　ⓐ 「도시교통정비 촉진법」에 따른 승용차 공동이용을 위한 주차장 임대계약의 경우
　　ⅰ) 입주자등 중 주차장의 임대에 동의하는 비율
　　ⅱ) 임대할 수 있는 주차대수 및 위치
　　ⅲ) 이용자의 범위
　　ⅳ) 그 밖에 주차장의 적정한 임대를 위하여 필요한 사항
　ⓑ 지방자치단체와 입주자대표회의 간 체결한 협약에 따라 지방자치단체 또는 「지방공기업법」에 따라 설립된 지방공단이 직접 운영·관리하거나 위탁하여 운영·관리하는 방식으로 입주자등 외의 자에게 공동주택의 주차장을 개방하는 경우
　　ⅰ) 입주자등 중 주차장의 개방에 동의하는 비율

　　　　ⅱ) 개방할 수 있는 주차대수 및 위치
　　　　ⅲ) 주차장의 개방시간
　　　　ⅳ) 그 밖에 주차장의 적정한 개방을 위하여 필요한 사항
　　　ⓒ 민간에 위탁하여 운영·관리하는 방식으로 입주자등 외의 자에게 공동주택의 주차장을 개방하는 경우
　　　　ⅰ) 입주자등 중 주차장의 개방에 동의하는 비율
　　　　ⅱ) 개방할 수 있는 주차대수 및 위치
　　　　ⅲ) 주차장의 개방시간
　　　　ⅳ) 주차장 요금의 상한 및 운영수입의 사용 용도
　　　　ⅴ) 그 밖에 주차장의 적정한 개방을 위하여 필요한 사항
　㉑ 경비원 등 근로자에 대한 괴롭힘의 금지 및 발생 시 조치에 관한 사항
　㉢ 「주택건설기준 등에 관한 규정」에 따른 지능형 홈네트워크 설비(이하 '지능형 홈네트워크 설비'라 한다)의 기본적인 유지·관리에 관한 사항
　㉣ 그 밖에 공동주택의 관리에 필요한 사항

(3) 관리규약

① **제정**: 입주자등은 위 **(2)**에 따른 관리규약의 준칙을 참조하여 관리규약을 정한다. 이 경우 「주택법」 제35조에 따라 공동주택에 설치하는 어린이집의 임대료 등에 관한 사항은 위 **(2)**에 따른 관리규약의 준칙, 어린이집의 안정적 운영, 보육서비스 수준의 향상 등을 고려하여 결정하여야 한다.

② **제정 및 개정방법**
　㉠ 위임규정: 입주자등이 관리규약을 제정·개정하는 방법 등에 필요한 사항은 대통령령(아래 ㉡)으로 정한다.
　㉡ 제정 및 개정방법
　　ⓐ **제정안 제안**: 사업주체는 입주예정자와 관리계약을 체결할 때 관리규약 제정안을 제안하여야 한다. 다만, 사업주체가 입주자대표회의가 구성되기 전에 다음 시설의 임대계약을 체결하려는 경우에는 입주개시일 3개월 전부터 관리규약 제정안을 제안할 수 있다.

　　　　ⅰ) 「영유아보육법」 제10조에 따른 어린이집
　　　　ⅱ) 「아동복지법」 제44조의2에 따른 다함께돌봄센터
　　　　ⅲ) 「아이돌봄 지원법」 제19조에 따른 공동육아나눔터

　　ⓑ **제정방법**: 위 ①에 따라 공동주택 분양 후 최초의 관리규약은 위 ⓐ에 따라 사업주체가 제안한 내용을 해당 입주예정자의 과반수가 서면으로 동의하는 방법으로 결정한다.
　　ⓒ **제안내용의 공고 및 통지**: 위 ⓑ의 경우 사업주체는 해당 공동주택단지의 인터넷 홈페이지(인터넷 홈페이지가 없는 경우에는 인터넷 포털을 통해 관리

주체가 운영·통제하는 유사한 기능의 웹사이트 또는 관리사무소의 게시판을 말한다. 이하 같다)에 제안내용을 공고하고 입주예정자에게 개별 통지해야 한다.

ⓓ **의무관리대상 전환 공동주택의 관리규약 제정안의 제안**: 의무관리대상 전환 공동주택의 관리규약 제정안은 의무관리대상 전환 공동주택의 관리인이 제안하고, 그 내용을 전체 입주자등 과반수의 서면동의로 결정한다. 이 경우 관리규약 제정안을 제안하는 관리인은 위 ⓒ의 방법에 따라 공고·통지해야 한다.

ⓔ **개정안의 공고 및 통지**: 위 ㉠에 따라 관리규약을 개정하려는 경우에는 다음의 사항을 기재한 개정안을 위 ⓒ의 방법에 따른 공고·통지를 거쳐 아래 ⓕ의 방법으로 결정한다.

> ⅰ) 개정 목적
> ⅱ) 종전의 관리규약과 달라진 내용
> ⅲ) 관리규약의 준칙과 달라진 내용

ⓕ **개정방법**: 관리규약의 개정은 다음의 어느 하나에 해당하는 방법으로 한다.

> ⅰ) 입주자대표회의의 의결로 제안하고 전체 입주자등의 과반수가 찬성
> ⅱ) 전체 입주자등의 10분의 1 이상이 서면으로 제안하고 전체 입주자등의 과반수가 찬성

③ **관리규약의 효력**: 관리규약은 입주자등의 지위를 승계한 사람에 대하여도 그 효력이 있다.

④ **관리규약의 보관 및 열람방법**: 공동주택의 관리주체는 관리규약을 보관하여 입주자등이 열람을 청구하거나 자기의 비용으로 복사를 요구하면 응하여야 한다.

(4) 관리규약 등의 신고

① **신고사항 및 신고의무**: 입주자대표회의의 회장(관리규약의 제정의 경우에는 사업주체 또는 의무관리대상 전환 공동주택의 관리인을 말한다)은 다음의 사항을 대통령령(아래 ③으로 정하는 바에 따라 시장·군수·구청장에게 신고하여야 하며, 신고한 사항이 변경되는 경우에도 또한 같다. 다만, 의무관리대상 전환 공동주택의 관리인이 관리규약의 제정 신고를 하지 아니하는 경우에는 입주자등의 10분의 1 이상이 연서하여 신고할 수 있다.

> ㉠ 관리규약의 제정·개정
> ㉡ 입주자대표회의의 구성·변경
> ㉢ 그 밖에 필요한 사항으로서 대통령령으로 정하는 사항

② **통지의무**: 시장·군수·구청장은 위 ①에 따른 신고를 받은 날부터 7일 이내에 신고수리 여부를 신고인에게 통지하여야 한다. 시장·군수·구청장이 7일 이내에 신고수리 여부 또는 민원 처리 관련 법령에 따른 처리기간의 연장을 신고인에게 통지하지 아니하면 그 기간(민원 처리 관련 법령에 따라 처리기간이 연장 또는 재연장된 경우에는 해당 처리기간을 말한다)이 끝난 날의 다음 날에 신고를 수리한 것으로 본다.

③ **관리규약의 제정 및 개정 등 신고**

㉠ **신고기한**: 위 ①에 따른 신고를 하려는 입주자대표회의의 회장(관리규약 제정의 경우에는 사업주체 또는 의무관리대상 전환 공동주택의 관리인을 말한다)은 관리규약이 제정·개정되거나 입주자대표회의가 구성·변경된 날부터 30일 이내에 신고서를 시장·군수·구청장에게 제출해야 한다.

㉡ **신고방법**: 입주자대표회의의 회장(관리규약 제정의 경우에는 사업주체 또는 의무관리대상 전환 공동주택의 관리인을 말한다)은 위 ㉠에 따라 시장·군수·구청장에게 관리규약의 제정 및 개정 등 신고서를 제출할 때에는 다음의 구분에 따른 서류를 첨부해야 한다.

> ⓐ **관리규약의 제정·개정을 신고하는 경우**: 관리규약의 제정·개정 제안서 및 그에 대한 입주자등의 동의서
> ⓑ **입주자대표회의의 구성·변경을 신고하는 경우**: 입주자대표회의의 구성 현황(임원 및 동별 대표자의 성명·주소·생년월일 및 약력과 그 선출에 관한 증명서류를 포함한다)

2. 층간소음의 방지 등

(1) 층간소음의 방지

공동주택의 입주자등(임대주택의 임차인을 포함한다)은 공동주택에서 뛰거나 걷는 동작에서 발생하는 소음이나 음향기기를 사용하는 등의 활동에서 발생하는 소음 등 층간소음[벽간소음 등 인접한 세대 간의 소음(대각선에 위치한 세대 간의 소음을 포함한다)을 포함하며, 이하 '층간소음'이라 한다]으로 인하여 다른 입주자등에게 피해를 주지 아니하도록 노력하여야 한다.

(2) 층간소음 발생의 중단이나 소음차단 조치 권고 및 조사

위 **(1)**에 따른 층간소음으로 피해를 입은 입주자등은 관리주체에게 층간소음 발생사실을 알리고, 관리주체가 층간소음 피해를 끼친 해당 입주자등에게 층간소음 발생을 중단하거나 소음차단 조치를 권고하도록 요청할 수 있다. 이 경우 관리주체는 사실관계 확인을 위하여 세대 내 확인 등 필요한 조사를 할 수 있다.

(3) 협조

층간소음 피해를 끼친 입주자등은 위 **(2)**에 따른 관리주체의 조치 및 권고에 협조하여야 한다.

(4) 조정의 신청

위 **(2)**에 따른 관리주체의 조치에도 불구하고 층간소음 발생이 계속될 경우에는 층간소음 피해를 입은 입주자등은 **(6)**에 따른 공동주택 층간소음관리위원회에 조정을 신청할 수 있다.

(5) 교육

관리주체는 필요한 경우 입주자등을 대상으로 층간소음의 예방, 분쟁의 조정 등을 위한 교육을 실시할 수 있다.

(6) 층간소음관리위원회

① **구성·운영**: 입주자등은 층간소음에 따른 분쟁을 예방하고 조정하기 위하여 관리규약으로 정하는 바에 따라 다음의 업무를 수행하는 공동주택 층간소음관리위원회(이하 '층간소음관리위원회'라 한다)를 구성·운영할 수 있다. 다만, 의무관리대상 공동주택 중 대통령령(아래 ②)으로 정하는 규모 이상인 경우에는 층간소음관리위원회를 구성하여야 한다.

> ⊙ 층간소음 민원의 청취 및 사실관계 확인
> ⓒ 분쟁의 자율적인 중재 및 조정
> ⓒ 층간소음 예방을 위한 홍보 및 교육
> ⓔ 그 밖에 층간소음 분쟁 방지 및 예방을 위하여 관리규약으로 정하는 업무

② **층간소음관리위원회 구성 의무 대상 공동주택**: 위 ①의 단서에서 '대통령령으로 정하는 규모'란 700세대를 말한다.

③ **구성원**: 층간소음관리위원회는 다음의 사람으로 구성한다.

> ㉠ 입주자대표회의 또는 임차인대표회의의 구성원
> ㉡ 선거관리위원회 위원
> ㉢ 공동체 생활의 활성화를 위한 단체에서 추천하는 사람
> ㉣ 관리사무소장
> ㉤ 그 밖에 공동주택관리 분야에 관한 전문지식과 경험을 갖춘 사람으로서 관리규약으로 정하거나 지방자치단체의 장이 추천하는 사람

④ **지원 기관 등의 지정**: 국토교통부장관은 층간소음의 피해 예방 및 분쟁 해결을 지원하기 위하여 다음의 업무를 수행하는 기관 또는 단체를 지정하여 고시할 수 있다.

> ㉠ 층간소음의 측정 지원
> ㉡ 피해사례의 조사·상담
> ㉢ 층간소음관리위원회의 구성원에 대한 층간소음 예방 및 분쟁 조정 교육
> ㉣ 그 밖에 국토교통부장관 또는 지방자치단체의 장이 층간소음과 관련하여 의뢰하거나 위탁하는 업무

⑤ **구성원 교육**: 층간소음관리위원회의 구성원은 위 ④에 따라 고시하는 기관 또는 단체에서 실시하는 교육을 성실히 이수하여야 한다. 이 경우 교육의 시기·방법 및 비용 부담 등에 필요한 사항은 대통령령(아래 ⑥)으로 정한다.

⑥ **층간소음관리위원회 구성원의 교육**

㉠ **공고**: 위 ④에 따라 국토교통부장관이 정하여 고시하는 기관 또는 단체(이하 이 조에서 '층간소음분쟁해결지원기관'이라 한다)는 공동주택 층간소음관리위원회의 구성원에 대해 위 ⑤에 따라 층간소음 예방 및 분쟁 조정 교육(이하 '층간소음예방등교육'이라 한다)을 하려면 다음의 사항을 교육 10일 전까지 공고하거나 교육대상자에게 알려야 한다.

ⓐ 교육일시, 교육기간 및 교육장소
ⓑ 교육내용
ⓒ 교육대상자
ⓓ 그 밖에 교육에 관하여 필요한 사항

㉡ **교육시간**: 층간소음관리위원회의 구성원은 매년 4시간의 층간소음예방등교육을 이수해야 한다.

㉢ **교육방법**: 층간소음예방등교육은 집합교육의 방법으로 한다. 다만, 교육 참여현황의 관리가 가능한 경우에는 그 전부 또는 일부를 온라인교육으로 할 수 있다.

ㄹ) **수료증 발급**: 층간소음분쟁해결지원기관은 층간소음예방등교육을 이수한 사람에게 수료증을 내주어야 한다. 다만, 교육수료사실을 층간소음관리위원회의 구성원이 소속된 층간소음관리위원회에 문서로 통보함으로써 수료증의 수여를 갈음할 수 있다.

ㅁ) **수강비용**: 층간소음관리위원회의 구성원에 대한 층간소음예방등교육의 수강비용은 잡수입에서 부담한다.

ㅂ) **참여현황 관리**: 층간소음분쟁해결지원기관은 층간소음관리위원회 구성원의 층간소음예방등교육 참여현황을 엄격히 관리해야 한다.

⑦ **공동주택관리분쟁조정위원회 등에 조정신청**: 층간소음 피해를 입은 입주자등은 관리주체 또는 층간소음관리위원회의 조치에도 불구하고 층간소음 발생이 계속될 경우 공동주택관리 분쟁조정위원회나「환경분쟁 조정 및 환경피해 구제 등에 관한 법률」에 따른 환경분쟁조정피해구제위원회에 조정을 신청할 수 있다.

(7) 공동주택의 층간소음 상담 등

① **지원**: 지방자치단체의 장은 소규모 공동주택에서 발생하는 층간소음 분쟁의 예방 및 자율적인 조정을 위하여 조례로 정하는 바에 따라 소규모 공동주택 입주자 등을 대상으로 층간소음 상담·진단 및 교육 등의 지원을 할 수 있다.

② **협조요청**: 지방자치단체의 장은 위 ①에 따른 층간소음 상담·진단 및 교육 등의 지원을 위하여 필요한 경우 관계 중앙행정기관의 장 또는 지방자치단체의 장이 인정하는 기관 또는 단체에 협조를 요청할 수 있다.

(8) 층간소음의 실태조사

① **실태조사**: 국토교통부장관 또는 지방자치단체의 장은 공동주택의 층간소음 예방을 위한 정책의 수립과 시행에 필요한 기초자료를 확보하기 위하여 대통령령(아래 ②)으로 정하는 바에 따라 층간소음에 관한 실태조사를 단독 또는 합동으로 실시할 수 있다.

② **조사사항**: 국토교통부장관 또는 지방자치단체의 장은 위 ①에 따라 층간소음에 관한 실태조사를 하는 경우에는 국토교통부장관 또는 지방자치단체의 장이 환경부장관과 협의하여 정하는 방법에 따라 다음의 사항을 조사한다.

> ㉠ 공동주택의 주거환경
> ㉡ 층간소음 피해 및 분쟁조정 현황
> ㉢ 그 밖에 층간소음 예방을 위한 정책의 수립과 시행에 필요한 사항

③ **자료의 제출**: 국토교통부장관 또는 지방자치단체의 장은 위 ①에 따른 실태조사와 관련하여 관계 기관의 장 또는 관련 단체의 장에게 필요한 자료의 제출을 요청할 수 있다. 이 경우 자료제출을 요청받은 자는 정당한 사유가 없으면 이에 따라야 한다.

④ **업무의 위탁**: 국토교통부장관 또는 지방자치단체의 장은 위 ①에 따른 층간소음에 관한 실태조사 업무를 대통령령(아래 ⑤)으로 정하는 기관 또는 단체에 위탁하여 실시할 수 있다.

⑤ **실태조사 기관 등**: 위 ④에서 '대통령령으로 정하는 기관 또는 단체'란 다음의 기관 또는 단체를 말한다.

> ㉠ 「공동주택관리법」 제86조에 따른 공동주택관리 지원기구
> ㉡ 「정부출연연구기관 등의 설립·운영 및 육성에 관한 법률」에 따라 설립된 정부출연연구기관
> ㉢ 「지방자치단체출연 연구원의 설립 및 운영에 관한 법률」에 따라 설립된 지방자치단체출연연구원

⑥ **고시**: 국토교통부장관 또는 지방자치단체의 장은 위 ④에 따라 업무를 위탁하는 경우에는 위탁받는 기관 또는 단체 및 위탁업무의 내용을 관보 또는 공보에 고시해야 한다.

(9) 층간소음의 범위와 기준에 관한 사항의 위임규정

공동주택 층간소음의 범위와 기준은 국토교통부와 환경부의 공동부령[아래 **(10)**]으로 정한다.

(10) 층간소음의 범위와 기준

① **층간소음의 범위**: 공동주택 층간소음의 범위는 입주자 또는 사용자의 활동으로 인하여 발생하는 소음으로서 다른 입주자 또는 사용자에게 피해를 주는 다음의 소음으로 한다. 다만, 욕실, 화장실 및 다용도실 등에서 급수·배수로 인하여 발생하는 소음은 제외한다.

> ㉠ **직접충격 소음**: 뛰거나 걷는 동작 등으로 인하여 발생하는 소음
> ㉡ **공기전달 소음**: 텔레비전, 음향기기 등의 사용으로 인하여 발생하는 소음

② **층간소음의 기준**: 공동주택의 입주자 및 사용자는 공동주택에서 발생하는 층간소음을 다음의 표에 따른 기준 이하가 되도록 노력하여야 한다.

▶ 층간소음의 기준

층간소음의 구분		층간소음의 기준[단위: dB(A)]	
		주간(06:00~22:00)	야간(22:00~06:00)
1. 직접충격 소음	1분간 등가소음도(Leq)	39	34
	최고소음도(Lmax)	57	52
2. 공기전달 소음	5분간 등가소음도(Leq)	45	40

[비고]
1. 직접충격 소음은 1분간 등가소음도(Leq) 및 최고소음도(Lmax)로 평가하고, 공기전달 소음은 5분간 등가소음도(Leq)로 평가한다.
2. 위 표의 기준에도 불구하고 「공동주택관리법」 제2조 제1항 제1호 가목에 따른 공동주택으로서 「건축법」 제11조에 따라 건축허가를 받은 공동주택과 2005년 6월 30일 이전에 「주택법」 제15조에 따라 사업승인을 받은 공동주택의 직접충격 소음 기준에 대해서는 2024년 12월 31일까지는 위 표 제1호에 따른 기준에 5dB(A)을 더한 값을 적용하고, 2025년 1월 1일부터는 2dB(A)을 더한 값을 적용한다.
3. 층간소음의 측정방법은 「환경분야 시험·검사 등에 관한 법률」 제6조 제1항 제2호에 따른 소음·진동 분야의 공정시험기준에 따른다.
4. 1분간 등가소음도(Leq) 및 5분간 등가소음도(Leq)는 [비고] 제3호에 따라 측정한 값 중 가장 높은 값으로 한다.
5. 최고소음도(Lmax)는 1시간에 3회 이상 초과할 경우 그 기준을 초과한 것으로 본다.

3. 간접흡연의 방지 등

(1) 간접흡연의 방지의무

공동주택의 입주자등은 발코니, 화장실 등 세대 내에서의 흡연으로 인하여 다른 입주자등에게 피해를 주지 아니하도록 노력하여야 한다.

(2) 흡연의 중단 조치 등

간접흡연으로 피해를 입은 입주자등은 관리주체에게 간접흡연 발생 사실을 알리고, 관리주체가 간접흡연 피해를 끼친 해당 입주자등에게 일정한 장소에서 흡연을 중단하도록 권고할 것을 요청할 수 있다. 이 경우 관리주체는 사실관계 확인을 위하여 세대 내 확인 등 필요한 조사를 할 수 있다.

(3) 협조

간접흡연 피해를 끼친 입주자등은 위 (2)에 따른 관리주체의 권고에 협조하여야 한다.

(4) 교육

관리주체는 필요한 경우 입주자등을 대상으로 간접흡연의 예방, 분쟁의 조정 등을 위한 교육을 실시할 수 있다.

(5) 자치기구의 조직

입주자등은 필요한 경우 간접흡연에 따른 분쟁의 예방, 조정, 교육 등을 위하여 자치적인 조직을 구성하여 운영할 수 있다.

4. 공동체 생활의 활성화

(1) 조직의 구성

공동주택의 입주자등은 입주자등의 소통 및 화합 증진 등을 위하여 필요한 활동을 자율적으로 실시할 수 있고, 이를 위하여 필요한 조직을 구성하여 운영할 수 있다.

(2) 경비의 지원

① **경비의 지원**: 입주자대표회의 또는 관리주체는 공동체 생활의 활성화에 필요한 경비의 일부를 재활용품의 매각 수입 등 공동주택을 관리하면서 부수적으로 발생하는 수입에서 지원할 수 있다.

② **지원의 결정**: 위 ①에 따른 경비의 지원은 관리규약으로 정하거나 관리규약에 위배되지 아니하는 범위에서 입주자대표회의의 의결로 정한다.

(3) 공동체 생활의 활성화 증진 등

입주자대표회의는 입주자등의 소통 및 화합의 증진을 위하여 그 이사 중 공동체 생활의 활성화에 관한 업무를 담당하는 이사를 선임할 수 있다.

5. 전자적 방법을 통한 의사결정

(1) 의사결정

① **의사결정**: 입주자등은 동별 대표자나 입주자대표회의의 임원을 선출하는 등 공동주택의 관리와 관련하여 의사를 결정하는 경우(서면동의에 의하여 의사를 결정하는 경우를 포함한다) 대통령령[아래 **(2)**]으로 정하는 바에 따라 전자적 방법(전자문서 및 전자거래 기본법 제2조 제2호에 따른 정보처리시스템을 사용하거나 그 밖에 정보통신기술을 이용하는 방법을 말한다)을 통하여 그 의사를 결정할 수 있다.

② **전자적 방법의 우선적 이용**: 의무관리대상 공동주택의 입주자대표회의, 관리주체 및 선거관리위원회는 입주자등의 참여를 확대하기 위하여 위 ①에 따른 공동주택의 관리와 관련한 의사결정에 대하여 전자적 방법을 우선적으로 이용하도록 노력하여야 한다.

(2) 본인확인 방법

입주자등은 위 (1)에 따라 전자적 방법으로 의결권을 행사(이하 '전자투표'라 한다)하는 경우에는 다음의 어느 하나에 해당하는 방법으로 본인확인을 거쳐야 한다.

① 휴대전화를 통한 본인인증 등 「정보통신망 이용촉진 및 정보보호 등에 관한 법률」 제23조의3에 따른 본인확인기관에서 제공하는 본인확인의 방법
② 「전자서명법」 제2조 제2호에 따른 전자서명 또는 같은 법 제2조 제6호에 따른 인증서를 통한 본인확인의 방법
③ 그 밖에 관리규약에서 「전자문서 및 전자거래 기본법」 제2조 제1호에 따른 전자문서를 제출하는 등 본인확인 절차를 정하는 경우에는 그에 따른 본인확인의 방법

(3) 고지사항

관리주체, 입주자대표회의, 의무관리대상 전환 공동주택의 관리인 또는 선거관리위원회는 위 (2)에 따라 전자투표를 실시하려는 경우에는 다음의 사항을 입주자등에게 미리 알려야 한다.

① 전자투표를 하는 방법
② 전자투표 기간
③ 그 밖에 전자투표의 실시에 필요한 기술적인 사항

이렇게 출제!

05 공동주택관리법 제20조 제5항에 따라 정한 공동주택 층간소음의 범위와 기준에 관한 규칙상 층간소음의 범위에 관한 내용이다. ( )에 들어갈 용어를 쓰시오.

제24회

> 공동주택 층간소음의 범위는 입주자 또는 사용자의 활동으로 인하여 발생하는 소음으로서 다른 입주자 또는 사용자에게 피해를 주는 다음의 소음으로 한다. 다만, 욕실, 화장실 및 다용도실 등에서 급수·배수로 인하여 발생하는 소음은 제외한다.
> • (㉠) 소음: 뛰거나 걷는 동작 등으로 인하여 발생하는 소음
> • (㉡) 소음: 텔레비전, 음향기기 등의 사용으로 인하여 발생하는 소음

정답 ㉠ 직접충격 ㉡ 공기전달

4 공동주택 관리기구

1. 입주자대표회의

(1) 정의
'입주자대표회의'란 공동주택의 입주자등을 대표하여 관리에 관한 주요사항을 결정하기 위하여 구성하는 자치 의결기구를 말한다.

(2) 구성 등
① **구성시기**: 입주자등은 사업주체로부터 해당 공동주택을 관리할 것을 요구받은 날부터 3개월 이내에 입주자를 구성원으로 하는 입주자대표회의를 구성하여야 한다.

② **구성**
  ㉠ **입주자대표회의의 구성원**: 입주자대표회의는 4명 이상으로 구성하되, 동별 세대수에 비례하여 관리규약으로 정한 선거구에 따라 선출된 대표자(이하 '동별 대표자'라 한다)로 구성한다. 이 경우 선거구는 2개 동 이상으로 묶거나 통로나 층별로 구획하여 정할 수 있다.
  ㉡ **순차적 구성**: 하나의 공동주택단지를 여러 개의 공구로 구분하여 순차적으로 건설하는 경우(임대주택은 분양전환된 경우를 말한다) 먼저 입주한 공구의 입주자등은 위 ㉠에 따라 입주자대표회의를 구성할 수 있다. 다만, 다음 공구의 입주예정자의 과반수가 입주한 때에는 다시 입주자대표회의를 구성하여야 한다.
  ㉢ **동별 대표자의 피선거권 및 선거권**: 동별 대표자는 동별 대표자 선출공고에서 정한 각종 서류 제출 마감일(이하 '서류 제출 마감일'이라 한다)을 기준으로 다음의 요건을 갖춘 입주자(입주자가 법인인 경우에는 그 대표자를 말한다) 중에서 대통령령(아래 ㉤으로 정하는 바에 따라 선거구 입주자등의 보통·평등·직접·비밀선거를 통하여 선출한다. 다만, 입주자인 동별 대표자 후보자가 없는 선거구에서는 다음 및 대통령령(아래 ㉣)으로 정하는 요건을 갖춘 사용자도 동별 대표자로 선출될 수 있다.

  > ⓐ 해당 공동주택단지 안에서 주민등록을 마친 후 계속하여 3개월 이상 거주하고 있을 것 (최초의 입주자대표회의를 구성하거나 위 ㉡의 단서에 따른 입주자대표회의를 구성하기 위하여 동별 대표자를 선출하는 경우는 제외한다)
  > ⓑ 해당 선거구에 주민등록을 마친 후 거주하고 있을 것

② **사용자의 피선거권**: 사용자는 위 ⓒ에 따라 2회의 선출공고(직전 선출공고 일부터 2개월 이내에 공고하는 경우만 2회로 계산한다)에도 불구하고 입주자(입주자가 법인인 경우에는 그 대표자를 말한다)인 동별 대표자의 후보자가 없는 선거구에서 직전 선출공고일부터 2개월 이내에 선출공고를 하는 경우로서 위 ⓒ의 ⓐ, ⓑ와 다음의 어느 하나에 해당하는 요건을 모두 갖춘 경우에는 동별 대표자가 될 수 있다. 이 경우 입주자인 후보자가 있으면 사용자는 후보자의 자격을 상실한다.

> ⓐ 공동주택을 임차하여 사용하는 사람일 것. 이 경우 법인인 경우에는 그 대표자를 말한다.
> ⓑ 위 ⓐ의 전단에 따른 사람의 배우자 또는 직계존비속일 것. 이 경우 위 ⓐ의 전단에 따른 사람이 서면으로 위임한 대리권이 있는 경우만 해당한다.

⑩ **동별 대표자의 선출**: 위 ⓒ에 따라 동별 대표자는 선거구별로 1명씩 선출하되 그 선출방법은 다음의 구분에 따른다.

> ⓐ **후보자가 2명 이상인 경우**: 해당 선거구 전체 입주자등의 과반수가 투표하고 후보자 중 최다득표자를 선출
> ⓑ **후보자가 1명인 경우**: 해당 선거구 전체 입주자등의 과반수가 투표하고 투표자 과반수의 찬성으로 선출

ⓗ **동별 대표자 자격의 결격사유 및 자격의 상실사유**: 서류 제출 마감일을 기준으로 다음의 어느 하나에 해당하는 사람은 동별 대표자가 될 수 없으며 그 자격을 상실한다.

> ⓐ 미성년자, 피성년후견인 및 피한정후견인
> ⓑ 파산자로서 복권되지 아니한 사람
> ⓒ 「공동주택관리법」 또는 「주택법」, 「민간임대주택에 관한 특별법」, 「공공주택 특별법」, 「건축법」, 「집합건물의 소유 및 관리에 관한 법률」을 위반한 범죄로 금고 이상의 실형 선고를 받고 그 집행이 끝나거나(집행이 끝난 것으로 보는 경우를 포함한다) 집행이 면제된 날부터 2년이 지나지 아니한 사람
> ⓓ 금고 이상의 형의 집행유예선고를 받고 그 유예기간 중에 있는 사람
> ⓔ 「공동주택관리법」 또는 「주택법」, 「민간임대주택에 관한 특별법」, 「공공주택 특별법」, 「건축법」, 「집합건물의 소유 및 관리에 관한 법률」을 위반한 범죄로 벌금형을 선고받은 후 2년이 지나지 않은 사람
> ⓕ 선거관리위원회 위원(사퇴하거나 해임 또는 해촉된 사람으로서 그 남은 임기 중에 있는 사람을 포함한다)
> ⓖ 공동주택의 소유자가 서면으로 위임한 대리권이 없는 소유자의 배우자나 직계존비속
> ⓗ 해당 공동주택 관리주체의 소속 임직원과 해당 공동주택 관리주체에 용역을 공급하거나 사업자로 지정된 자의 소속 임원. 이 경우 관리주체가 주택관리업자인 경우에는 해당 주택관리업자를 기준으로 판단한다.

> ⓘ 해당 공동주택의 동별 대표자를 사퇴한 날부터 1년(해당 동별 대표자에 대한 해임이 요구된 후 사퇴한 경우에는 2년을 말한다)이 지나지 아니하거나 해임된 날부터 2년이 지나지 아니한 사람
> ⓙ 관리비등을 최근 3개월 이상 연속하여 체납한 사람
> ⓚ 동별 대표자로서 임기 중에 위 ⓘ에 해당하여 아래 Ⓐ에 따라 퇴임한 사람으로서 그 남은 임기(남은 임기가 1년을 초과하는 경우에는 1년을 말한다) 중에 있는 사람

Ⓐ **퇴임사유**: 동별 대표자가 임기 중에 위 ㉢에 따른 자격요건을 충족하지 아니하게 된 경우나 위 ㉥에 따른 결격사유에 해당하게 된 경우에는 당연히 퇴임한다.

Ⓞ **대리자 등의 결격사유**: 공동주택 소유자 또는 공동주택을 임차하여 사용하는 사람의 결격사유(위 ㉥에 따른 결격사유를 말한다. 이하 같다)는 그를 대리하는 자에게 미치며, 공유(共有)인 공동주택 소유자의 결격사유를 판단할 때에는 지분의 과반을 소유한 자의 결격사유를 기준으로 한다.

③ **위임규정**
  ㉠ 동별 대표자의 임기나 그 제한에 관한 사항, 동별 대표자 또는 입주자대표회의 임원의 선출이나 해임방법 등 입주자대표회의의 구성 및 운영에 필요한 사항과 입주자대표회의의 의결방법은 대통령령으로 정한다.
  ㉡ 입주자대표회의의 의결사항은 관리규약, 관리비, 시설의 운영에 관한 사항 등으로 하며, 그 구체적인 내용은 대통령령으로 정한다
  ㉢ 위 ㉠ 및 ㉡에도 불구하고 입주자대표회의의 구성원 중 사용자인 동별 대표자가 과반수인 경우에는 대통령령으로 그 의결방법 및 의결사항을 달리 정할 수 있다.

④ **임원의 선출 등**
  ㉠ **위임규정**: 입주자대표회의에는 대통령령(아래 ㉢으로 정하는 바에 따라 회장, 감사 및 이사를 임원으로 둔다.
  ㉡ 위 ㉠에도 불구하고 사용자인 동별 대표자는 회장이 될 수 없다. 다만, 입주자인 동별 대표자 중에서 회장 후보자가 없는 경우로서 선출 전에 전체 입주자 과반수의 서면동의를 얻은 경우에는 그러하지 아니하다.
  ㉢ **임원의 구성**: 위 ㉠에 따라 입주자대표회의에는 다음의 임원을 두어야 한다.

> ⓐ 회장 1명
> ⓑ 감사 2명 이상
> ⓒ 이사 1명 이상

⑤ **임원의 선출방법**: 위 ③의 ㉠에 따라 위 ④의 ㉢의 임원은 동별 대표자 중에서 다음의 구분에 따른 방법으로 선출한다.

> ㉠ 회장 선출방법
> ⓐ 입주자등의 보통·평등·직접·비밀선거를 통하여 선출
> ⓑ **후보자가 2명 이상인 경우**: 전체 입주자등의 10분의 1 이상이 투표하고 후보자 중 최다득표자를 선출
> ⓒ **후보자가 1명인 경우**: 전체 입주자등의 10분의 1 이상이 투표하고 투표자 과반수의 찬성으로 선출
> ⓓ 다음의 경우에는 입주자대표회의 구성원 과반수의 찬성으로 선출하며, 입주자대표회의 구성원 과반수 찬성으로 선출할 수 없는 경우로서 최다득표자가 2인 이상인 경우에는 추첨으로 선출
>   ⅰ) 후보자가 없거나 위 ⓐ부터 ⓒ까지의 규정에 따라 선출된 자가 없는 경우
>   ⅱ) 위 ⓐ부터 ⓒ까지의 규정에도 불구하고 500세대 미만의 공동주택단지에서 관리규약으로 정하는 경우
> ㉡ 감사 선출방법
> ⓐ 입주자등의 보통·평등·직접·비밀선거를 통하여 선출
> ⓑ **후보자가 선출필요인원을 초과하는 경우**: 전체 입주자등의 10분의 1 이상이 투표하고 후보자 중 다득표자 순으로 선출
> ⓒ **후보자가 선출필요인원과 같거나 미달하는 경우**: 후보자별로 전체 입주자등의 10분의 1 이상이 투표하고 투표자 과반수의 찬성으로 선출
> ⓓ 다음의 경우에는 입주자대표회의 구성원 과반수의 찬성으로 선출하며, 입주자대표회의 구성원 과반수 찬성으로 선출할 수 없는 경우로서 최다득표자가 2인 이상인 경우에는 추첨으로 선출
>   ⅰ) 후보자가 없거나 위 ⓐ부터 ⓒ까지의 규정에 따라 선출된 자가 없는 경우(선출된 자가 선출필요인원에 미달하여 추가선출이 필요한 경우를 포함한다)
>   ⅱ) 위 ⓐ부터 ⓒ까지의 규정에도 불구하고 500세대 미만의 공동주택단지에서 관리규약으로 정하는 경우
> ㉢ 이사 선출방법
> ⓐ **후보자가 선출필요인원을 초과하는 경우**: 입주자대표회의 구성원의 과반수가 투표하고 후보자 중 다득표자 순으로 선출하며, 순위 내에 득표수가 같은 후보자가 있는 경우로서 그 득표수가 같은 후보자를 모두 선출하면 선출필요인원을 초과하는 경우에는 그 득표수가 같은 후보자들 간에는 추첨으로 선출
> ⓑ **후보자가 선출필요인원과 같거나 미달하는 경우**: 후보자별로 입주자대표회의 구성원의 과반수가 투표하고 투표자 과반수의 찬성으로 선출
> ⓒ 위 ⓐ 및 ⓑ에도 불구하고 관리규약에서 입주자대표회의의 정원과 임원의 정원을 같은 수로 정한 경우에는 회장과 감사가 모두 선출된 후 남은 동별 대표자를 별도의 투표 또는 동의 절차 없이 이사로 선출

⑥ **공동체 생활의 활성화의 업무담당 이사의 선임**: 입주자대표회의는 입주자등의 소통 및 화합의 증진을 위하여 그 이사 중 공동체 생활의 활성화에 관한 업무를 담당하는 이사를 선임할 수 있다.

⑦ **입주자대표회의 임원의 업무범위 등**
　㉠ 위임규정: 입주자대표회의 임원의 업무범위 등은 국토교통부령(아래 ㉡)으로 정한다.
　㉡ 임원의 업무범위
　　ⓐ 회장의 업무: 입주자대표회의의 회장은 입주자대표회의를 대표하고, 그 회의의 의장이 된다.
　　ⓑ 이사의 업무: 이사는 회장을 보좌하고, 회장이 사퇴 또는 해임으로 궐위된 경우 및 사고나 그 밖에 부득이한 사유로 그 직무를 수행할 수 없을 때에는 관리규약에서 정하는 바에 따라 그 직무를 대행한다.
　　ⓒ 감사의 업무
　　　ⅰ) 관리주체의 업무에 대한 감사: 감사는 관리비·사용료 및 장기수선충당금 등의 부과·징수·지출·보관 등 회계 관계 업무와 관리업무 전반에 대하여 관리주체의 업무를 감사한다.
　　　ⅱ) 감사보고서의 작성과 공개: 감사는 위 ⅰ)에 따른 감사를 한 경우에는 감사보고서를 작성하여 입주자대표회의와 관리주체에게 제출하고 인터넷 홈페이지(인터넷 홈페이지가 없는 경우에는 인터넷 포털을 통해 관리주체가 운영·통제하는 유사한 기능의 웹사이트 또는 관리사무소의 게시판을 말한다) 및 동별 게시판(통로별 게시판이 설치된 경우에는 이를 포함한다)에 공개해야 한다.
　　　ⅲ) 의결안건의 재심의 요청: 감사는 입주자대표회의에서 의결한 안건이 관계 법령 및 관리규약에 위반된다고 판단되는 경우에는 입주자대표회의에 재심의를 요청할 수 있다.
　　　ⅳ) 재심의: 위 ⅲ)에 따라 재심의를 요청받은 입주자대표회의는 지체 없이 해당 안건을 다시 심의하여야 한다.

⑧ **동별 대표자의 임기 등**
　㉠ 동별 대표자의 임기: 동별 대표자의 임기는 2년으로 한다. 다만, 보궐선거 또는 재선거로 선출된 동별 대표자의 임기는 다음의 구분에 따른다.

> ⓐ 모든 동별 대표자의 임기가 동시에 시작하는 경우: 2년
> ⓑ 그 밖의 경우: 전임자 임기(재선거의 경우 재선거 전에 실시한 선거에서 선출된 동별 대표자의 임기를 말한다)의 남은 기간

- ⓒ **중임**: 동별 대표자는 한 번만 중임할 수 있다. 이 경우 보궐선거 또는 재선거로 선출된 동별 대표자의 임기가 6개월 미만인 경우에는 임기의 횟수에 포함하지 않는다.
- ⓒ **중임규정의 예외**: 위 ⓒ에도 불구하고 2회의 선출공고(직전 선출공고일부터 2개월 이내에 공고하는 경우만 2회로 계산한다)에도 불구하고 동별 대표자의 후보자가 없거나 선출된 사람이 없는 선거구에서 직전 선출공고일부터 2개월 이내에 선출공고를 하는 경우에는 동별 대표자를 중임한 사람도 해당 선거구 입주자등의 과반수의 찬성으로 다시 동별 대표자로 선출될 수 있다. 이 경우 후보자 중 동별 대표자를 중임하지 않은 사람이 있으면 동별 대표자를 중임한 사람은 후보자의 자격을 상실한다.

⑨ **해임방법**: 동별 대표자 및 입주자대표회의의 임원은 관리규약으로 정한 사유가 있는 경우에 다음의 구분에 따른 방법으로 해임한다.

> ⓐ **동별 대표자**: 해당 선거구 전체 입주자등의 과반수가 투표하고 투표자 과반수의 찬성으로 해임
> ⓑ **입주자대표회의 임원**: 다음의 구분에 따른 방법으로 해임
>   ⓐ **회장 및 감사**: 전체 입주자등의 10분의 1 이상이 투표하고 투표자 과반수의 찬성으로 해임. 다만, 위 ⑤ⓒⓓ의 ii) 및 ⑤ⓒⓓ의 ii)에 따라 입주자대표회의에서 선출된 회장 및 감사는 관리규약으로 정하는 절차에 따라 해임한다.
>   ⓑ **이사**: 관리규약으로 정하는 절차에 따라 해임

⑩ **동별 대표자 등의 선거관리**
- ⓐ **선거관리위원회의 구성**: 입주자등은 동별 대표자나 입주자대표회의의 임원을 선출하거나 해임하기 위하여 선거관리위원회를 구성한다.
- ⓒ **선거관리위원회 위원의 결격사유 및 자격 상실사유**: 다음의 어느 하나에 해당하는 사람은 선거관리위원회 위원이 될 수 없으며 그 자격을 상실한다.

> ⓐ 동별 대표자 또는 그 후보자
> ⓑ 위 ⓐ에 해당하는 사람의 배우자 또는 직계존비속
> ⓒ 미성년자, 피성년후견인 또는 피한정후견인
> ⓓ 동별 대표자를 사퇴하거나 그 지위에서 해임된 사람 또는 위 ②의 Ⓐ에 따라 퇴임한 사람으로서 그 남은 임기 중에 있는 사람
> ⓔ 선거관리위원회 위원을 사퇴하거나 그 지위에서 해임 또는 해촉된 사람으로서 그 남은 임기 중에 있는 사람

- ⓒ **선거관리위원회의 구성원 수**: 위 ⓐ에 따른 선거관리위원회는 입주자등(서면으로 위임된 대리권이 없는 공동주택 소유자의 배우자 및 직계존비속이 그 소유자를 대리하는 경우를 포함한다) 중에서 위원장을 포함하여 다음의 구분에 따른 위원으로 구성한다.

> ⓐ **500세대 이상인 공동주택**: 5명 이상 9명 이하
> ⓑ **500세대 미만인 공동주택**: 3명 이상 9명 이하

  ② 위원의 위촉: 위 ⓒ에도 불구하고 500세대 이상인 공동주택은 「선거관리위원회법」에 따른 선거관리위원회 소속 직원 1명을 관리규약으로 정하는 바에 따라 위원으로 위촉할 수 있다.

  ⑩ 선거관리위원회의 의사결정: 선거관리위원회는 그 구성원(관리규약으로 정한 정원을 말한다) 과반수의 찬성으로 그 의사를 결정한다. 이 경우 「공동주택관리법 시행령」 및 관리규약으로 정하지 아니한 사항은 선거관리위원회 규정으로 정할 수 있다.

  ⑪ 운영 등의 필요사항: 선거관리위원회의 구성·운영·업무(동별 대표자 결격사유의 확인을 포함한다)·경비, 위원의 선임·해임 및 임기 등에 관한 사항은 관리규약으로 정한다.

  ⊗ 선거지원 요청: 선거관리위원회는 선거관리를 위하여 「선거관리위원회법」에 따라 해당 소재지를 관할하는 구·시·군선거관리위원회에 투표 및 개표관리 등 선거지원을 요청할 수 있다.

⑪ **동별 대표자 후보자에 대한 범죄경력 조회**

  ㉠ 범죄경력의 확인: 선거관리위원회 위원장(선거관리위원회가 구성되지 아니하였거나 위원장이 사퇴, 해임 등으로 궐위된 경우에는 입주자대표회의의 회장을 말하며, 입주자대표회의의 회장도 궐위된 경우에는 관리사무소장을 말한다. 이하 같다)은 동별 대표자 후보자에 대하여 동별 대표자의 자격요건 충족 여부와 결격사유 해당 여부를 확인하여야 하며, 결격사유 해당 여부를 확인하는 경우에는 동별 대표자 후보자의 동의를 받아 범죄경력을 관계 기관의 장에게 확인하여야 한다.

  ㉡ 동별 대표자 범죄경력의 확인: 선거관리위원회 위원장은 동별 대표자에 대하여 자격요건 충족 여부와 같은 결격사유 해당 여부를 확인할 수 있으며, 결격사유 해당 여부를 확인하는 경우에는 동별 대표자의 동의를 받아 범죄경력을 관계 기관의 장에게 확인하여야 한다.

  ㉢ 확인 절차: 선거관리위원회 위원장은 동별 대표자 후보자 또는 동별 대표자에 대한 범죄경력의 확인을 경찰관서의 장에게 요청하여야 한다. 이 경우 동별 대표자 후보자 또는 동별 대표자의 동의서를 첨부하여야 한다.

  ㉣ 범죄경력의 회신: 위 ㉢에 따른 요청을 받은 경찰관서의 장은 동별 대표자 후보자 또는 동별 대표자가 위 ②의 ⓑ의 ⓒ, ⓓ, ⓔ에 따른 범죄의 경력이

있는지 여부를 확인하여 회신해야 한다.

(3) 입주자대표회의의 의결방법 및 의결사항 등

① **의결방법**: 입주자대표회의는 입주자대표회의 구성원 과반수의 찬성으로 의결한다.

② **위임규정**: 입주자대표회의의 의결사항은 관리규약, 관리비, 시설의 운영에 관한 사항 등으로 하며, 그 구체적인 내용은 대통령령(아래 ③)으로 정한다.

③ **의결사항**: 입주자대표회의의 의결사항은 다음과 같다.

> ㉠ 관리규약 개정안의 제안(제안서에는 개정안의 취지, 내용, 제안유효기간 및 제안자 등을 포함한다. 이하 같다)
> ㉡ 관리규약에서 위임한 사항과 그 시행에 필요한 규정의 제정·개정 및 폐지
> ㉢ 공동주택 관리방법의 제안
> ㉣ 관리비등의 집행을 위한 사업계획 및 예산의 승인(변경승인을 포함한다)
> ㉤ 공용시설물의 이용료 부과기준의 결정
> ㉥ 관리비등의 회계감사의 요구 및 회계감사보고서의 승인
> ㉦ 관리비등의 결산의 승인
> ㉧ 단지 안의 전기·도로·상하수도·주차장·가스설비·냉난방설비 및 승강기 등의 유지·운영 기준
> ㉨ 자치관리를 하는 경우 자치관리기구 직원의 임면에 관한 사항
> ㉩ 장기수선계획에 따른 공동주택 공용부분의 보수·교체 및 개량
> ㉪ 공동주택 공용부분의 행위허가 또는 신고 행위의 제안
> ㉫ 공동주택 공용부분의 담보책임의 종료 확인
> ㉬ 「주택건설기준 등에 관한 규정」 제2조 제3호에 따른 주민공동시설(어린이집·다함께돌봄센터·공동육아나눔터는 제외한다) 위탁 운영의 제안
> ㉭ 인근 공동주택단지 입주자등의 주민공동시설 이용에 대한 허용 제안
> ㉮ 장기수선계획 및 안전관리계획의 수립 또는 조정(비용지출을 수반하는 경우로 한정한다)
> ㉯ 입주자등 상호간에 이해가 상반되는 사항의 조정
> ㉰ 공동체 생활의 활성화 및 질서유지에 관한 사항
> ㉱ 그 밖에 공동주택의 관리와 관련하여 관리규약으로 정하는 사항

④ **사용자인 동별 대표자의 의결제한**

㉠ **위임규정**: 위 ②에도 불구하고 입주자대표회의의 구성원 중 사용자인 동별 대표자가 과반수인 경우에는 대통령령(아래 ㉡)으로 그 의결방법 및 의결사항을 달리 정할 수 있다.

㉡ **제한사항**: 위 ① 및 ③에도 불구하고 입주자대표회의 구성원 중 사용자인 동별 대표자가 과반수인 경우에는 위 ㉠에 따라 위 ③의 ㉫(공동주택 공용부분의 담보책임의 종료 확인)에 관한 사항은 의결사항에서 제외하고, 위 ③의 ㉮ 중 장기수선계획의 수립 또는 조정에 관한 사항은 전체 입주자 과반수의 서면동의를 받아 그 동의 내용대로 의결한다.

⑤ **의결의 제한**: 입주자대표회의는 위 ③의 사항을 의결할 때에는 입주자등이 아닌 자로서 해당 공동주택의 관리에 이해관계를 가진 자의 권리를 침해해서는 안 된다.

⑥ **주택관리업자에 대한 부당간섭 금지**: 입주자대표회의는 주택관리업자가 공동주택을 관리하는 경우에는 주택관리업자의 직원인사·노무관리 등의 업무수행에 부당하게 간섭해서는 아니 된다.

⑦ **회의소집**: 입주자대표회의는 관리규약으로 정하는 바에 따라 회장이 그 명의로 소집한다. 다만, 다음의 어느 하나에 해당하는 때에는 회장은 해당일부터 14일 이내에 입주자대표회의를 소집해야 하며, 회장이 회의를 소집하지 않는 경우에는 관리규약으로 정하는 이사가 그 회의를 소집하고 회장의 직무를 대행한다.

> ㉠ 입주자대표회의 구성원 3분의 1 이상이 청구하는 때
> ㉡ 입주자등의 10분의 1 이상이 요청하는 때
> ㉢ 전체 입주자의 10분의 1 이상이 요청하는 때(위 ③의 ㉮ 중 장기수선계획의 수립 또는 조정에 관한 사항만 해당한다)

⑧ **회의록의 작성 및 보관 등**

㉠ **작성 및 보관**: 입주자대표회의는 그 회의를 개최한 때에는 회의록을 작성하여 관리주체에게 보관하게 하여야 한다. 이 경우 입주자대표회의는 관리규약으로 정하는 바에 따라 입주자등에게 회의를 실시간 또는 녹화·녹음 등의 방식으로 중계하거나 방청하게 할 수 있다.

㉡ **공개**: 300세대 이상인 공동주택의 관리주체는 관리규약으로 정하는 범위·방법 및 절차 등에 따라 회의록을 입주자등에게 공개하여야 하며, 300세대 미만인 공동주택의 관리주체는 관리규약으로 정하는 바에 따라 회의록을 공개할 수 있다. 이 경우 관리주체는 입주자등이 회의록의 열람을 청구하거나 자기의 비용으로 복사를 요구하는 때에는 관리규약으로 정하는 바에 따라 이에 응하여야 한다.

2. 관리주체

(1) 정의

'관리주체'란 공동주택을 관리하는 다음의 자를 말한다.

① 자치관리기구의 대표자인 공동주택의 관리사무소장
② 관리업무를 인계하기 전의 사업주체
③ 주택관리업자

④ 임대사업자
⑤ 「민간임대주택에 관한 특별법」 제2조 제11호에 따른 주택임대관리업자(시설물 유지·보수·개량 및 그 밖의 주택관리 업무를 수행하는 경우에 한정한다)

(2) 업무 등

① **관리주체의 의무**: 관리주체는 공동주택을 효율적이고 안전하게 관리하여야 한다.

② **관리주체의 수행 업무**: 관리주체는 다음의 업무를 수행한다. 이 경우 관리주체는 필요한 범위에서 공동주택의 공용부분을 사용할 수 있다.

> ㉠ 공동주택의 공용부분의 유지·보수 및 안전관리
> ㉡ 공동주택단지 안의 경비·청소·소독 및 쓰레기 수거
> ㉢ 관리비 및 사용료의 징수와 공과금 등의 납부대행
> ㉣ 장기수선충당금의 징수·적립 및 관리
> ㉤ 관리규약으로 정한 사항의 집행
> ㉥ 입주자대표회의에서 의결한 사항의 집행
> ㉦ 공동주택관리업무의 공개·홍보 및 공동시설물의 사용방법에 관한 지도·계몽
> ㉧ 입주자등의 공동사용에 제공되고 있는 공동주택단지 안의 토지, 부대시설 및 복리시설에 대한 무단 점유행위의 방지 및 위반행위 시의 조치
> ㉨ 공동주택단지 안에서 발생한 안전사고 및 도난사고 등에 대한 대응조치
> ㉩ 하자보수청구 등의 대행

③ **법령준수의무**: 관리주체는 공동주택을 「공동주택관리법」 또는 「공동주택관리법」에 따른 명령에 따라 관리하여야 한다.

④ **문서관리업무**

㉠ 입주자대표회의록의 보관 등

ⓐ **작성 및 보관**: 입주자대표회의는 그 회의를 개최한 때에는 회의록을 작성하여 관리주체에게 보관하게 하여야 한다. 이 경우 입주자대표회의는 관리규약으로 정하는 바에 따라 입주자등에게 회의를 실시간 또는 녹화·녹음 등의 방식으로 중계하거나 방청하게 할 수 있다.

ⓑ **공개**: 300세대 이상인 공동주택의 관리주체는 관리규약으로 정하는 범위·방법 및 절차 등에 따라 회의록을 입주자등에게 공개하여야 하며, 300세대 미만인 공동주택의 관리주체는 관리규약으로 정하는 바에 따라 회의록을 공개할 수 있다. 이 경우 관리주체는 입주자등이 회의록의 열람을 청구하거나 자기의 비용으로 복사를 요구하는 때에는 관리규약으로 정하는 바에 따라 이에 응하여야 한다.

ⓒ 회계서류의 작성·보관 및 공개 등
　ⓐ **회계서류 등의 작성 및 보관**: 의무관리대상 공동주택의 관리주체는 다음의 구분에 따른 기간 동안 해당 장부 및 증빙서류를 보관하여야 한다. 이 경우 관리주체는 「전자문서 및 전자거래 기본법」에 따른 정보처리시스템을 통하여 장부 및 증빙서류를 작성하거나 보관할 수 있다.

> ⅰ) 관리비등의 징수·보관·예치·집행 등 모든 거래 행위에 관하여 월별로 작성한 장부 및 그 증빙서류: 해당 회계연도 종료일부터 5년간
> ⅱ) 주택관리업자 및 사업자 선정 관련 증빙서류: 해당 계약 체결일부터 5년간

　ⓑ 국토교통부장관은 위 ⓐ의 ⅰ)에 따른 회계서류에 필요한 사항을 정하여 고시할 수 있다.
　ⓒ **열람대상 정보의 범위**: 위 ⓐ에 따른 관리주체는 입주자등이 위 ⓐ에 따른 장부나 증빙서류, 관리비등의 사업계획, 예산안, 사업실적서 및 결산서의 열람을 요구하거나 자기의 비용으로 복사를 요구하는 때에는 관리규약으로 정하는 바에 따라 이에 응하여야 한다. 다만, 다음의 정보는 제외하고 요구에 응하여야 한다.

> ⅰ) 「개인정보 보호법」 제24조에 따른 고유식별정보 등 개인의 사생활의 비밀 또는 자유를 침해할 우려가 있는 정보
> ⅱ) 의사결정과정 또는 내부검토과정에 있는 사항 등으로서 공개될 경우 업무의 공정한 수행에 현저한 지장을 초래할 우려가 있는 정보

ⓒ **관리규약의 보관 및 열람방법**: 공동주택의 관리주체는 관리규약을 보관하여 입주자등이 열람을 청구하거나 자기의 비용으로 복사를 요구하면 이에 응하여야 한다.
ⓔ 설계도서의 보관 등
　ⓐ **설계도서 등의 보관**: 의무관리대상 공동주택의 관리주체는 공동주택의 체계적인 유지관리를 위하여 대통령령(아래 ⓑ)으로 정하는 바에 따라 공동주택의 설계도서 등을 보관하고, 공동주택 시설의 교체·보수 등의 내용을 기록·보관·유지하여야 한다.
　ⓑ **서류의 기록·보관·유지**: 위 ⓐ에 따라 의무관리대상 공동주택의 관리주체는 국토교통부령(아래 ⓒ)으로 정하는 서류를 기록·보관·유지하여야 한다.
　ⓒ **보관서류**: 위 ⓑ에서 '국토교통부령으로 정하는 서류'란 다음의 서류를 말한다.

> ⅰ) 사업주체로부터 인계받은 설계도서 및 장비의 명세
> ⅱ) 안전점검 결과보고서
> ⅲ) 「주택법」에 따른 감리보고서
> ⅳ) 공용부분 시설물의 교체, 유지보수 및 하자보수 등의 이력관리 관련 서류·도면 및 사진

ⓓ **이력관리 및 등록**: 위 ⓐ에 따라 의무관리대상 공동주택의 관리주체는 공용부분에 관한 시설의 교체, 유지보수 및 하자보수 등을 한 경우에는 그 실적을 시설별로 이력관리하여야 하며, 공동주택관리정보시스템에도 등록하여야 한다.

ⓔ **등록대상 서류**: 의무관리대상 공동주택의 관리주체는 위 ⓓ에 따라 공용부분 시설물의 교체, 유지보수 및 하자보수 등을 한 경우에는 다음의 서류를 공동주택관리정보시스템에 등록하여야 한다.

> ⅰ) 이력 명세
> ⅱ) 공사 전·후의 평면도 및 단면도 등 주요 도면
> ⅲ) 주요 공사 사진

㉤ **하자보수청구 서류 등의 보관 등**

ⓐ **보관**: 하자보수청구 등에 관하여 입주자 또는 입주자대표회의를 대행하는 관리주체는 하자보수 이력, 담보책임기간 준수 여부 등의 확인에 필요한 것으로서 하자보수청구 서류 등 대통령령(아래 ⓑ)으로 정하는 서류를 대통령령(아래 ⓒ)으로 정하는 바에 따라 보관하여야 한다.

ⓑ **보관서류**: 위 ⓐ에서 '하자보수청구 서류 등 대통령령으로 정하는 서류' 란 다음의 서류를 말한다.

> ⅰ) 하자보수청구 내용이 적힌 서류
> ⅱ) 사업주체의 하자보수 내용이 적힌 서류
> ⅲ) 하자보수보증금 청구 및 사용 내용이 적힌 서류
> ⅳ) 하자분쟁조정위원회에 제출하거나 하자분쟁조정위원회로부터 받은 서류
> ⅴ) 그 밖에 입주자 또는 입주자대표회의의 하자보수청구 대행을 위하여 관리주체가 입주자 또는 입주자대표회의로부터 제출받은 서류

ⓒ 입주자 또는 입주자대표회의를 대행하는 관리주체(자치관리기구의 대표자인 공동주택의 관리사무소장, 관리업무를 인계하기 전의 사업주체, 주택관리업자인 관리주체를 말한다)는 위 ⓐ에 따라 위 ⓑ의 서류를 문서 또는 전자문서의 형태로 보관해야 하며, 그 내용을 하자관리정보시스템에 등록해야 한다.

ⓓ 위 ⓒ에 따른 문서 또는 전자문서와 하자관리정보시스템에 등록한 내용은 관리주체가 사업주체에게 하자보수를 청구한 날부터 10년간 보관해야 한다.

ⓔ **서류 등의 제공**

ⅰ) 위 ⓐ에 따라 하자보수청구 서류 등을 보관하는 관리주체는 입주자 또는 입주자대표회의가 해당 하자보수청구 서류 등의 제공을 요구하는 경우 대통령령[아래 ⅱ)]으로 정하는 바에 따라 이를 제공하여야 한다.

ⅱ) 입주자 또는 입주자대표회의를 대행하는 관리주체는 위 ⅰ)에 따라 위 ⓑ의 서류의 제공을 요구받은 경우 지체 없이 이를 열람하게 하거나 그 사본·복제물을 내주어야 한다.

ⅲ) 관리주체는 위 ⅱ)에 따라 서류를 제공하는 경우 그 서류제공을 요구한 자가 입주자나 입주자대표회의의 구성원인지를 확인해야 한다.

ⅳ) 관리주체는 서류의 제공을 요구한 자에게 서류의 제공에 드는 비용을 부담하게 할 수 있다.

ⓕ 공동주택의 관리주체가 변경되는 경우 기존 관리주체는 새로운 관리주체에게 해당 공동주택의 하자보수청구 서류 등을 인계하여야 한다.

⑤ **관리비등의 사업계획 및 예산안 수립 등**

㉠ **관리비등의 사업계획 및 예산안**

ⓐ 의무관리대상 공동주택의 관리주체는 다음 회계연도에 관한 관리비 등의 사업계획 및 예산안을 매 회계연도 개시 1개월 전까지 입주자대표회의에 제출하여 승인을 받아야 하며, 승인사항에 변경이 있는 때에는 변경승인을 받아야 한다.

ⓑ 사업주체 또는 의무관리대상 전환 공동주택의 관리인으로부터 공동주택의 관리업무를 인계받은 관리주체는 지체 없이 다음 회계연도가 시작되기 전까지의 기간에 대한 사업계획 및 예산안을 수립하여 입주자대표회의의 승인을 받아야 한다. 다만, 다음 회계연도가 시작되기 전까지의 기간이 3개월 미만인 경우로서 입주자대표회의 의결이 있는 경우에는 생략할 수 있다.

㉡ **관리비등의 사업실적서 및 결산서**: 의무관리대상 공동주택의 관리주체는 회계연도마다 사업실적서 및 결산서를 작성하여 회계연도 종료 후 2개월 이내에 입주자대표회의에 제출하여야 한다.

⑥ **관리비등의 집행을 위한 사업자 선정**
　㉠ **사업자 선정 기준**: 의무관리대상 공동주택의 관리주체 또는 입주자대표회의가 관리비, 사용료 등, 장기수선충당금과 그 적립금액에 해당하는 금전 또는 하자보수보증금과 그 밖에 해당 공동주택단지에서 발생하는 모든 수입에 따른 금전(이하 '관리비등'이라 한다)을 집행하기 위하여 사업자를 선정하려는 경우 다음의 기준을 따라야 한다.

> ⓐ 전자입찰방식으로 사업자를 선정할 것. 다만, 선정방법 등이 전자입찰방식을 적용하기 곤란한 경우로서 국토교통부장관이 정하여 고시하는 경우에는 전자입찰방식으로 선정하지 아니할 수 있다.
> ⓑ 그 밖에 입찰의 방법 등 대통령령(아래 ㉣)으로 정하는 방식을 따를 것

　㉡ **사업자 선정방법**: 위 ㉠에 따라 관리주체 또는 입주자대표회의는 다음의 구분에 따라 사업자를 선정(계약의 체결을 포함한다. 이하 같다)하고 집행해야 한다.

> ⓐ 관리주체가 사업자를 선정하고 집행하는 다음의 사항
> 　ⅰ) 청소, 경비, 소독, 승강기유지, 지능형 홈네트워크, 수선·유지(냉방·난방시설의 청소를 포함한다)를 위한 용역 및 공사
> 　ⅱ) 주민공동시설의 위탁, 물품의 구입과 매각, 잡수입의 취득(어린이집, 다함께돌봄센터, 공동육아나눔터의 임대에 따른 잡수입의 취득은 제외한다), 보험계약 등 국토교통부장관이 정하여 고시하는 사항
> ⓑ 입주자대표회의가 사업자를 선정하고 집행하는 다음의 사항
> 　ⅰ) 하자보수보증금을 사용하여 보수하는 공사
> 　ⅱ) 사업주체로부터 지급받은 공동주택 공용부분의 하자보수비용을 사용하여 보수하는 공사
> ⓒ 입주자대표회의가 사업자를 선정하고 관리주체가 집행하는 다음의 사항
> 　ⅰ) 장기수선충당금을 사용하는 공사
> 　ⅱ) 전기안전관리(전기안전관리법에 따라 전기설비의 안전관리에 관한 업무를 위탁 또는 대행하게 하는 경우를 말한다)를 위한 용역

　㉢ **위임규정**: 위 ㉠의 ⓐ에 따른 전자입찰방식의 세부기준, 절차 및 방법 등은 국토교통부장관이 정하여 고시한다.
　㉣ **입찰의 방법**: 위 ㉠의 ⓑ에서 '입찰의 방법 등 대통령령으로 정하는 방식'이란 다음에 따른 방식을 말한다.

ⓐ **경쟁입찰**: 국토교통부장관이 정하여 고시하는 경우 외에는 경쟁입찰로 할 것. 이 경우 다음의 사항은 국토교통부장관이 정하여 고시한다.
　ⅰ) 입찰의 절차
　ⅱ) 입찰 참가자격
　ⅲ) 입찰의 효력
　ⅳ) 그 밖에 사업자의 적정한 선정을 위하여 필요한 사항
ⓑ **참관**: 입주자대표회의 감사가 입찰과정 참관을 원하는 경우에는 참관할 수 있도록 할 것

ⓜ **입찰참가 제한**: 입주자등은 기존 사업자(용역 사업자만 해당한다)의 서비스가 만족스럽지 못한 경우에는 전체 입주자등의 과반수의 서면동의로 새로운 사업자의 선정을 위한 입찰에서 기존 사업자의 참가를 제한하도록 관리주체 또는 입주자대표회의에 요구할 수 있다. 이 경우 관리주체 또는 입주자대표회의는 그 요구에 따라야 한다

⑦ **계약서의 공개**: 의무관리대상 공동주택의 관리주체 또는 입주자대표회의는 선정한 주택관리업자 또는 공사, 용역 등을 수행하는 사업자와 계약을 체결하는 경우 계약 체결일부터 1개월 이내에 그 계약서를 해당 공동주택단지의 인터넷 홈페이지 및 동별 게시판에 공개하여야 한다. 이 경우 「개인정보 보호법」 제24조에 따른 고유식별정보 등 개인의 사생활의 비밀 또는 자유를 침해할 우려가 있는 정보는 제외하고 공개하여야 한다.

⑧ **관리비등 내역의 공개업무**
㉠ **공개내역**: 관리주체는 다음의 내역(항목별 산출내역을 말하며, 세대별 부과내역은 제외한다)을 대통령령(아래 ㉢)으로 정하는 바에 따라 해당 공동주택단지의 인터넷 홈페이지(인터넷 홈페이지가 없는 경우에는 인터넷 포털을 통하여 관리주체가 운영·통제하는 유사한 기능의 웹사이트 또는 관리사무소의 게시판을 말한다. 이하 같다) 및 동별 게시판(통로별 게시판이 설치된 경우에는 이를 포함한다. 이하 같다)과 국토교통부장관이 구축·운영하는 공동주택관리정보시스템(이하 '공동주택관리정보시스템'이라 한다)에 공개하여야 한다. 다만, 공동주택관리정보시스템에 공개하기 곤란한 경우로서 대통령령으로 정하는 경우에는 해당 공동주택단지의 인터넷 홈페이지 및 동별 게시판에만 공개할 수 있다.

ⓐ 관리비
ⓑ 사용료 등
ⓒ 장기수선충당금과 그 적립금액
ⓓ 그 밖에 대통령령으로 정하는 사항

ⓒ 의무관리대상이 아닌 공동주택의 공개
　　ⓐ 의무관리대상이 아닌 공동주택으로서 대통령령(아래 ⓑ)으로 정하는 세대수 이상인 공동주택의 관리인은 관리비등의 내역을 위 ⓒ의 공개방법에 따라 공개하여야 한다. 이 경우 대통령령(아래 ⓒ)으로 정하는 세대수 미만의 공동주택의 관리인은 공동주택관리정보시스템 공개는 생략할 수 있으며, 구체적인 공개내역·기한 등은 대통령령으로 정한다.
　　ⓑ 위 ⓐ의 전단에서 '대통령령으로 정하는 세대수'란 50세대(주택 외의 시설과 주택을 동일 건축물로 건축한 건축물의 경우 주택을 기준으로 한다)를 말한다.
　　ⓒ 위 ⓐ의 전단에 따른 공동주택의 관리인은 다음의 관리비 등을 아래 ⓒ의 방법에 따라 다음 달 말일까지 공개해야 한다. 다만, 100세대(주택 외의 시설과 주택을 동일 건축물로 건축한 건축물의 경우 주택을 기준으로 한다) 미만인 공동주택의 관리인은 위 ⓐ의 후단에 따라 공동주택관리정보시스템 공개를 생략할 수 있다.

> ⅰ) 관리비의 비목별 월별 합계액
> ⅱ) 장기수선충당금
> ⅲ) 사용료 등(세대수가 50세대 이상 100세대 미만인 공동주택의 경우에는 각각의 사용료의 합계액을 말한다)
> ⅳ) 잡수입

ⓒ 공개방법: 관리비등을 입주자등에게 부과한 관리주체는 위 ⓒ에 따라 그 명세[난방비·급탕비·전기료(공동으로 사용하는 시설의 전기료를 포함한다)·수도료(공동으로 사용하는 수도료를 포함한다)·가스사용료·지역난방방식인 공동주택의 난방비와 급탕비는 사용량을, 장기수선충당금은 그 적립요율 및 사용한 금액을 각각 포함한다]를 다음 달 말일까지 해당 공동주택단지의 인터넷 홈페이지 및 동별 게시판(통로별 게시판이 설치된 경우에는 이를 포함한다)과 공동주택관리정보시스템에 공개해야 한다. 잡수입(재활용품의 매각 수입, 복리시설의 이용료 등 공동주택을 관리하면서 부수적으로 발생하는 수입을 말한다. 이하 같다)의 경우에도 동일한 방법으로 공개해야 한다.

ⓔ 지방자치단체의 장의 적정성 확인 등
　　ⓐ 적정성 확인: 지방자치단체의 장은 위 ⓒ에 따라 공동주택관리정보시스템에 공개된 관리비 등의 적정성을 확인하기 위하여 필요한 경우 관리비 등의 내역에 대한 점검을 대통령령(아래 ⓑ)으로 정하는 기관 또는 법인으로 하여금 수행하게 할 수 있다.

ⓑ **점검기관 등**: 위 ⓐ항에서 '대통령령으로 정하는 기관 또는 법인'이란 다음의 어느 하나에 해당하는 기관 또는 법인을 말한다.

> ⅰ) 공동주택관리 지원기구
> ⅱ) 지역공동주택관리지원센터
> ⅲ) 공동주택관리정보시스템의 구축·운영 업무를 위탁받은 「한국부동산원법」에 따른 한국부동산원
> ⅳ) 그 밖에 관리비 등 내역의 점검을 수행하는 데 필요한 전문인력과 전담조직을 갖추었다고 지방자치단체의 장이 인정하는 기관 또는 법인

ⓒ **개선 권고**: 지방자치단체의 장은 위 ⓐ에 따른 점검 결과에 따라 관리비 등의 내역이 부적정하다고 판단되는 경우 공동주택의 입주자대표회의 및 관리주체에게 개선을 권고할 수 있다.

ⓓ **위임규정**: 위 ⓐ에 따른 점검의 내용·방법·절차 및 위 ⓒ에 따른 개선 권고 등에 필요한 사항은 국토교통부령(아래 ⓔ)으로 정한다.

ⓔ **관리비 점검의 내용**: 지방자치단체의 장은 위 ⓐ에 따라 관리비 등의 내역을 점검할 때 다음의 사항을 점검해야 한다.

> ⅰ) 관리비의 공개 및 관리비 변동률에 관한 사항
> ⅱ) 장기수선충당금의 적립·사용에 관한 사항
> ⅲ) 관리비 등의 집행을 위한 사업자 선정에 관한 사항
> ⅳ) 회계감사에 관한 사항
> ⅴ) 그 밖에 지방자치단체의 장이 점검이 필요하다고 인정하는 사항

ⓕ **정보활용**: 지방자치단체의 장은 위 ⓐ에 따라 관리비 등의 내역을 점검하기 위해 필요한 경우에는 공동주택관리정보시스템의 정보를 활용할 수 있다.

ⓖ **서면명시**: 지방자치단체의 장은 위 ⓒ에 따라 개선을 권고하는 경우에는 권고사항 및 개선기한 등을 명시한 서면으로 해야 한다.

ⓗ **고시**: 위 ⓔ부터 ⓖ까지에서 규정한 사항 외에 위 ⓐ에 따른 관리비 등의 내역에 대한 점검 및 위 ⓒ에 따른 개선 권고에 필요한 사항은 국토교통부장관이 정하여 고시한다.

⑨ **관리주체에 대한 회계감사 등**

㉠ **회계감사**: 의무관리대상 공동주택의 관리주체는 대통령령으로 정하는 바에 따라 「주식회사 등의 외부감사에 관한 법률」 제2조 제7호에 따른 감사인(이하 '감사인'이라 한다)의 회계감사를 매년 1회 이상 받아야 한다. 다만, 다음의 구분에 따른 연도에는 그러하지 아니하다.

ⓐ 300세대 이상인 공동주택: 해당 연도에 회계감사를 받지 아니하기로 입주자등의 3분의 2 이상의 서면동의를 받은 경우 그 연도
　　　ⓑ 300세대 미만인 공동주택: 해당 연도에 회계감사를 받지 아니하기로 입주자등의 과반수의 서면동의를 받은 경우 그 연도
　ⓒ 동의서
　　　ⓐ 관리주체는 위 ㉠의 단서에 따라 서면동의를 받으려는 경우에는 회계감사를 받지 아니할 사유를 입주자등이 명확히 알 수 있도록 동의서에 기재하여야 한다.
　　　ⓑ 관리주체는 위 ⓐ에 따른 동의서를 관리규약으로 정하는 바에 따라 보관하여야 한다.
　ⓒ 회계감사의 기한 및 재무제표의 범위: 위 ㉠ 본문에 따라 회계감사를 받아야 하는 공동주택의 관리주체는 매 회계연도 종료 후 9개월 이내에 다음의 재무제표에 대하여 회계감사를 받아야 한다.

> ⓐ 재무상태표
> ⓑ 운영성과표
> ⓒ 이익잉여금처분계산서(또는 결손금처리계산서)
> ⓓ 주석(註釋)

　㉹ 회계처리기준
　　　ⓐ 회계처리기준: 위 ㉢의 재무제표를 작성하는 회계처리기준은 국토교통부장관이 정하여 고시한다.
　　　ⓑ 업무의 위탁: 국토교통부장관은 위 ⓐ에 따른 회계처리기준의 제정 또는 개정의 업무를 외부 전문 기관에 위탁할 수 있다.
　㉺ 회계감사기준
　　　ⓐ 회계감사기준: 위 ㉢에 따른 회계감사는 공동주택 회계의 특수성을 고려하여 제정된 회계감사기준에 따라 실시되어야 한다.
　　　ⓑ 회계감사기준의 승인: 위 ⓐ에 따른 회계감사기준은 「공인회계사법」에 따른 한국공인회계사회가 정하되, 국토교통부장관의 승인을 받아야 한다.
　㉻ 감사보고서의 제출: 위 ㉠ 본문에 따른 감사인은 위 ㉢에 따라 관리주체가 회계감사를 받은 날부터 1개월 이내에 관리주체에게 감사보고서를 제출해야 한다.
　㊀ 설명요청: 입주자대표회의는 감사인에게 감사보고서에 대한 설명을 하여 줄 것을 요청할 수 있다.

- ⊙ **위임규정**: 공동주택 회계감사의 원활한 운영 등을 위하여 필요한 사항은 국토교통부령으로 정한다.
- ⊗ **회계감사 결과의 보고 및 공개**: 관리주체는 위 ㉠에 따라 회계감사를 받은 경우에는 감사보고서 등 회계감사의 결과를 제출받은 날부터 1개월 이내에 입주자대표회의에 보고하고 해당 공동주택단지의 인터넷 홈페이지 및 동별 게시판에 공개하여야 한다.
- ⊛ **감사인의 선정**: 위 ㉠에 따른 회계감사의 감사인은 입주자대표회의가 선정한다. 이 경우 입주자대표회의는 시장·군수·구청장 또는 「공인회계사법」에 따른 한국공인회계사회에 감사인의 추천을 의뢰할 수 있으며, 입주자 등의 10분의 1 이상이 연서하여 감사인의 추천을 요구하는 경우 입주자대표회의는 감사인의 추천을 의뢰한 후 추천을 받은 자 중에서 감사인을 선정하여야 한다.
- ㉠ **관리주체의 금지행위**: 위 ㉠에 따라 회계감사를 받는 관리주체는 다음의 어느 하나에 해당하는 행위를 하여서는 아니 된다.

  > ⓐ 정당한 사유 없이 감사인의 자료열람·등사·제출 요구 또는 조사를 거부·방해·기피하는 행위
  > ⓑ 감사인에게 거짓 자료를 제출하는 등 부정한 방법으로 회계감사를 방해하는 행위

- ㉡ **회계감사 결과의 제출**: 위 ㉠에 따른 회계감사의 감사인은 회계감사 완료일부터 1개월 이내에 회계감사 결과를 해당 공동주택을 관할하는 시장·군수·구청장에게 제출하고 공동주택관리정보시스템에 공개하여야 한다.
- ⑩ **관리현황의 공개**: 관리주체는 다음의 사항(입주자등의 세대별 사용명세 및 연체자의 동·호수 등 기본권 침해의 우려가 있는 것은 제외한다)을 그 공동주택단지의 인터넷 홈페이지 및 동별 게시판에 각각 공개하거나 입주자등에게 개별 통지해야 한다. 이 경우 동별 게시판에는 정보의 주요내용을 요약하여 공개할 수 있다.

  > ㉠ 입주자대표회의의 소집 및 그 회의에서 의결한 사항
  > ㉡ 관리비등의 부과명세(관리비, 사용료 및 이용료 등에 대한 항목별 산출내역을 말한다) 및 연체 내용
  > ㉢ 관리규약 및 장기수선계획·안전관리계획의 현황
  > ㉣ 입주자등의 건의사항에 대한 조치결과 등 주요업무의 추진상황
  > ㉤ 동별 대표자의 선출 및 입주자대표회의의 구성원에 관한 사항
  > ㉥ 관리주체 및 공동주택관리기구의 조직에 관한 사항

⑪ **주민공동시설의 위탁 운영**
　㉠ **위탁 운영**: 관리주체는 입주자등의 이용을 방해하지 아니하는 한도에서 주민공동시설을 관리주체가 아닌 자에게 위탁하여 운영할 수 있다.
　㉡ **위탁의 절차**: 관리주체는 위 ㉠에 따라 주민공동시설을 위탁하려면 다음의 구분에 따른 절차를 거쳐야 한다. 관리주체가 위탁 여부를 변경하는 경우에도 또한 같다.

> ⓐ 「주택법」에 따른 사업계획승인을 받아 건설한 공동주택 중 건설임대주택을 제외한 공동주택의 경우에는 다음의 어느 하나에 해당하는 방법으로 제안하고 입주자등 과반수의 동의를 받을 것
> 　ⅰ) 입주자대표회의의 의결
> 　ⅱ) 입주자등 10분의 1 이상의 요청
> ⓑ 「주택법」에 따른 사업계획승인을 받아 건설한 건설임대주택의 경우에는 다음의 어느 하나에 해당하는 방법으로 제안하고 임차인 과반수의 동의를 받을 것
> 　ⅰ) 임대사업자의 요청
> 　ⅱ) 임차인 10분의 1 이상의 요청
> ⓒ 「건축법」에 따른 건축허가를 받아 주택 외의 시설과 주택을 동일 건축물로 건축한 건축물의 경우에는 다음의 어느 하나에 해당하는 방법으로 제안하고 입주자등 과반수의 동의를 받을 것
> 　ⅰ) 입주자대표회의의 의결
> 　ⅱ) 입주자등 10분의 1 이상의 요청

⑫ **인근 공동주택단지 입주자등의 주민공동시설 이용의 허용**
　㉠ **이용의 허용**: 관리주체는 입주자등의 이용을 방해하지 아니하는 한도에서 주민공동시설을 인근 공동주택단지 입주자등도 이용할 수 있도록 허용할 수 있다. 이 경우 영리를 목적으로 주민공동시설을 운영해서는 아니 된다.
　㉡ **허용절차**: 관리주체가 위 ㉠에 따라 주민공동시설을 인근 공동주택단지 입주자등도 이용할 수 있도록 허용하려면 다음의 구분에 따른 절차를 거쳐야 한다. 관리주체가 허용 여부를 변경하는 경우에도 또한 같다.

> ⓐ 「주택법」에 따른 사업계획승인을 받아 건설한 공동주택 중 건설임대주택을 제외한 공동주택의 경우에는 다음의 어느 하나에 해당하는 방법으로 제안하고 과반의 범위에서 관리규약으로 정하는 비율 이상의 입주자등의 동의를 받을 것
> 　ⅰ) 입주자대표회의의 의결
> 　ⅱ) 입주자등 10분의 1 이상의 요청
> ⓑ 「주택법」에 따른 사업계획승인을 받아 건설한 건설임대주택의 경우에는 다음의 어느 하나에 해당하는 방법으로 제안하고 과반의 범위에서 관리규약으로 정하는 비율 이상의 임차인의 동의를 받을 것
> 　ⅰ) 임대사업자의 요청
> 　ⅱ) 임차인 10분의 1 이상의 요청

ⓒ 「건축법」에 따른 건축허가를 받아 주택 외의 시설과 주택을 동일 건축물로 건축한 건축물의 경우에는 다음의 어느 하나에 해당하는 방법으로 제안하고 과반의 범위에서 관리규약으로 정하는 비율 이상의 입주자등의 동의를 받을 것
ⅰ) 입주자대표회의의 의결
ⅱ) 입주자등 10분의 1 이상의 요청

⑬ **입주자등의 행위에 대한 동의**
㉠ 동의사항: 입주자등은 다음의 어느 하나에 해당하는 행위를 하려는 경우에는 관리주체의 동의를 받아야 한다.
ⓐ 「공동주택관리법」 제35조 제1항 제3호에 따른 국토교통부령으로 정하는 경미한 행위로서 주택 내부의 구조물과 설비를 교체하는 행위

> **참고** 「공동주택관리법」 제35조 제1항 제3호에서의 '국토교통부령으로 정하는 경미한 행위'
>
> 1. 창틀·문틀의 교체
> 2. 세대 내 천장·벽·바닥의 마감재 교체
> 3. 급·배수관 등 배관설비의 교체
> 4. 세대 내 난방설비의 교체(시설물의 파손·철거는 제외한다)
> 5. 구내통신선로설비, 경비실과 통화가 가능한 구내전화, 지능형 홈네트워크 설비, 방송수신을 위한 공동수신설비 또는 영상정보처리기기의 교체(폐쇄회로 텔레비전과 네트워크 카메라 간의 교체를 포함한다)
> 6. 보안등, 자전거보관소, 안내표지판, 담장(축대는 제외한다) 또는 보도블록의 교체
> 7. 폐기물보관시설(재활용품 분류보관시설을 포함한다), 택배보관함 또는 우편함의 교체
> 8. 조경시설 중 수목의 일부 제거 및 교체
> 9. 주민운동시설의 교체(다른 운동종목을 위한 시설로 변경하는 것을 말하며, 면적이 변경되는 경우는 제외한다)
> 10. 부대시설 중 각종 설비나 장비의 수선·유지·보수를 위한 부품의 일부 교체
> 11. 그 밖에 위 ①부터 ⑩까지의 규정에서 정한 사항과 유사한 행위로서 시장·군수·구청장이 인정하는 행위

ⓑ 「소방시설 설치 및 관리에 관한 법률」 제16조 제1항에 위배되지 아니하는 범위에서 공용부분에 물건을 적재하여 통행·피난 및 소방을 방해하는 행위

> **참고** 피난시설, 방화구획 및 방화시설의 관리
>
> 특정소방대상물의 관계인은 「건축법」 제49조에 따른 피난시설, 방화구획 및 방화시설에 대하여 정당한 사유가 없는 한 다음의 행위를 하여서는 아니 된다.
> 1. 피난시설, 방화구획 및 방화시설을 폐쇄하거나 훼손하는 등의 행위
> 2. 피난시설, 방화구획 및 방화시설의 주위에 물건을 쌓아두거나 장애물을 설치하는 행위
> 3. 피난시설, 방화구획 및 방화시설의 용도에 장애를 주거나 「소방기본법」 제16조에 따른 소방활동에 지장을 주는 행위
> 4. 그 밖에 피난시설, 방화구획 및 방화시설을 변경하는 행위

ⓒ 공동주택에 광고물·표지물 또는 표지를 부착하는 행위
　　　ⓓ 가축(장애인 보조견은 제외한다)을 사육하거나 방송시설 등을 사용함으로써 공동주거생활에 피해를 미치는 행위
　　　ⓔ 공동주택의 발코니 난간 또는 외벽에 돌출물을 설치하는 행위
　　　ⓕ 전기실·기계실·정화조시설 등에 출입하는 행위
　　　ⓖ 「환경친화적 자동차의 개발 및 보급 촉진에 관한 법률」에 따른 전기자동차의 이동형 충전기를 이용하기 위한 차량무선인식장치[전자태그(RFID tag)를 말한다]를 콘센트 주위에 부착하는 행위
　　ⓛ **금지행위**: 위 ㉠의 ⓔ에도 불구하고 「주택건설기준 등에 관한 규정」에 따라 세대 안에 냉방설비의 배기장치를 설치할 수 있는 공간이 마련된 공동주택의 경우 입주자등은 냉방설비의 배기장치를 설치하기 위하여 돌출물을 설치하는 행위를 하여서는 아니 된다.
　⑭ **지하층의 유지·관리업무**: 공동주택의 지하층은 주민공동시설로 활용할 수 있다. 이 경우 관리주체는 대피시설로 사용하는 데 지장이 없도록 이를 유지·관리하여야 한다.

3. 관리사무소장

(1) 배치

① **배치의무**: 의무관리대상 공동주택을 관리하는 다음의 어느 하나에 해당하는 자는 주택관리사를 해당 공동주택의 관리사무소장으로 배치하여야 한다. 다만, 500세대 미만의 공동주택에는 주택관리사를 갈음하여 주택관리사보를 해당 공동주택의 관리사무소장으로 배치할 수 있다.

> ㉠ 입주자대표회의(자치관리의 경우에 한정한다)
> ㉡ 관리업무를 인계하기 전의 사업주체
> ㉢ 주택관리업자
> ㉣ 임대사업자

② **관리사무소장의 보조자**: 위 ①의 자는 주택관리사등을 관리사무소장의 보조자로 배치할 수 있다.

(2) 업무 등

① **관리사무소장의 집행업무**: 관리사무소장은 공동주택을 안전하고 효율적으로 관리하여 공동주택의 입주자등의 권익을 보호하기 위하여 다음의 업무를 집행한다.

> ㉠ 입주자대표회의에서 의결하는 다음의 업무
>   ⓐ 공동주택의 운영·관리·유지·보수·교체·개량
>   ⓑ 위 ⓐ의 업무를 집행하기 위한 관리비·장기수선충당금이나 그 밖의 경비의 청구·수령·지출 및 그 금액을 관리하는 업무
> ㉡ 하자의 발견 및 하자보수의 청구, 장기수선계획의 조정, 시설물 안전관리계획의 수립 및 건축물의 안전점검에 관한 업무. 다만, 비용지출을 수반하는 사항에 대하여는 입주자대표회의의 의결을 거쳐야 한다.
> ㉢ 관리사무소 업무의 지휘·총괄
> ㉣ 관리주체의 업무(공동주택관리법 제63조 제1항 및 동법 시행규칙 제29조)를 지휘·총괄하는 업무
> ㉤ 입주자대표회의 및 선거관리위원회의 운영에 필요한 업무 지원 및 사무처리
> ㉥ 안전관리계획의 조정. 이 경우 3년마다 조정하되, 관리 여건상 필요하여 관리사무소장이 입주자대표회의 구성원 과반수의 서면동의를 받은 경우에는 3년이 지나기 전에 조정할 수 있다.
> ㉦ 관리비등이 예치된 금융기관으로부터 매월 말일을 기준으로 발급받은 잔고증명서의 금액과 관리비등의 징수·보관·예치·집행 등 모든 거래행위에 관하여 월별로 작성한 장부상 금액이 일치하는지 여부를 관리비등이 부과된 달의 다음 달 10일까지 확인하는 업무

② **재판상의 대리**: 관리사무소장은 위 ①의 ㉠의 ⓐ 및 ⓑ와 관련하여 입주자대표회의를 대리하여 재판상 또는 재판 외의 행위를 할 수 있다.

③ **선량한 관리자의 주의의무**: 관리사무소장은 선량한 관리자의 주의로 그 직무를 수행하여야 한다.

(3) 배치내용 및 직인신고 등

① **신고의무**: 관리사무소장은 그 배치내용과 업무의 집행에 사용할 직인을 국토교통부령(아래 ②)으로 정하는 바에 따라 시장·군수·구청장에게 신고하여야 한다. 신고한 배치내용과 직인을 변경할 때에도 또한 같다.

② **배치신고절차**: 위 ①의 전단에 따라 배치내용과 업무의 집행에 사용할 직인을 신고하려는 관리사무소장은 배치된 날부터 15일 이내에 관리사무소장 배치 및 직인 신고서에 다음의 서류를 첨부하여 주택관리사단체에 제출하여야 한다.

> ㉠ 관리사무소장 교육 또는 주택관리사등의 교육 이수현황(주택관리사단체가 해당 교육 이수현황을 발급하는 경우에는 제출하지 아니할 수 있다) 1부
> ㉡ 임명장 사본 1부. 다만, 배치된 공동주택의 전임(前任) 관리사무소장이 아래 ③에 따른 배치종료 신고를 하지 아니한 경우에는 배치를 증명하는 다음의 구분에 따른 서류를 함께 제출하여야 한다.
>   ⓐ **공동주택의 관리방법이 자치관리인 경우**: 근로계약서 사본 1부
>   ⓑ **공동주택의 관리방법이 위탁관리인 경우**: 위·수탁 계약서 사본 1부
> ㉢ 주택관리사보자격시험 합격증서 또는 주택관리사 자격증 사본 1부
> ㉣ 주택관리사등의 손해배상책임을 보장하기 위한 보증설정을 입증하는 서류 1부

③ **변경신고절차**: 위 ①의 후단에 따라 신고한 배치내용과 업무의 집행에 사용하는 직인을 변경하려는 관리사무소장은 변경사유(관리사무소장의 배치가 종료된 경우를 포함한다)가 발생한 날부터 15일 이내에 관리사무소장 배치 및 직인 변경신고서에 변경내용을 증명하는 서류를 첨부하여 주택관리사단체에 제출하여야 한다.

④ **접수 현황의 보고**: 위 ② 또는 ③에 따른 신고 또는 변경신고를 접수한 주택관리사단체는 관리사무소장의 배치내용 및 직인 신고(변경신고하는 경우를 포함한다) 접수 현황을 분기별로 시장·군수·구청장에게 보고하여야 한다.

⑤ **신고증명서 발급**: 주택관리사단체는 관리사무소장이 배치신고 또는 변경신고에 대한 증명서 발급을 요청하면 즉시 관리사무소장의 배치 및 직인 신고증명서(변경신고증명서)를 발급하여야 한다.

(4) 업무에 대한 부당 간섭 배제 등

① **업무에 대한 부당 간섭 금지**: 입주자대표회의(구성원을 포함한다) 및 입주자등은 위 (2)의 ①에 따른 관리사무소장의 업무에 대하여 다음의 어느 하나에 해당하는 행위를 하여서는 아니 된다.

> ㉠ 「공동주택관리법」 또는 관계 법령에 위반되는 지시를 하거나 명령을 하는 등 부당하게 간섭하는 행위
> ㉡ 폭행, 협박 등 위력을 사용하여 정당한 업무를 방해하는 행위

② **보고 및 사실 조사 의뢰**: 관리사무소장은 입주자대표회의 또는 입주자등이 위 ①을 위반한 경우 입주자대표회의 또는 입주자등에게 위반사실을 설명하고 해당 행위를 중단할 것을 요청하거나 부당한 지시 또는 명령의 이행을 거부할 수 있으며, 시장·군수·구청장에게 보고하고, 사실 조사를 의뢰할 수 있다.

③ **행정관청의 조사 등**: 시장·군수·구청장은 위 ②에 따라 사실 조사를 의뢰받은 때에는 지체 없이 조사를 마치고, 위 ①을 위반한 사실이 있다고 인정하는 경우 입주자대표회의 및 입주자등에게 필요한 명령 등의 조치를 하여야 한다. 이 경우 범죄혐의가 있다고 인정될 만한 상당한 이유가 있을 때에는 수사기관에 고발할 수 있다.

④ **결과의 통보**: 시장·군수·구청장은 사실 조사 결과 또는 필요한 명령 등의 조치 결과를 지체 없이 입주자대표회의, 해당 입주자등, 주택관리업자 및 관리사무소장에게 통보하여야 한다.

⑤ **해임 등의 금지**: 입주자대표회의는 위 ②에 따른 보고나 사실 조사 의뢰 또는 위 ③에 따른 명령 등을 이유로 관리사무소장을 해임하거나 해임하도록 주택관리업자에게 요구하여서는 아니 된다.

⑥ **주택관리업자에 대한 부당 간섭 배제 등**: 입주자대표회의 및 입주자등은 위 ① 또는 아래 4. (3)의 행위를 할 목적으로 주택관리업자에게 관리사무소장 및 소속 근로자에 대한 해고, 징계 등 불이익 조치를 요구하여서는 아니 된다.

(5) 관리사무소장의 손해배상책임

① **손해배상책임**: 주택관리사등은 관리사무소장의 업무를 집행하면서 고의 또는 과실로 입주자등에게 재산상의 손해를 입힌 경우에는 그 손해를 배상할 책임이 있다.

② **위임규정**: 위 ①에 따른 손해배상책임을 보장하기 위하여 주택관리사등은 대통령령(아래 ⑤)으로 정하는 바에 따라 보증보험 또는 공제에 가입하거나 공탁을 하여야 한다.

③ **입증서류의 제출**: 주택관리사등은 위 ②에 따른 손해배상책임을 보장하기 위한 보증보험 또는 공제에 가입하거나 공탁을 한 후 해당 공동주택의 관리사무소장으로 배치된 날에 다음의 어느 하나에 해당하는 자에게 보증보험 등에 가입한 사실을 입증하는 서류를 제출하여야 한다.

> ㉠ 입주자대표회의의 회장
> ㉡ 임대주택의 경우에는 임대사업자
> ㉢ 입주자대표회의가 없는 경우에는 시장·군수·구청장

④ **공탁금의 회수금지**: 위 ②에 따라 공탁한 공탁금은 주택관리사등이 해당 공동주택의 관리사무소장의 직을 사임하거나 그 직에서 해임된 날 또는 사망한 날부터 3년 이내에는 회수할 수 없다.

⑤ **손해배상책임의 보장**

㉠ **보장방법 및 보장금액**: 관리사무소장으로 배치된 주택관리사등은 위 ①에 따른 손해배상책임을 보장하기 위하여 다음의 구분에 따른 금액을 보장하는 보증보험 또는 공제에 가입하거나 공탁을 하여야 한다.

> ⓐ 500세대 미만의 공동주택: 3천만원
> ⓑ 500세대 이상의 공동주택: 5천만원

㉡ 보증설정의 변경 등

ⓐ **보증설정의 변경**: 위 ②에 따라 관리사무소장의 손해배상책임을 보장하기 위한 보증보험 또는 공제에 가입하거나 공탁을 한 조치(이하 '보증설정'이라 한다)를 이행한 주택관리사등은 그 보증설정을 다른 보증설정으로 변경하려는 경우에는 해당 보증설정의 효력이 있는 기간 중에 다른 보증설정을 하여야 한다.

ⓑ **기간만료에 따른 재설정**: 보증보험 또는 공제에 가입한 주택관리사등으로서 보증기간이 만료되어 다시 보증설정을 하려는 자는 그 보증기간이 만료되기 전에 다시 보증설정을 하여야 한다.

ⓒ **입증서류의 제출**: 위 ⓐ 및 ⓑ에 따라 보증설정을 한 경우에는 해당 보증설정을 입증하는 서류를 위 ③에 따라 제출하여야 한다.

⑥ **보증보험금 등의 지급 등**

㉠ **손해배상금의 지급청구**: 입주자대표회의는 손해배상금으로 보증보험금·공제금 또는 공탁금을 지급받으려는 경우에는 다음의 어느 하나에 해당하는 서류를 첨부하여 보증보험회사, 공제회사 또는 공탁기관에 손해배상금의 지급을 청구하여야 한다.

> ⓐ 입주자대표회의와 주택관리사등 간의 손해배상합의서 또는 화해조서
> ⓑ 확정된 법원의 판결문 사본
> ⓒ 위 ⓐ 또는 ⓑ에 준하는 효력이 있는 서류

㉡ **손해배상에 따른 재설정**: 주택관리사등은 보증보험금·공제금 또는 공탁금으로 손해배상을 한 때에는 15일 이내에 보증보험 또는 공제에 다시 가입하거나 공탁금 중 부족하게 된 금액을 보전하여야 한다.

4. 경비원 등 근로자의 업무 등

(1) 종사업무

① **위임규정**: 공동주택에 경비원을 배치한 경비업자(경비업법 제4조 제1항에 따라 허가를 받은 경비업자를 말한다)는 「경비업법」 제7조 제5항에도 불구하고 대통령령(아래 ②)으로 정하는 공동주택 관리에 필요한 업무에 경비원을 종사하게 할 수 있다.

② **경비원이 예외적으로 종사할 수 있는 업무 등**

㉠ 위 ①에서 '대통령령으로 정하는 공동주택 관리에 필요한 업무'란 다음의 업무를 말한다.

> ⓐ 청소와 이에 준하는 미화의 보조
> ⓑ 재활용 가능 자원의 분리배출 감시 및 정리
> ⓒ 안내문의 게시와 우편수취함 투입

㉡ 공동주택 경비원은 공동주택에서의 도난, 화재, 그 밖의 혼잡 등으로 인한 위험발생을 방지하기 위한 범위에서 주차 관리와 택배물품 보관 업무를 수행할 수 있다.

(2) 보수지급 등

입주자등, 입주자대표회의 및 관리주체 등은 경비원 등 근로자에게 적정한 보수를 지급하고, 처우개선과 인권존중을 위하여 노력하여야 한다.

(3) 금지행위

입주자등, 입주자대표회의 및 관리주체 등은 경비원 등 근로자에게 다음의 어느 하나에 해당하는 행위를 하여서는 아니 된다.
① 「공동주택관리법」 또는 관계 법령에 위반되는 지시를 하거나 명령을 하는 행위
② 업무 이외에 부당한 지시를 하거나 명령을 하는 행위

(4) 서비스 제공

경비원 등 근로자는 입주자등에게 수준 높은 근로 서비스를 제공하여야 한다.

5. 부정행위의 금지 등

(1) 공동주택의 관리와 관련하여 입주자대표회의(구성원을 포함한다)와 관리사무소장은 공모(共謀)하여 부정하게 재물 또는 재산상의 이익을 취득하거나 제공하여서는 아니 된다.

(2) 공동주택의 관리(관리사무소장 등 근로자의 채용을 포함한다)와 관련하여 입주자등·관리주체·입주자대표회의·선거관리위원회(위원을 포함한다)는 부정하게 재물 또는 재산상의 이익을 취득하거나 제공하여서는 아니 된다.

(3) 입주자대표회의 및 관리주체는 관리비·사용료와 장기수선충당금을 「공동주택관리법」에 따른 용도 외의 목적으로 사용하여서는 아니 된다.

(4) 주택관리업자 및 주택관리사등은 다른 자에게 자기의 성명 또는 상호를 사용하여 「공동주택관리법」에서 정한 사업이나 업무를 수행하게 하거나 그 등록증 또는 자격증을 빌려주어서는 아니 된다.

(5) 누구든지 다른 자의 성명 또는 상호를 사용하여 주택관리업 또는 주택관리사등의 업무를 수행하거나 그 등록증 또는 자격증을 빌려서는 아니 된다.

(6) 누구든지 위 (4)나 위 (5)에서 금지된 행위를 알선하여서는 아니 된다.

> **이렇게 출제!**
>
> **06** 공동주택관리법령상 선거관리위원회 구성에 관한 내용이다. ( )에 들어갈 숫자를 순서대로 쓰시오. 제20회
>
> > 500세대 미만인 의무관리대상 공동주택의 경우 선거관리위원회는 입주자등 중에서 위원장을 포함하여 ( )명 이상 ( )명 이하의 위원으로 구성한다.
>
> 정답 3, 9

5 주택관리사등의 자격

1. 주택관리사등의 자격

(1) 주택관리사보
① **정의**: '주택관리사보'란 아래 ②에 따라 주택관리사보 합격증서를 발급받은 사람을 말한다.
② **합격증서의 발급**: 주택관리사보가 되려는 사람은 국토교통부장관이 시행하는 자격시험에 합격한 후 시·도지사[지방자치법에 따른 서울특별시·광역시 및 특별자치시를 제외한 인구 50만 이상의 대도시(이하 '대도시'라 한다)의 경우에는 그 시장을 말한다]로부터 합격증서를 발급받아야 한다.

(2) 주택관리사
① **정의**: '주택관리사'란 아래 ②에 따라 주택관리사 자격증을 발급받은 사람을 말한다.
② **자격증의 발급**: 주택관리사는 다음의 요건을 갖추고 시·도지사로부터 주택관리사 자격증을 발급받은 사람으로 한다.

> ㉠ 위 (1)의 ②에 따라 주택관리사보 합격증서를 발급받았을 것
> ㉡ 대통령령(아래 ③)으로 정하는 주택 관련 실무경력이 있을 것

③ **주택 관련 실무경력**: 위 ②의 ㉡에 따라 특별시장·광역시장·특별자치시장·도지사 또는 특별자치도지사(이하 '시·도지사'라 한다)는 주택관리사보 자격시험에 합격하기 전이나 합격한 후 다음의 어느 하나에 해당하는 경력을 갖춘 자에 대하여 주택관리사 자격증을 발급한다.

> ㉠ 「주택법」에 따른 사업계획승인을 받아 건설한 50세대 이상 500세대 미만의 공동주택(건축법에 따른 건축허가를 받아 주택과 주택 외의 시설을 동일 건축물로 건축한 건축물 중 주택이 50세대 이상 300세대 미만인 건축물을 포함한다)의 관리사무소장으로 근무한 경력 3년 이상
> ㉡ 「주택법」에 따른 사업계획승인을 받아 건설한 50세대 이상의 공동주택(건축법에 따른 건축허가를 받아 주택과 주택 외의 시설을 동일 건축물로 건축한 건축물 중 주택이 50세대 이상 300세대 미만인 건축물을 포함한다)의 관리사무소의 직원(경비원, 청소원 및 소독원은 제외한다) 또는 주택관리업자의 임직원으로 주택관리업무에 종사한 경력 5년 이상
> ㉢ 한국토지주택공사 또는 지방공사의 직원으로 주택관리업무에 종사한 경력 5년 이상
> ㉣ 공무원으로 주택 관련 지도·감독 및 인·허가 업무 등에 종사한 경력 5년 이상
> ㉤ 「공동주택관리법」에 따른 주택관리사단체와 국토교통부장관이 정하여 고시하는 공동주택관리와 관련된 단체의 임직원으로 주택 관련 업무에 종사한 경력 5년 이상
> ㉥ 위 ㉠부터 ㉤까지의 경력을 합산한 기간 5년 이상

④ **자격증발급신청서의 제출**: 위 ②에 따른 주택관리사 자격증을 발급받으려는 자는 자격증발급신청서(전자문서로 된 신청서를 포함한다)에 위 ③의 실무경력에 대한 증명서류(전자문서를 포함한다) 및 사진을 첨부하여 주택관리사보 자격시험 합격증서를 발급한 시·도지사에게 제출하여야 한다.

2. 주택관리사등의 결격사유

(1) 주택관리사등의 정의
'주택관리사등'이란 주택관리사보와 주택관리사를 말한다.

(2) 결격사유 및 자격상실사유
다음의 어느 하나에 해당하는 사람은 주택관리사등이 될 수 없으며 그 자격을 상실한다.

① 피성년후견인 또는 피한정후견인
② 파산선고를 받은 사람으로서 복권되지 아니한 사람
③ 금고 이상의 실형을 선고받고 그 집행이 끝나거나(집행이 끝난 것으로 보는 경우를 포함한다) 집행이 면제된 날부터 2년이 지나지 아니한 사람
④ 금고 이상의 형의 집행유예를 선고받고 그 유예기간 중에 있는 사람
⑤ 주택관리사등의 자격이 취소된 후 3년이 지나지 아니한 사람(위 ① 및 ②에 해당하여 주택관리사등의 자격이 취소된 경우는 제외한다)

3. 주택관리사등의 행정처분

(1) 행정처분사유

시·도지사는 주택관리사등이 다음의 어느 하나에 해당하면 그 자격을 취소하거나 1년 이내의 기간을 정하여 그 자격을 정지시킬 수 있다. 다만, 아래 ①·②·③·④·⑦ 중 어느 하나에 해당하는 경우에는 그 자격을 취소하여야 한다.

① 거짓이나 그 밖의 부정한 방법으로 자격을 취득한 경우
② 공동주택의 관리업무와 관련하여 금고 이상의 형을 선고받은 경우
③ 의무관리대상 공동주택에 취업한 주택관리사등이 다른 공동주택 및 상가·오피스텔 등 주택 외의 시설에 취업한 경우
④ 주택관리사등이 자격정지기간에 공동주택관리업무를 수행한 경우
⑤ 고의 또는 중대한 과실로 공동주택을 잘못 관리하여 소유자 및 사용자에게 재산상의 손해를 입힌 경우
⑥ 주택관리사등이 업무와 관련하여 금품수수(收受) 등 부당이득을 취한 경우
⑦ 주택관리사등이 다른 사람에게 자기의 명의를 사용하여 「공동주택관리법」에서 정한 업무를 수행하게 하거나 자격증을 대여한 경우
⑧ 지방자치단체장의 공동주택관리에 관한 감독에 대한 보고, 자료의 제출, 조사 또는 검사를 거부·방해 또는 기피하거나 거짓으로 보고를 한 경우
⑨ 지방자치단체장의 공동주택관리에 관한 감독에 대한 감사를 거부·방해 또는 기피한 경우

(2) 주택관리사등에 대한 행정처분기준

위 (1)에 따른 주택관리사등의 자격취소 및 정지처분에 관한 기준은 다음과 같다.

① **일반기준**

㉠ 위반행위의 횟수에 따른 행정처분의 기준은 최근 1년간 같은 위반행위로 처분을 받은 경우에 적용한다. 이 경우 기준 적용일은 위반행위에 대한 행정처분일과 그 처분 후에 한 위반행위가 다시 적발된 날을 기준으로 한다.

㉡ 위 ㉠에 따라 가중된 처분을 하는 경우 가중처분의 적용 차수는 그 위반행위 전 처분 차수(위 ㉠에 따른 기간 내에 처분이 둘 이상 있었던 경우에는 높은 차수를 말한다)의 다음 차수로 한다.

㉢ 같은 주택관리사등이 둘 이상의 위반행위를 한 경우로서 그에 해당하는 각각의 처분기준이 다른 경우에는 다음의 기준에 따라 처분한다.

> ⓐ 가장 무거운 위반행위에 대한 처분기준이 자격취소인 경우에는 자격취소처분을 한다.
> ⓑ 각 위반행위에 대한 처분기준이 자격정지인 경우에는 가장 중한 처분의 2분의 1까지 가중할 수 있되, 각 처분기준을 합산한 기간을 초과할 수 없다. 이 경우 그 합산한 자격 정지기간이 1년을 초과하는 때에는 1년으로 한다.

㉣ 시·도지사는 위반행위의 동기·내용·횟수 및 위반의 정도 등 다음에 해당하는 사유를 고려하여 아래 ②의 개별기준에 따른 행정처분을 가중하거나 감경할 수 있다. 이 경우 그 처분이 자격정지인 경우에는 그 처분기준의 2분의 1의 범위에서 가중(가중한 자격정지기간은 1년을 초과할 수 없다)하거나 감경할 수 있고, 자격취소인 경우(필요적 자격취소에 해당하는 경우는 제외한다)에는 6개월 이상의 자격정지처분으로 감경할 수 있다.

> ⓐ 가중사유
>   ⅰ) 위반행위가 고의나 중대한 과실에 따른 것으로 인정되는 경우
>   ⅱ) 위반의 내용과 정도가 중대하여 입주자등 소비자에게 주는 피해가 크다고 인정되는 경우
> ⓑ 감경사유
>   ⅰ) 위반행위가 사소한 부주의나 오류에 따른 것으로 인정되는 경우
>   ⅱ) 위반의 내용과 정도가 경미하여 입주자등 소비자에게 미치는 피해가 적다고 인정되는 경우
>   ⅲ) 위반 행위자가 처음 위반행위를 한 경우로서 주택관리사로서 3년 이상 관리사무소장을 모범적으로 해 온 사실이 인정되는 경우
>   ⅳ) 위반 행위자가 해당 위반행위로 검사로부터 기소유예 처분을 받거나 법원으로부터 선고유예의 판결을 받은 경우
>   ⅴ) 중대한 과실로 주택을 잘못 관리하여 입주자 및 사용자에게 재산상의 손해를 입힌 경우에 따른 자격정지처분을 하려는 경우로써 위반행위자가 손해배상책임을 보장하는 금액을 2배 이상 보장하는 보증보험가입·공제가입 또는 공탁을 한 경우

② **개별기준**

위반행위	근거 법조문	행정처분기준		
		1차 위반	2차 위반	3차 위반
가. 거짓이나 그 밖의 부정한 방법으로 자격을 취득한 경우	법 제69조 제1항 제1호	자격취소		
나. 공동주택의 관리업무와 관련하여 금고 이상의 형을 선고받은 경우	법 제69조 제1항 제2호	자격취소		
다. 의무관리대상 공동주택에 취업한 주택관리사등이 다른 공동주택 및 상가·오피스텔 등 주택 외의 시설에 취업한 경우	법 제69조 제1항 제3호	자격취소		
라. 주택관리사등이 자격정지기간에 공동주택관리업무를 수행한 경우	법 제69조 제1항 제4호	자격취소		

위반행위	근거법조문	1차	2차	3차
마. 고의 또는 중대한 과실로 공동주택을 잘못 관리하여 소유자 및 사용자에게 재산상의 손해를 입힌 경우	법 제69조 제1항 제5호			
1) 고의로 공동주택을 잘못 관리하여 소유자 및 사용자에게 재산상의 손해를 입힌 경우		자격정지 6개월	자격정지 1년	
2) 중대한 과실로 공동주택을 잘못 관리하여 소유자 및 사용자에게 재산상의 손해를 입힌 경우		자격정지 3개월	자격정지 6개월	자격정지 6개월
바. 주택관리사등이 업무와 관련하여 금품수수 등 부당이득을 취한 경우	법 제69조 제1항 제6호	자격정지 6개월	자격정지 1년	
사. 법 제90조 제4항을 위반하여 다른 사람에게 자기의 명의를 사용하여 이 법에서 정한 업무를 수행하게 하거나 자격증을 대여한 경우	법 제69조 제1항 제7호	자격취소		
아. 법 제93조 제1항에 따른 보고, 자료의 제출, 조사 또는 검사를 거부·방해 또는 기피하거나 거짓으로 보고를 한 경우	법 제69조 제1항 제8호			
1) 조사 또는 검사를 거부·방해 또는 기피하거나 거짓으로 보고를 한 경우		경고	자격정지 2개월	자격정지 3개월
2) 보고 또는 자료제출 등의 명령을 이행하지 않은 경우		경고	자격정지 1개월	자격정지 2개월
자. 법 제93조 제3항·제4항에 따른 감사를 거부·방해 또는 기피한 경우	법 제69조 제1항 제9호	경고	자격정지 2개월	자격정지 3개월

이렇게 출제!

07 공동주택관리법령상 주택관리사등에 대한 행정처분기준 중 개별기준의 일부이다. ( )에 들어갈 내용을 옳게 나열한 것은? 제25회

위반행위	근거법조문	행정처분기준		
		1차 위반	2차 위반	3차 위반
고의로 공동주택을 잘못 관리하여 소유자 및 사용자에게 재산상의 손해를 입힌 경우	법 제69조 제1항 제5호	(㉠)	(㉡)	

① ㉠: 자격정지 2개월, ㉡: 자격정지 3개월
② ㉠: 자격정지 3개월, ㉡: 자격정지 6개월
③ ㉠: 자격정지 6개월, ㉡: 자격정지 1년
④ ㉠: 자격정지 6개월, ㉡: 자격취소
⑤ ㉠: 자격정지 1년, ㉡: 자격취소

정답 ③

6 공동주택관리 분쟁조정

(1) 공동주택관리 분쟁조정위원회의 설치

① **설치**: 공동주택관리 분쟁(공동주택의 하자담보책임 및 하자보수 등과 관련한 분쟁은 제외한다. 이하 같다)을 조정하기 위하여 국토교통부에 중앙 공동주택관리 분쟁조정위원회(이하 '중앙분쟁조정위원회'라 한다)를 두고, 시·군·구(자치구를 말하며, 이하 같다)에 지방 공동주택관리 분쟁조정위원회(이하 '지방분쟁조정위원회'라 한다)를 둔다. 다만, 공동주택 비율이 낮은 시·군·구로서 국토교통부장관이 인정하는 시·군·구의 경우에는 지방분쟁조정위원회를 두지 아니할 수 있다.

② **구성 시 고려사항**: 위 ①에 따른 중앙분쟁조정위원회를 구성할 때에는 성별을 고려하여야 한다.

③ **심의·조정사항**: 공동주택관리 분쟁조정위원회는 다음의 사항을 심의·조정한다.

> ㉠ 입주자대표회의의 구성·운영 및 동별 대표자의 자격·선임·해임·임기에 관한 사항
> ㉡ 공동주택관리기구의 구성·운영 등에 관한 사항
> ㉢ 관리비·사용료 및 장기수선충당금 등의 징수·사용 등에 관한 사항
> ㉣ 공동주택(공용부분만 해당한다)의 유지·보수·개량 등에 관한 사항
> ㉤ 공동주택의 리모델링에 관한 사항
> ㉥ 공동주택의 층간소음에 관한 사항
> ㉦ 혼합주택단지에서의 분쟁에 관한 사항
> ㉧ 다른 법령에서 공동주택관리 분쟁조정위원회가 분쟁을 심의·조정할 수 있도록 한 사항
> ㉨ 그 밖에 공동주택의 관리와 관련하여 분쟁의 심의·조정이 필요하다고 대통령령 또는 시·군·구의 조례(지방분쟁조정위원회에 한정한다)로 정하는 사항

(2) 중앙·지방분쟁조정위원회의 업무 관할

① **중앙분쟁조정위원회의 심의·조정사항**: 중앙분쟁조정위원회는 위 **(1)**의 ③의 사항 중 다음의 사항을 심의·조정한다.

> ㉠ 둘 이상의 시·군·구의 관할 구역에 걸친 분쟁
> ㉡ 시·군·구에 지방분쟁조정위원회가 설치되지 아니한 경우 해당 시·군·구 관할 분쟁
> ㉢ 분쟁당사자가 쌍방이 합의하여 중앙분쟁조정위원회에 조정을 신청하는 분쟁
> ㉣ 500세대 이상의 공동주택단지에서 발생한 분쟁
> ㉤ 지방분쟁조정위원회가 스스로 조정하기 곤란하다고 결정하여 중앙분쟁조정위원회에 이송한 분쟁

② **지방분쟁조정위원회의 심의·조정사항**: 지방분쟁조정위원회는 해당 시·군·구의 관할 구역에서 발생한 분쟁 중 위 ①에 따른 중앙분쟁조정위원회의 심의·조정 대상인 분쟁 외의 분쟁을 심의·조정한다.

(3) 중앙분쟁조정위원회의 구성 등

① **구성원 수**: 중앙분쟁조정위원회는 위원장 1명을 포함한 15명 이내의 위원으로 구성한다.

② **위원의 임명 또는 위촉**: 중앙분쟁조정위원회의 위원은 공동주택관리에 관한 학식과 경험이 풍부한 사람으로서 다음의 어느 하나에 해당하는 사람 중에서 국토교통부장관이 임명 또는 위촉한다. 이 경우 아래 ㉢에 해당하는 사람이 3명 이상 포함되어야 한다.

> ㉠ 1급부터 4급까지 상당의 공무원 또는 고위공무원단에 속하는 공무원
> ㉡ 공인된 대학이나 연구기관에서 부교수 이상 또는 이에 상당하는 직에 재직한 사람
> ㉢ 판사·검사 또는 변호사의 직에 6년 이상 재직한 사람
> ㉣ 공인회계사·세무사·건축사·감정평가사 또는 공인노무사의 자격이 있는 사람으로서 10년 이상 근무한 사람
> ㉤ 주택관리사로서 공동주택의 관리사무소장으로 10년 이상 근무한 사람
> ㉥ 「민사조정법」제10조 제1항에 따른 조정위원으로서 같은 조 제3항에 따른 사무를 3년 이상 수행한 사람
> ㉦ 국가, 지방자치단체, 「공공기관의 운영에 관한 법률」에 따른 공공기관 및 「비영리민간단체 지원법」에 따른 비영리민간단체에서 공동주택관리 관련 업무에 5년 이상 종사한 사람

③ **위원장의 임명 등**

㉠ **위원장의 임명**: 위원장은 국토교통부장관이 임명한다.

㉡ **임기**: 위원장과 공무원이 아닌 위원의 임기는 2년으로 하되 연임할 수 있으며, 보궐위원의 임기는 전임자의 남은 임기로 한다.

㉢ **공무원이 아닌 위원이 본인의 의사에 반하여 해촉되지 아니할 권리**: 중앙분쟁조정위원회의 위원 중 공무원이 아닌 위원은 다음에 해당하는 경우를 제외하고는 본인의 의사에 반하여 해촉되지 아니한다.

> ⓐ 신체상 또는 정신상의 장애로 직무를 수행할 수 없는 경우
> ⓑ 「국가공무원법」제33조의 어느 하나에 해당하는 경우
> ⓒ 그 밖에 직무상의 의무 위반 등 대통령령으로 정하는 해촉 사유에 해당하는 경우

④ **위원장의 직무 및 직무대행**: 위원장은 중앙분쟁조정위원회를 대표하고 그 직무를 총괄한다. 다만, 위원장이 부득이한 사유로 직무를 수행할 수 없는 경우에는 위원장이 미리 지명한 위원 순으로 그 직무를 대행한다.

⑤ **위원의 제척 등**

㉠ **제척사유**: 중앙분쟁조정위원회의 위원이 다음의 어느 하나에 해당하는 경우에는 그 사건의 조정등에서 제척된다.

> ⓐ 위원 또는 그 배우자나 배우자였던 사람이 해당 사건의 당사자가 되거나 해당 사건에 관하여 공동의 권리자 또는 의무자의 관계에 있는 경우
> ⓑ 위원이 해당 사건의 당사자와 친족관계에 있거나 있었던 경우
> ⓒ 위원이 해당 사건에 관하여 증언이나 하자진단 또는 하자감정을 한 경우
> ⓓ 위원이 해당 사건에 관하여 당사자의 대리인으로서 관여하였거나 관여한 경우
> ⓔ 위원이 해당 사건의 원인이 된 처분 또는 부작위에 관여한 경우
> ⓕ 위원이 최근 3년 이내에 해당 사건의 당사자인 법인 또는 단체의 임원 또는 직원으로 재직거나 재직하였던 경우
> ⓖ 위원이 속한 법인 또는 단체(최근 3년 이내에 속하였던 경우를 포함한다)가 해당 사건에 관하여 설계, 감리, 시공, 자문, 감정 또는 조사를 수행한 경우
> ⓗ 위원이 최근 3년 이내에 해당 사건 당사자인 법인 또는 단체가 발주한 설계, 감리, 시공, 감정 또는 조사를 수행한 경우

　　ⓒ **제척결정**: 중앙분쟁조정위원회는 제척의 원인이 있는 경우에는 직권 또는 당사자의 신청에 따라 제척결정을 하여야 한다.
　　ⓒ **기피신청**: 당사자는 위원에게 공정한 조정등을 기대하기 어려운 사정이 있는 경우에는 중앙분쟁조정위원회에 기피신청을 할 수 있으며, 중앙분쟁조정위원회는 기피신청이 타당하다고 인정하면 기피 결정을 하여야 한다.
　　ⓔ **회피**: 위원은 위 ㉠ 또는 ㉢의 사유에 해당하는 경우에는 스스로 그 사건의 조정등에서 회피(回避)하여야 한다.
　⑥ **개의 및 의결 정족수**: 중앙분쟁조정위원회의 회의는 재적위원 과반수의 출석으로 개의하고 출석위원 과반수의 찬성으로 의결한다.
　⑦ **소관 사무처리 절차**: 중앙분쟁조정위원회는 위원회의 소관 사무처리 절차와 그 밖에 위원회의 운영에 관한 규칙을 정할 수 있다.

(4) 중앙 공동주택관리 분쟁조정위원회의 회의 등
　① **위임규정**: 중앙분쟁조정위원회의 구성 및 운영 등에 필요한 사항은 대통령령(아래 ②)으로 정한다.
　② **중앙 공동주택관리 분쟁조정위원회의 회의 등**
　　㉠ **회의사항 고지**: 중앙분쟁조정위원회의 위원장은 위원회의 회의를 소집하려면 특별한 사정이 있는 경우를 제외하고는 회의 개최 3일 전까지 회의 일시·장소 및 심의안건을 각 위원에게 서면(전자우편 포함)으로 알려야 한다.
　　㉡ **사건의 분리 또는 병합**: 중앙분쟁조정위원회는 조정을 효율적으로 하기 위하여 필요하다고 인정하면 해당 사건들을 분리하거나 병합할 수 있다.
　　㉢ **분리 또는 병합의 고지**: 중앙분쟁조정위원회는 위 ㉡에 따라 해당 사건들을 분리하거나 병합한 경우에는 조정의 당사자에게 지체 없이 서면으로 그 뜻을 알려야 한다.

ⓔ **자료제출의 요청**: 중앙분쟁조정위원회는 조정을 위하여 필요하다고 인정하면 당사자에게 증거서류 등 관련 자료의 제출을 요청할 수 있다.

ⓜ **출석요청**: 중앙분쟁조정위원회는 당사자나 이해관계인을 중앙분쟁조정위원회에 출석시켜 의견을 들으려면 회의 개최 5일 전까지 서면(전자우편을 포함한다)으로 출석을 요청하여야 한다. 이 경우 출석을 요청받은 사람은 출석할 수 없는 부득이한 사유가 있는 경우에는 미리 서면으로 의견을 제출할 수 있다.

ⓑ **그 밖에 필요사항**: 위 ㉠부터 ⓜ까지에서 규정한 사항 외에 중앙분쟁조정위원회의 운영 등 필요한 사항은 중앙분쟁조정위원회의 의결을 거쳐 위원장이 정한다.

ⓢ **중앙분쟁조정시스템**: 국토교통부장관은 분쟁조정 사건을 전자적 방법으로 접수·통지 및 송달하거나, 민원상담 및 홍보 등을 인터넷을 이용하여 처리하기 위하여 중앙분쟁조정시스템을 구축·운영할 수 있다.

③ **수당 등**: 중앙분쟁조정위원회 위원에 대하여는 예산의 범위에서 업무수행에 따른 수당, 여비 및 그 밖에 필요한 경비를 지급할 수 있다. 다만, 공무원인 위원이 소관업무와 직접 관련하여 회의에 출석하는 경우에는 그러하지 아니하다.

(5) 분쟁조정의 신청 및 조정등

① 조정의 신청 등

㉠ **조정의 신청**: 위 **(1)**의 ③의 사항에 대하여 분쟁이 발생한 때에는 중앙분쟁조정위원회에 조정을 신청할 수 있다.

㉡ **선정대표자**

ⓐ **대표자의 선정**: 신청한 조정등의 사건 중에서 여러 사람이 공동으로 조정등의 당사자가 되는 사건(이하 '단체사건'이라 한다)의 경우에는 그중에서 3명 이하의 사람을 대표자로 선정할 수 있다.

ⓑ **대표자 선정의 권고**: 중앙분쟁조정위원회는 단체사건의 당사자들에게 위 ⓐ에 따라 대표자를 선정하도록 권고할 수 있다.

ⓒ **선정대표자의 권한**: 위 ⓐ에 따라 선정된 대표자(이하 '선정대표자'라 한다)는 위 ㉠에 따라 신청한 조정등에 관한 권한을 갖는다. 다만, 신청을 철회하거나 조정안을 수락하려는 경우에는 서면으로 다른 당사자의 동의를 받아야 한다.

ⓓ **해당 사건에 관한 행위**: 대표자가 선정되었을 때에는 다른 당사자들은 특별한 사유가 없으면 그 선정대표자를 통하여 해당 사건에 관한 행위를 하여야 한다.

ⓔ **선정결과의 제출**: 대표자를 선정한 당사자들은 그 선정결과를 국토교통부령(아래 ⓕ으로 정하는 바에 따라 중앙분쟁조정위원회에 제출하여야 한다. 선정대표자를 해임하거나 변경한 경우에도 또한 같다.

ⓕ **선정대표자의 선임계**: 분쟁조정 사건에 대하여 대표자를 선정, 해임 또는 변경한 당사자들은 선정대표자 선임(해임·변경)계를 중앙분쟁조정위원회에 제출하여야 한다.

ⓒ **분쟁조정신청서의 제출**: 위 ㉠에 따라 조정을 신청하려는 자는 공동주택관리 분쟁조정 신청서에 다음의 서류를 첨부하여 중앙분쟁조정위원회에 제출하여야 한다. 이 경우 전자적 방법으로 필요한 서류를 제출할 수 있다.

> ⓐ 당사자간 교섭경위서(공동주택관리 분쟁이 발생한 때부터 조정을 신청할 때까지 해당 분쟁사건의 당사자간 일정별 교섭내용과 그 입증자료를 말한다) 1부
> ⓑ 신청인의 신분증 사본(대리인이 신청하는 경우에는 신청인의 위임장 및 인감증명서 또는 본인서명사실 확인 등에 관한 법률 제2조 제3호에 따른 본인서명사실확인서와 대리인의 신분증 사본을 말한다) 각 1부
> ⓒ 입주자대표회의가 신청하는 경우에는 그 구성 신고를 증명하는 서류 1부
> ⓓ 관리사무소장이 신청하는 경우에는 관리사무소장 배치 및 직인 신고증명서 사본 1부
> ⓔ 그 밖에 조정에 참고가 될 수 있는 객관적인 자료

② **조정의 개시 등**: 중앙분쟁조정위원회는 위 ①의 ㉠에 따라 조정의 신청을 받은 때에는 지체 없이 조정의 절차를 개시하여야 한다. 이 경우 중앙분쟁조정위원회는 필요하다고 인정하면 당사자나 이해관계인을 중앙분쟁조정위원회에 출석하게 하여 의견을 들을 수 있다.

③ **분쟁조정 신청에 대한 상대방 통지 의무**

㉠ **상대방 통지**: 중앙분쟁조정위원회는 당사자 일방으로부터 조정등의 신청을 받은 때에는 그 신청내용을 상대방에게 통지하여야 한다.

㉡ **통지방법**: 중앙분쟁조정위원회는 조정의 신청을 받은 때에는 즉시 공동주택관리 분쟁조정 사건 통지서에 다음의 서류를 첨부하여 상대방에게 보내야 한다.

> ⓐ 신청인이 제출한 공동주택관리 분쟁조정 신청서 사본
> ⓑ 공동주택관리 분쟁조정 사건 답변서 제출 서식

④ **통지를 받은 상대방의 답변서 제출 의무**
  ㉠ 답변서 제출 기한: 위 ③의 ㉠에 따라 통지를 받은 상대방은 신청내용에 대한 답변서를 특별한 사정이 없으면 10일 이내에 중앙분쟁조정위원회에 제출하여야 한다.
  ㉡ 제출방법: 위 ③의 ㉡에 따른 통지를 받은 상대방은 공동주택관리 분쟁조정 사건 답변서를 작성하여 중앙분쟁조정위원회에 제출하여야 한다.
⑤ **분쟁조정에 응할 의무**: 중앙분쟁조정위원회로부터 분쟁조정 신청에 관한 통지를 받은 입주자대표회의(구성원을 포함한다)와 관리주체는 분쟁조정에 응하여야 한다.
⑥ **조정기간 등**
  ㉠ 조정기간: 중앙분쟁조정위원회는 위 ②에 따른 조정절차를 개시한 날부터 30일 이내에 그 절차를 완료한 후 조정안을 작성하여 지체 없이 이를 각 당사자에게 제시하여야 한다. 다만, 부득이한 사정으로 30일 이내에 조정절차를 완료할 수 없는 경우 중앙분쟁조정위원회는 그 기간을 연장할 수 있다. 이 경우 그 사유와 기한을 명시하여 당사자에게 서면으로 통지하여야 한다.
  ㉡ 조정안의 기재사항: 위 ㉠에 따른 조정안에는 다음의 사항을 기재하여야 한다.

  > ⓐ 사건번호와 사건명
  > ⓑ 당사자, 선정대표자, 대리인의 주소 및 성명(법인인 경우에는 본점의 소재지 및 명칭을 말한다)
  > ⓒ 신청취지
  > ⓓ 조정일자
  > ⓔ 조정이유
  > ⓕ 조정결과

⑦ **조정안의 수락**
  ㉠ 조정안의 수락기한: 조정안을 제시받은 당사자는 그 제시를 받은 날부터 30일 이내에 그 수락 여부를 중앙분쟁조정위원회에 서면으로 통보하여야 한다. 이 경우 30일 이내에 의사표시가 없는 때에는 수락한 것으로 본다.
  ㉡ 답변서의 제출: 조정안을 제시받은 당사자는 위 ㉠에 따라 조정안 수락 여부 답변서를 중앙분쟁조정위원회에 제출하여야 한다.

⑧ **조정서의 작성**
  ㉠ **조정서의 작성**: 당사자가 조정안을 수락하거나 수락한 것으로 보는 경우 중앙분쟁조정위원회는 조정서를 작성하고, 위원장 및 각 당사자가 서명·날인한 후 조정서 정본을 지체 없이 각 당사자 또는 그 대리인에게 송달하여야 한다. 다만, 수락한 것으로 보는 경우에는 각 당사자의 서명·날인을 생략할 수 있다.
  ㉡ **조정서의 기재사항**: 위 ㉠에 따른 조정서에 기재할 사항은 다음과 같다.

  > ⓐ 사건번호와 사건명
  > ⓑ 당사자, 선정대표자, 대리인의 주소 및 성명(법인인 경우에는 본점의 소재지 및 명칭을 말한다)
  > ⓒ 교부일자
  > ⓓ 조정내용
  > ⓔ 신청의 표시(신청취지 및 신청원인)

⑨ **조정의 효력**: 위 ⑧의 ㉠에 따라 조정안을 수락하거나 수락한 것으로 보는 때에는 그 조정서의 내용은 재판상 화해와 동일한 효력을 갖는다. 다만, 당사자가 임의로 처분할 수 없는 사항에 관한 것은 그러하지 아니하다.

(6) 사실 조사·검사 등

① **조사·검사**: 중앙분쟁조정위원회는 위원 또는 아래 **(9)**의 ②에 따른 중앙분쟁조정위원회의 운영 및 사무처리를 위한 조직(이하 '중앙분쟁조정위원회의 사무국'이라 한다)의 직원으로 하여금 해당 공동주택 등에 출입하여 조사·검사 및 열람하게 하거나 참고인의 진술을 들을 수 있도록 할 수 있다. 이 경우 당사자와 이해관계인은 이에 협조하여야 한다.

② **증표제시**: 위 ①에 따라 조사·검사 등을 하는 사람은 그 권한을 나타내는 증표를 지니고 이를 관계인에게 내보여야 한다.

(7) 조정의 거부와 중지

① **조정의 거부**: 중앙분쟁조정위원회는 분쟁의 성질상 분쟁조정위원회에서 조정을 하는 것이 맞지 아니하다고 인정하거나 부정한 목적으로 신청되었다고 인정하면 그 조정을 거부할 수 있다. 이 경우 조정의 거부 사유를 신청인에게 알려야 한다.

② **조정의 중지**: 중앙분쟁조정위원회는 신청된 사건의 처리 절차가 진행되는 도중에 한쪽 당사자가 소를 제기한 경우에는 조정의 처리를 중지하고 이를 당사자에게 알려야 한다.

③ **합의의 권고**: 중앙분쟁조정위원회는 분쟁조정 신청을 받으면 조정절차 계속 중에도 당사자에게 합의를 권고할 수 있다. 이 경우 권고는 조정절차의 진행에 영향을 미치지 아니한다.

(8) 조정의 비용
① 중앙분쟁조정위원회에 조정을 신청하려는 자는 국토교통부장관이 정하여 고시하는 바에 따라 수수료를 납부해야 한다.
② 조정등의 진행과정에서 다음의 비용이 발생할 때에는 당사자가 합의한 바에 따라 그 비용을 부담한다. 다만, 당사자가 합의하지 아니하는 경우에는 중앙분쟁조정위원회에서 부담비율을 정한다.

> ㉠ 조사, 분석 및 검사에 드는 비용
> ㉡ 증인 또는 증거의 채택에 드는 비용
> ㉢ 통역 및 번역 등에 드는 비용
> ㉣ 그 밖에 조정 등에 드는 비용

(9) 중앙분쟁조정위원회의 운영 및 사무처리의 위탁
① **운영 및 사무처리의 위탁**: 국토교통부장관은 중앙분쟁조정위원회의 운영 및 사무처리를 고시로 정하는 기관 또는 단체에 위탁할 수 있다.
② **위임규정**: 위 ①에 따른 중앙분쟁조정위원회의 운영 및 사무처리를 위한 조직 및 인력 등에 필요한 사항은 대통령령(아래 ③)으로 정한다.
③ **운영 및 사무처리**
   ㉠ 사무국의 설치 및 사무처리: 위 ①에 따른 기관 또는 단체(이하 '운영수탁자'라 한다)에 중앙분쟁조정위원회의 운영 및 사무처리를 위한 사무국을 두며, 사무국은 위원장의 명을 받아 사무를 처리한다.
   ㉡ 조직 및 인력: 위 ②에 따라 위 ㉠에 따른 사무국의 조직 및 인력 등은 운영수탁자가 국토교통부장관의 승인을 받아 정한다.
④ **경비의 출연 또는 보조**: 국토교통부장관은 예산의 범위에서 중앙분쟁조정위원회의 운영 및 사무처리에 필요한 경비를 위 ①에 따른 수탁 기관 또는 단체에 출연 또는 보조할 수 있다.

(10) 「민사조정법」 등의 준용
① **「민사조정법」의 준용**: 중앙분쟁조정위원회는 분쟁의 조정등의 절차에 관하여 「공동주택관리법」에서 규정하지 아니한 사항 및 소멸시효의 중단에 관하여는 「민사조정법」을 준용한다.

② **「민사소송법」의 준용**: 조정등에 따른 서류송달에 관하여는 「민사소송법」 제174조부터 제197조까지의 규정을 준용한다.

(11) **절차등의 비공개 등**
① **절차의 비공개**: 중앙분쟁조정위원회가 수행하는 조정등의 절차 및 의사결정 과정은 공개하지 아니한다. 다만, 분과위원회 및 소위원회에서 공개할 것을 의결한 경우에는 그러하지 아니하다.
② **비밀누설금지**: 중앙분쟁조정위원회의 위원과 중앙분쟁조정위원회의 사무국 직원으로서 그 업무를 수행하거나 수행하였던 사람은 조정등의 절차에서 직무상 알게 된 비밀을 누설하여서는 아니 된다.

(12) **지방 공동주택관리 분쟁조정위원회**
① **위임규정**: 지방분쟁조정위원회의 구성에 필요한 사항은 대통령령(아래 ②)으로 정하며, 지방분쟁조정위원회의 회의·운영 등에 필요한 사항은 해당 시·군·구의 조례로 정한다.
② **지방 공동주택관리 분쟁조정위원회의 구성**
  ㉠ **구성원 수**: 위 ①에 따라 지방 공동주택관리 분쟁조정위원회(이하 '지방분쟁조정위원회'라 한다)는 위원장 1명을 포함하여 10명 이내의 위원으로 구성하되, 성별을 고려하여야 한다.
  ㉡ **위원의 위촉 또는 임명**: 지방분쟁조정위원회의 위원은 다음의 어느 하나에 해당하는 사람 중에서 해당 시장·군수·구청장이 위촉하거나 임명한다.

  > ⓐ 해당 시·군 또는 구(자치구를 말한다) 소속 공무원
  > ⓑ 법학·경제학·부동산학 등 주택분야와 관련된 학문을 전공한 사람으로 대학이나 공인된 연구기관에서 조교수 이상 또는 이에 상당하는 직(職)에 있거나 있었던 사람
  > ⓒ 변호사·공인회계사·세무사·건축사·공인노무사의 자격이 있는 사람 또는 판사·검사
  > ⓓ 공동주택 관리사무소장으로 5년 이상 근무한 경력이 있는 주택관리사
  > ⓔ 그 밖에 공동주택관리 분야에 대한 학식과 경험을 갖춘 사람

  ㉢ **위원장**: 지방분쟁조정위원회의 위원장은 위원 중에서 해당 지방자치단체의 장이 지명하는 사람이 된다.
  ㉣ **임기**: 공무원이 아닌 위원의 임기는 2년으로 한다. 다만, 보궐위원의 임기는 전임자의 남은 임기로 한다.
③ **준용규정**: 지방분쟁조정위원회의 위원 중 공무원이 아닌 위원이 본인의 의사에 반하여 해촉되지 아니할 권리, 위원의 제척·기피·회피에 관한 내용은 중앙분쟁조정위원회에 관한 규정을 준용한다.

④ **조정의 효력**: 분쟁당사자가 지방분쟁조정위원회의 조정결과를 수락한 경우에는 당사자간에 조정조서(調停調書)와 같은 내용의 합의가 성립된 것으로 본다.

> **이렇게 출제!**
>
> **08** 공동주택관리법령상 공동주택관리 분쟁조정위원회의 구성에 관한 규정의 일부이다. (　)에 들어갈 숫자를 쓰시오.
> 제17회 수정
>
> ② 지방분쟁조정위원회의 위원은 다음 각 호의 어느 하나에 해당하는 사람 중에서 해당 시장·군수·구청장이 위촉하거나 임명한다.
>   4. 공동주택 관리사무소장으로 (㉠)년 이상 근무한 경력이 있는 주택관리사
> ④ 공무원이 아닌 위원의 임기는 (㉡)년으로 한다. 다만, 보궐위원의 임기는 전임자의 남은 임기로 한다.
>
> 정답 ㉠ 5 ㉡ 2

7 대외업무관리

1. 공동주택관리법령상 법정교육

(1) 장기수선계획의 조정교육

① **교육의 실시 및 대상자**: 관리주체는 장기수선계획을 검토하기 전에 해당 공동주택의 관리사무소장으로 하여금 국토교통부령으로 정하는 바에 따라 시·도지사가 실시하는 장기수선계획의 비용산출 및 공사방법 등에 관한 교육을 받게 할 수 있다.

② **업무의 위탁**: 시·도지사는 장기수선계획의 조정교육의 업무를 주택관리에 관한 전문기관 또는 단체를 지정하여 위탁한다.

③ **교육실시의 공고 또는 통보**: 위 ①에 따른 장기수선계획의 조정교육에 관한 업무를 위 ②에 따라 위탁받은 기관은 교육실시 10일 전에 교육의 일시·장소·기간·내용·대상자 및 그 밖에 교육에 필요한 사항을 공고하거나 관리주체에게 통보하여야 한다.

④ **조정교육수탁기관의 이행사항**: 특별시장·광역시장·특별자치시장·도지사 또는 특별자치도지사(이하 '시·도지사'라 한다)는 위 ③에 따른 수탁기관으로 하여금 다음의 사항을 이행하도록 하여야 한다.

> ㉠ 매년 11월 30일까지 다음의 내용이 포함된 다음 연도의 교육계획서를 작성하여 시·도지사의 승인을 받을 것
>   ⓐ 교육일시·장소 및 교육시간
>   ⓑ 교육예정인원
>   ⓒ 강사의 성명·주소 및 교육과목별 이수시간
>   ⓓ 교육과목 및 내용
>   ⓔ 그 밖에 교육시행과 관련하여 시·도지사가 요구하는 사항
> ㉡ 해당 연도의 교육 종료 후 1개월 이내에 다음의 내용이 포함된 교육결과보고서를 작성하여 시·도지사에게 보고할 것
>   ⓐ 교육대상자 및 이수자 명단
>   ⓑ 교육계획의 주요내용이 변경된 경우에는 그 변경내용과 사유
>   ⓒ 그 밖에 교육시행과 관련하여 시·도지사가 요구하는 사항

(2) 주택관리업자 등의 교육

① **교육대상자**

㉠ **배치교육 및 배치전교육**: 주택관리업자(법인인 경우에는 그 대표자를 말한다)와 관리사무소장으로 배치받은 주택관리사등은 국토교통부령(아래 ③)으로 정하는 바에 따라 시·도지사로부터 공동주택관리에 관한 교육과 윤리교육을 받아야 한다. 이 경우 관리사무소장으로 배치받으려는 주택관리사등은 국토교통부령(아래 ③)으로 정하는 바에 따라 공동주택관리에 관한 교육과 윤리교육을 받을 수 있고, 그 교육을 받은 경우에는 관리사무소장의 교육 의무를 이행한 것으로 본다.

㉡ **휴면교육**: 관리사무소장으로 배치받으려는 주택관리사등이 배치예정일부터 직전 5년 이내에 관리사무소장·공동주택관리기구의 직원 또는 주택관리업자의 임직원으로서 종사한 경력이 없는 경우에는 국토교통부령(아래 ③)으로 정하는 바에 따라 시·도지사가 실시하는 공동주택관리에 관한 교육과 윤리교육을 이수하여야 관리사무소장으로 배치받을 수 있다. 이 경우 공동주택관리에 관한 교육과 윤리교육을 이수하고 관리사무소장으로 배치받은 주택관리사등에 대하여는 위 ㉠에 따른 관리사무소장의 교육 의무를 이행한 것으로 본다.

㉢ **보수교육**: 공동주택의 관리사무소장으로 배치받아 근무 중인 주택관리사등은 위 ㉠ 또는 ㉡에 따른 교육을 받은 후 3년마다 국토교통부령(아래 ③)으로 정하는 바에 따라 공동주택관리에 관한 교육과 윤리교육을 받아야 한다.

② **업무의 위탁**: 시·도지사는 주택관리업자 및 관리사무소장에 대한 교육의 업무를 주택관리에 관한 전문기관 또는 단체를 지정하여 위탁한다.

③ **교육기준**

㉠ **교육시기**: 위 ①의 ㉠에 따라 주택관리업자(법인인 경우에는 그 대표자를 말한다) 또는 관리사무소장으로 배치받은 주택관리사등은 다음의 구분에 따른 시기에 위 ②에 따라 교육업무를 위탁받은 기관 또는 단체(이하 '교육수탁기관'이라 한다)로부터 공동주택관리에 관한 교육과 윤리교육을 받아야 한다. 이 경우 교육수탁기관은 관리사무소장으로 배치받으려는 주택관리사등에 대해서도 공동주택관리에 관한 교육과 윤리교육을 시행할 수 있다.

> ⓐ **주택관리업자**: 주택관리업의 등록을 한 날부터 3개월 이내
> ⓑ **관리사무소장**: 관리사무소장으로 배치된 날(주택관리사보로서 관리사무소장이던 사람이 주택관리사의 자격을 취득한 경우에는 그 자격취득일을 말한다)부터 3개월 이내

㉡ **구분실시**: 위 ①의 ㉡에 따른 교육은 주택관리사와 주택관리사보로 구분하여 실시한다.

㉢ **교육내용**: 공동주택의 관리사무소장으로 배치받아 근무 중인 주택관리사등이 위 ①의 ㉢에 따라 받는 공동주택관리에 관한 교육과 윤리교육에는 다음의 사항이 포함되어야 한다.

> ⓐ 공동주택의 관리책임자로서 필요한 관계 법령, 소양 및 윤리에 관한 사항
> ⓑ 공동주택 주요 시설의 교체 및 수리 방법 등 주택관리사로서 필요한 전문 지식에 관한 사항
> ⓒ 공동주택의 하자보수 절차 및 분쟁해결에 관한 교육

㉣ **교육기간**: 위 ㉠부터 ㉢까지의 규정에 따른 교육기간은 3일로 한다. 이 경우 교육은 교육과정의 성격, 교육여건 등을 고려하여 집합교육 또는 인터넷을 이용한 교육의 방법으로 실시할 수 있다.

㉤ **교육실시의 공고 또는 통보**: 위 ㉠부터 ㉢까지의 규정에 따른 주택관리에 관한 교육 및 관리사무소장의 직무에 관한 교육에 관한 업무를 위탁받은 기관은 교육실시 10일 전에 교육의 일시·장소·기간·내용·대상자 그 밖에 교육에 관하여 필요한 사항을 공고하거나 관리주체에게 통보하여야 한다.

㉥ **교육수탁기관의 이행사항**: 위 ①의 ㉠부터 ㉢까지의 규정에 따른 교육에 관해서는 위 **(1)**의 ④를 준용한다.

④ **교육지침**: 국토교통부장관은 위 ①의 ㉠부터 ㉢까지에 따라 시·도지사가 실시하는 교육의 전국적 균형을 유지하기 위하여 교육수준 및 교육방법 등에 필요한 지침을 마련하여 시행할 수 있다.

(3) 입주자대표회의의 구성원 교육

① **입주자대표회의의 구성원 교육**: 시장·군수·구청장은 대통령령(아래 ⑥)으로 정하는 바에 따라 입주자대표회의의 구성원에게 입주자대표회의의 운영과 관련하여 필요한 교육 및 윤리교육을 실시하여야 한다. 이 경우 입주자대표회의의 구성원은 그 교육을 성실히 이수하여야 한다.

② **교육내용**: 위 ①에 따른 교육내용에는 다음의 사항을 포함하여야 한다.

> ㉠ 공동주택의 관리에 관한 관계 법령 및 관리규약의 준칙에 관한 사항
> ㉡ 입주자대표회의 구성원의 직무·소양 및 윤리에 관한 사항
> ㉢ 공동주택단지 공동체의 활성화에 관한 사항
> ㉣ 관리비·사용료 및 장기수선충당금에 관한 사항
> ㉤ 공동주택 회계처리에 관한 사항
> ㉥ 층간소음 예방 및 입주민 간 분쟁의 조정에 관한 사항
> ㉦ 하자보수에 관한 사항
> ㉧ 그 밖에 입주자대표회의의 운영에 필요한 사항

③ **입주자등 교육**: 시장·군수·구청장은 관리주체·입주자등이 희망하는 경우에는 위 ①의 교육을 관리주체·입주자등에게 실시할 수 있다.

④ **업무의 위탁**: 시장·군수·구청장은 입주자대표회의의 구성원 등 교육을 공동주택관리 지원기구에 위탁한다.

⑤ **위임규정**: 위 ① 및 ③에 따른 교육의 시기·방법, 비용부담 등에 필요한 사항은 대통령령(아래 ⑥)으로 정한다.

⑥ **교육기준**

㉠ **교육의 공고 및 고지**: 위 ① 또는 ③에 따라 시장·군수·구청장은 입주자대표회의 구성원 또는 입주자등에 대하여 입주자대표회의의 운영과 관련하여 필요한 교육 및 윤리교육(이하 '운영·윤리교육'이라 한다)을 하려면 다음의 사항을 교육 10일 전까지 공고하거나 교육대상자에게 알려야 한다.

> ⓐ 교육일시, 교육기간 및 교육장소
> ⓑ 교육내용
> ⓒ 교육대상자
> ⓓ 그 밖에 교육에 관하여 필요한 사항

ⓒ **교육시간**: 입주자대표회의 구성원은 매년 4시간의 운영·윤리교육을 이수하여야 한다.

ⓒ **교육방법**: 운영·윤리교육은 집합교육의 방법으로 한다. 다만, 교육 참여현황의 관리가 가능한 경우에는 그 전부 또는 일부를 온라인교육으로 할 수 있다.

ⓒ **수료증의 수여**: 시장·군수·구청장은 운영·윤리교육을 이수한 사람에게 수료증을 내주어야 한다. 다만, 교육수료 사실을 입주자대표회의 구성원이 소속된 입주자대표회의에 문서로 통보함으로써 수료증의 수여를 갈음할 수 있다.

ⓒ **비용부담**: 입주자대표회의 구성원에 대한 운영·윤리교육의 수강비용은 입주자대표회의 운영경비에서 부담하며, 입주자등에 대한 운영·윤리교육의 수강비용은 수강생 본인이 부담한다. 다만, 시장·군수·구청장은 필요하다고 인정하는 경우에는 그 비용의 전부 또는 일부를 지원할 수 있다.

ⓒ **참여현황의 관리**: 시장·군수·구청장은 입주자대표회의 구성원의 운영·윤리교육 참여현황을 엄격히 관리하여야 하며, 운영·윤리교육을 이수하지 아니한 입주자대표회의 구성원에 대해서는 「공동주택관리법」 제93조 제1항(공동주택관리에 관한 감독)에 따라 필요한 조치를 하여야 한다.

(4) 방범교육 및 안전교육

① **교육의 실시**: 다음의 사람은 국토교통부령(아래 ②)으로 정하는 바에 따라 공동주택단지의 각종 안전사고의 예방과 방범을 위하여 시장·군수·구청장이 실시하는 방범교육 및 안전교육을 받아야 한다.

> ⓒ 경비업무에 종사하는 사람
> ⓒ 안전관리계획에 따라 시설물 안전관리자 및 안전관리책임자로 선정된 사람

② **교육기준**: 위 ①에 따른 방범교육 및 안전교육은 다음의 기준에 따른다.

> ⓒ **이수 의무 교육시간**: 연 2회 이내에서 시장·군수·구청장이 실시하는 횟수, 매회별 4시간
> ⓒ **대상자**
>   ⓐ **방범교육**: 경비책임자
>   ⓑ **소방에 관한 안전교육**: 시설물 안전관리책임자 및 경비책임자
>   ⓒ **시설물에 관한 안전교육**: 시설물 안전관리책임자
> ⓒ **교육내용**
>   ⓐ **방범교육**: 강도, 절도 등의 예방 및 대응
>   ⓑ **소방에 관한 안전교육**: 소화, 연소 및 화재예방
>   ⓒ **시설물에 관한 안전교육**: 시설물 안전사고의 예방 및 대응

③ **교육의 위임 등**

㉠ **교육의 위임 또는 위탁**: 시장·군수·구청장은 위 ①에 따른 방범교육 및 안전교육을 국토교통부령으로 정하는 바에 따라 다음의 구분에 따른 기관 또는 법인에 위임하거나 위탁하여 실시할 수 있다.

> ⓐ **방범교육**: 관할 경찰서장 또는 「공동주택관리법」 제89조 제2항에 따라 인정받은 법인
> ⓑ **소방에 관한 안전교육**: 관할 소방서장 또는 「공동주택관리법」 제89조 제2항에 따라 인정받은 법인
> ⓒ **시설물에 관한 안전교육**: 「공동주택관리법」 제89조 제2항에 따라 인정받은 법인

㉡ **업무의 위탁**

ⓐ 시장·군수·구청장은 방범교육을 관할 경찰서장 또는 공동주택관리 지원기구를 지정하여 위탁한다.
ⓑ 시장·군수·구청장은 소방에 관한 안전교육을 관할 소방서장 또는 공동주택관리 지원기구를 지정하여 위탁한다.
ⓒ 시장·군수·구청장은 시설물 안전교육을 공동주택관리 지원기구 또는 주택관리사단체를 지정하여 위탁한다.

④ **소방에 관한 안전교육의 인정**: 「화재의 예방 및 안전관리에 관한 법률」에 따른 소방안전관리자 실무교육 또는 소방안전교육을 이수한 사람은 소방에 관한 안전교육을 이수한 것으로 본다.

⑤ **교육실시의 통보 또는 공고**: 시설물에 관한 안전교육의 업무를 위탁받은 기관은 교육실시 10일 전에 교육의 일시·장소·기간·내용·대상자 및 그 밖에 교육에 필요한 사항을 공고하거나 관리주체에게 통보하여야 한다.

⑥ **교육수탁기관의 이행사항**: 시설물에 관한 안전교육에 관해서는 위 **(1)**의 ④를 준용한다.

2. 행위허가 기준 등

(1) 허가 및 신고대상

① **허가 및 신고대상 행위**: 공동주택(일반인에게 분양되는 복리시설을 포함한다. 이하 같다)의 입주자등 또는 관리주체가 다음의 어느 하나에 해당하는 행위를 하려는 경우에는 허가 또는 신고와 관련된 면적, 세대수 또는 입주자나 입주자등의 동의 비율에 관하여 대통령령[아래 **(2)**]으로 정하는 기준 및 절차 등에 따라 시장·군수·구청장의 허가를 받거나 시장·군수·구청장에게 신고를 하여야 한다.

> ㉠ 공동주택을 사업계획에 따른 용도 외의 용도에 사용하는 행위
> ㉡ 공동주택을 증축·개축·대수선하는 행위(주택법에 따른 리모델링은 제외한다)
> ㉢ 공동주택을 파손하거나 해당 시설의 전부 또는 일부를 철거하는 행위. 다만, 다음의 경미한 행위는 제외한다.
>   ⓐ 창틀·문틀의 교체
>   ⓑ 세대 내 천장·벽·바닥의 마감재 교체
>   ⓒ 급·배수관 등 배관설비의 교체
>   ⓓ 세대 내 난방설비의 교체(시설물의 파손·철거는 제외한다)
>   ⓔ 구내통신선로설비, 경비실과 통화가 가능한 구내전화, 지능형 홈네트워크 설비, 방송수신을 위한 공동수신설비 또는 영상정보처리기기의 교체(폐쇄회로 텔레비전과 네트워크 카메라 간의 교체를 포함한다)
>   ⓕ 보안등, 자전거보관소, 안내표지판, 담장(축대는 제외한다) 또는 보도블록의 교체
>   ⓖ 폐기물보관시설(재활용품 분류보관시설을 포함한다), 택배보관함 또는 우편함의 교체
>   ⓗ 조경시설 중 수목(樹木)의 일부 제거 및 교체
>   ⓘ 주민운동시설의 교체(다른 운동종목을 위한 시설로 변경하는 것을 말하며, 면적이 변경되는 경우는 제외한다)
>   ⓙ 부대시설 중 각종 설비나 장비의 수선·유지·보수를 위한 부품의 일부 교체
>   ⓚ 그 밖에 ⓐ부터 ⓘ까지의 규정에서 정한 사항과 유사한 행위로서 시장·군수·구청장이 인정하는 행위
> ㉣ 「주택법」에 따른 세대구분형 공동주택을 설치하는 행위
> ㉤ 공동주택의 용도폐지
> ㉥ 공동주택의 재축·증설 및 비내력벽의 철거(입주자 공유가 아닌 복리시설의 비내력벽의 철거는 제외한다)

② **신고의 수리**: 시장·군수·구청장은 위 ①에 따른 신고를 받은 경우 그 내용을 검토하여 이 법에 적합하면 신고를 수리하여야 한다. 위 ①에 따른 행위에 관하여 시장·군수·구청장이 관계 행정기관의 장과 협의하여 허가를 하거나 신고의 수리를 한 사항에 관하여는 「주택법」 제19조를 준용하며, 「건축법」 제19조에 따른 신고의 수리를 한 것으로 본다.

③ **시공 또는 감리자의 의무**: 공동주택의 시공 또는 감리 업무를 수행하는 자는 공동주택의 입주자등 또는 관리주체가 허가를 받거나 신고를 하지 아니하고 위 ①의 어느 하나에 해당하는 행위를 하는 경우 그 행위에 협조하여 공동주택의 시공 또는 감리 업무를 수행하여서는 아니 된다. 이 경우 공동주택의 시공 또는 감리 업무를 수행하는 자는 입주자등 또는 관리주체가 허가를 받거나 신고를 하였는지를 사전에 확인하여야 한다.

④ **사용검사**
  ㉠ **사용검사**: 공동주택의 입주자등 또는 관리주체가 위 ①에 따른 행위에 관하여 시장·군수·구청장의 허가를 받거나 신고를 한 후 그 공사를 완료하였을 때에는 시장·군수·구청장의 사용검사를 받아야 하며, 사용검사에

관하여는 「주택법」 제49조를 준용한다.

ⓛ **사용검사신청서의 제출**: 입주자등 또는 관리주체는 위 ㉠에 따라 사용검사를 받으려는 경우에는 사용검사 신청서에 다음의 서류를 첨부하여 시장·군수·구청장에게 제출하여야 한다.

> ⓐ 감리자의 감리의견서(건축법에 따른 감리대상인 경우만 해당한다)
> ⓑ 시공자의 공사확인서

ⓒ **사용검사필증의 교부**: 시장·군수·구청장은 위 ⓛ에 따른 신청서를 받은 경우에는 사용검사의 대상이 허가 또는 신고된 내용에 적합한지를 확인한 후 사용검사필증을 발급하여야 한다.

⑤ **행위허가 등의 취소**: 시장·군수·구청장은 위 ①에 해당하는 자가 거짓이나 그 밖의 부정한 방법으로 허가를 받거나 신고를 한 경우에는 그 허가나 신고의 수리를 취소할 수 있다.

(2) 행위허가 또는 신고의 기준(공동주택관리법 시행령 제35조 제1항 관련 [별표 3])

구분		허가기준	신고기준
1. 용도변경	가. 공동주택	법령의 개정이나 여건 변동 등으로 인하여 「주택건설기준 등에 관한 규정」에 따른 주택의 건설기준에 부적합하게 된 공동주택의 전유부분을 같은 영에 적합한 시설로 용도를 변경하는 경우로서 전체 입주자 3분의 2 이상의 동의를 받은 경우	
	나. 입주자 공유가 아닌 복리시설		「주택건설기준 등에 관한 규정」에 따른 설치기준에 적합한 범위에서 부대시설이나 입주자 공유가 아닌 복리시설로 용도를 변경하는 경우. 다만, 다음의 어느 하나에 해당하는 경우는 「건축법」 등 관계 법령에 따른다. 1) 「주택법 시행령」 제7조 제1호 또는 제2호에 해당하는 시설 간에 용도를 변경하는 경우 2) 시·군·구 건축위원회의 심의를 거쳐 용도를 변경하는 경우
	다. 부대시설 및 입주자 공유인 복리시설	전체 입주자 3분의 2 이상의 동의를 얻어 주민운동시설, 주택단지 안의 도로 및 어린이놀이터를 각각 전체 면적의 4분의 3 범위에서 주차장 용도로 변경하는 경우[2013년	1) 「주택건설기준 등에 관한 규정」에 따른 설치기준에 적합한 범위에서 다음의 구분에 따른 동의요건을 충족하여 부대시설이나 주민공동시설로 용도변경을

| | 다. 부대시설 및 입주자 공유인 복리시설 | 12월 17일 이전에 종전의 「주택건설촉진법」(법률 제6916호 주택건설촉진법 개정법률로 개정되기 전의 것을 말한다) 제33조 및 종전의 「주택법」(법률 제13805호 주택법 전부개정법률로 개정되기 전의 것을 말한다) 제16조에 따른 사업계획승인을 신청하거나 「건축법」 제11조에 따른 건축허가를 받아 건축한 20세대 이상의 공동주택으로 한정한다]로서 그 용도변경의 필요성을 시장·군수·구청장이 인정하는 경우 | 하는 경우(영리를 목적으로 하지 않는 경우로 한정한다). 이 경우 필수시설(경로당은 제외하며, 어린이집은 「주택법」 제49조에 따른 사용검사일 또는 「건축법」 제22조에 따른 사용승인일부터 1년 동안 「영유아보육법」 제13조에 따른 인가신청이 없는 경우이거나 「영유아보육법」 제43조에 따른 폐지신고일부터 6개월이 지난 경우만 해당한다)은 시·군·구 건축위원회 심의를 거쳐 그 전부를 다른 용도로 변경할 수 있다.
가) 필수시설이나 경비원 등 근로자 휴게시설로 용도변경을 하는 경우: 전체 입주자 등 2분의 1 이상의 동의
나) 그 밖의 경우: 전체 입주자 등 3분의 2 이상의 동의
2) 2013년 12월 17일 이전에 종전의 「주택법」(법률 제13805호 주택법 전부개정법률로 개정되기 전의 것을 말한다) 제16조에 따른 사업계획승인을 신청하여 설치한 주민공동시설의 설치면적이 「주택건설기준 등에 관한 규정」 제55조의2 제1항 각 호에 따라 산정한 면적기준에 적합하지 않은 경우로서 다음의 구분에 따른 동의요건을 충족하여 주민공동시설을 다른 용도의 주민공동시설로 용도변경을 하는 경우. 이 경우 필수시설(경로당은 제외하며, 어린이집은 「주택법」 제49조에 따른 사용검사일 또는 「건축법」 제22조에 따른 사용승인일부터 1년 동안 「영유아보육법」 제13조에 따른 인가신청이 없는 경우이거나 「영유아보육법」 제43조에 따른 폐지신고일부터 6개월이 지난 경우만 해당한다)은 시·군·구 건축 |

			위원회 심의를 거쳐 그 전부를 다른 용도로 변경할 수 있다. 가) 필수시설로 용도변경을 하는 경우: 전체 입주자등 2분의 1 이상의 동의 나) 그 밖의 경우: 전체 입주자등 3분의 2 이상의 동의
2. 개축·재축·대수선	가. 공동주택	해당 동(棟) 입주자 3분의 2 이상의 동의를 받은 경우. 다만, 내력벽에 배관설비를 설치하는 경우에는 해당 동에 거주하는 입주자등 2분의 1 이상의 동의를 받아야 한다.	
	나. 부대시설 및 입주자 공유인 복리시설	전체 입주자 3분의 2 이상의 동의를 받은 경우. 다만, 내력벽에 배관설비를 설치하는 경우에는 전체 입주자등 2분의 1 이상의 동의를 받아야 한다.	
3. 파손·철거	가. 공동주택	1) 시설물 또는 설비의 철거로 구조안전에 이상이 없다고 시장·군수·구청장이 인정하는 경우로서 다음의 구분에 따른 동의 요건을 충족하는 경우 　가) 전유부분의 경우: 해당 동에 거주하는 입주자등 2분의 1 이상의 동의 　나) 공용부분의 경우: 해당 동 입주자등 3분의 2 이상의 동의. 다만, 비내력벽 또는 태양광설비를 철거하는 경우에는 해당 동에 거주하는 입주자등 2분의 1 이상의 동의를 받아야 한다. 2) 위해의 방지를 위하여 시장·군수·구청장이 부득이하다고 인정하는 경우로서 해당 동에 거주하는 입주자등 2분의 1 이상의 동의를 받은 경우	1) 노약자나 장애인의 편리를 위한 계단의 단층 철거 등 경미한 행위로서 입주자대표회의의 동의를 받은 경우 2) 「방송통신설비의 기술기준에 관한 규정」 제3조 제1항 제15호의 이동통신구내중계설비(이하 '이동통신구내중계설비'라 한다)를 철거하는 경우로서 입주자대표회의의 동의를 받은 경우 3) 물막이설비를 철거하는 경우로서 입주자대표회의의 동의를 받은 경우
	나. 부대시설 및 입주자 공유인 복리시설	1) 건축물인 부대시설 또는 복리시설을 전부 철거하는 경우로서 전체 입주자 3분의 2 이상의 동의를 받은 경우	1) 노약자나 장애인의 편리를 위한 계단의 단층 철거 등 경미한 행위로서 입주자대표회의의 동의를 받은 경우

3. 파손·철거	나. 부대시설 및 입주자 공유인 복리시설	2) 시설물 또는 설비의 철거로 구조안전에 이상이 없다고 시장·군수·구청장이 인정하는 경우로서 다음의 구분에 따른 동의 요건을 충족하는 경우 　가) 건축물 내부인 경우: 전체 입주자등 2분의 1 이상의 동의 　나) 그 밖의 경우: 전체 입주자등 3분의 2 이상의 동의. 다만, 태양광 설비를 철거하는 경우에는 전체 입주자등 2분의 1 이상의 동의를 받아야 한다. 3) 위해의 방지를 위하여 시설물 또는 설비를 철거하는 경우에는 시장·군수·구청장이 부득이하다고 인정하는 경우로서 전체 입주자등 2분의 1 이상의 동의를 받은 경우	2) 이동통신구내중계설비를 철거하는 경우로서 입주자대표회의 동의를 받은 경우 3) 물막이설비를 철거하는 경우로서 입주자대표회의의 동의를 받은 경우 4) 국토교통부령으로 정하는 경미한 사항으로서 입주자대표회의의 동의를 받은 경우
4. 세대구분형 공동주택의 설치		「주택법 시행령」 제9조 제1항 제2호의 요건을 충족하는 경우로서 다음의 구분에 따른 요건을 충족하는 경우 가. 대수선이 포함된 경우 　1) 내력벽에 배관설비를 설치하는 경우: 해당 동에 거주하는 입주자등 2분의 1 이상의 동의를 받은 경우 　2) 그 밖의 경우: 해당 동 입주자 3분의 2 이상의 동의를 받은 경우 나. 그 밖의 경우: 시장·군수·구청장이 구조안전에 이상이 없다고 인정하는 경우로서 해당 동에 거주하는 입주자등 2분의 1 이상의 동의를 받은 경우	
5. 용도폐지	가. 공동주택	1) 위해의 방지를 위하여 시장·군수·구청장이 부득이하다고 인정하는 경우로서 해당 동 입주자 3분의 2 이상의 동의를 받은 경우	

	가. 공동주택	2) 「주택법」 제54조에 따라 공급했으나 전체 세대가 분양되지 않은 경우로서 시장·군수·구청장이 인정하는 경우	
	나. 입주자 공유가 아닌 복리시설 다. 부대시설 및 입주자 공유인 복리시설	위해의 방지를 위하여 시장·군수·구청장이 부득이하다고 인정하는 경우 위해의 방지를 위하여 시장·군수·구청장이 부득이하다고 인정하는 경우로서 전체 입주자 3분의 2 이상의 동의를 받은 경우	
6. 증축·증설	가. 공동주택 및 입주자 공유가 아닌 복리시설	1) 다음의 어느 하나에 해당하는 증축의 경우 가) 증축하려는 건축물의 위치·규모 및 용도가 「주택법」 제15조에 따른 사업계획승인을 받은 범위에 해당하는 경우 나) 시·군·구 건축위원회의 심의를 거쳐 건축물을 증축하는 경우 다) 공동주택의 필로티 부분을 전체 입주자 3분의 2 이상 및 해당 동 입주자 3분의 2 이상의 동의를 받아 국토교통부령으로 정하는 범위에서 주민공동시설 또는 「주택건설기준 등에 관한 규정」 제28조제1항제2호의 경비원 등 공동주택 관리업무에 종사하는 근로자를 위한 휴게시설로 증축하는 경우로서 통행, 안전 및 소음 등에 지장이 없다고 시장·군수·구청장이 인정하는 경우 2) 구조안전에 이상이 없다고 시장·군수·구청장이 인정하는 증설로서 다음의 구분에 따른 동의요건을 충족하는 경우 가) 공동주택의 전유부분인 경우: 해당 동에 거주하는 입주자등 2분의 1 이상의 동의	1) 「주택법」 제49조에 따른 사용검사를 받은 면적의 10퍼센트의 범위에서 유치원을 증축(주택건설기준 등에 관한 규정에 따른 설치기준에 적합한 경우로 한정한다)하거나 「장애인·노인·임산부 등의 편의증진 보장에 관한 법률」 제2조 제2호의 편의시설을 설치하려는 경우 2) 이동통신구내중계설비를 설치하는 경우로서 입주자대표회의 동의를 받은 경우 3) 물막이설비를 철거하는 경우로서 입주자대표회의의 동의를 받은 경우

6. 증축·증설	가. 공동주택 및 입주자 공유가 아닌 복리시설	나) 공동주택의 공용부분인 경우: 해당 동 입주자등 3분의 2 이상의 동의. 다만, 태양광 설비를 설치하는 경우에는 해당 동 입주자등 2분의 1 이상의 동의를 받아야 한다.	

	나. 부대시설 및 입주자 공유인 복리시설	1) 전체 입주자 3분의 2 이상의 동의를 받아 증축하는 경우
		2) 구조안전에 이상이 없다고 시장·군수·구청장이 인정하는 증설로서 다음의 구분에 따른 동의요건을 충족하는 경우
		  가) 건축물 내부의 경우: 전체 입주자등 2분의 1 이상의 동의
		  나) 그 밖의 경우: 전체 입주자등 3분의 2 이상의 동의
			1) 국토교통부령으로 정하는 경미한 사항으로서 입주자대표회의의 동의를 받은 경우
			2) 주차장에 「환경친화적 자동차의 개발 및 보급 촉진에 관한 법률」 제2조 제3호의 전기자동차의 고정형 충전기 및 충전 전용 주차구획을 설치하는 행위(충전기를 교체하는 행위를 포함한다)로서 입주자대표회의의 동의를 받은 경우
			3) 이동통신구내중계설비를 설치하는 경우로서 입주자대표회의의 동의를 받은 경우
			4) 물막이설비를 철거하는 경우로서 입주자대표회의의 동의를 받은 경우

[비고]
1. '공동주택'이란 법 제2조 제1항 제1호 가목의 공동주택을 말한다.
2. '시·군·구 건축위원회'란 「건축법 시행령」 제5조의5 제1항에 따라 시·군·자치구에 두는 건축위원회를 말한다.
3. '필수시설'이란 「주택건설기준 등에 관한 규정」 제55조의2 제3항 각 호 구분에 따라 설치해야 하는 주민공동시설을 말한다.
4. 「건축법」 제11조에 따른 건축허가를 받아 분양을 목적으로 건축한 공동주택 및 같은 조에 따른 건축허가를 받아 주택 외의 시설과 주택을 동일 건축물로 건축한 건축물에 대해서는 위 표 제1호 다목의 허가기준만 적용하고, 그 외의 개축·재축·대수선 등은 「건축법」 등 관계 법령에 따른다.
5. '시설물'이란 다음의 어느 하나에 해당하는 것을 말한다.
    ① 비내력벽 등 건축물의 주요구조부가 아닌 구성요소
    ② 건축물 내·외부에 설치되는 건축물이 아닌 공작물(工作物)
6. '증설'이란 증축에 해당하지 않는 것으로서 시설물 또는 설비를 늘리는 것을 말한다.
7. '물막이설비'란 빗물 등의 유입으로 건축물이 침수되지 않도록 해당 건축물의 지하층 및 1층의 출입구(주차장의 출입구를 포함한다)에 설치하는 물막이판 등 해당 건축물의 침수를 방지할 수 있는 설비를 말한다.

8. 입주자 공유가 아닌 복리시설의 개축·재축·대수선, 파손·철거 및 증설은 「건축법」 등 관계 법령에 따른다.
9. 시장·군수·구청장은 위 표에 따른 행위가 「건축법」 제48조 제2항에 따라 구조의 안전을 확인해야 하는 사항인 경우 같은 항에 따라 구조의 안전을 확인했는지 여부를 확인해야 한다.
10. 시장·군수·구청장은 위 표에 따른 행위가 「건축물관리법」 제2조 제7호의 해체에 해당하는 경우 같은 법 제30조를 준수했는지 여부를 확인해야 한다.
11. 위 별표의 제3호(파손·철거)의 나목 신고기준란 4) 및 제6호(증축·증설)의 나목의 신고기준란 1)에서 '국토교통부령으로 정하는 경미한 사항'이란 「주택건설기준 등에 관한 규정」에 적합한 범위에서 다음의 시설을 사용검사를 받은 면적 또는 규모의 10퍼센트 범위에서 파손·철거 또는 증축·증설하는 경우를 말한다(공동주택관리법 시행규칙 제15조 제2항).
    ① 주차장, 조경시설, 어린이놀이터, 관리사무소, 경비원 등 근로자 휴게시설, 경비실, 경로당 또는 입주자집회소
    ② 대문, 담장 또는 공중화장실
    ③ 경비실과 통화가 가능한 구내전화 또는 영상정보처리기기
    ④ 보안등, 자전거보관소 또는 안내표지판
    ⑤ 옹벽, 축대[문주(문기둥)를 포함한다] 또는 주택단지 안의 도로
    ⑥ 폐기물보관시설(재활용품 분류보관시설을 포함한다), 택배보관함 또는 우편함
    ⑦ 주민운동시설(실외에 설치된 시설로 한정한다)
12. 위 별표의 제6호(증축·증설)의 가목 허가기준란 1)의 다)에서 '국토교통부령으로 정하는 범위'란 다음의 기준을 모두 갖춘 경우를 말한다(공동주택관리법 시행규칙 제15조 제3항).
    ① 「주택건설기준 등에 관한 규정」 제2조 제3호의 도서실(정보문화시설과 도서관법 제2조 제4호 가목에 따른 작은도서관을 포함한다), 주민교육시설(영리를 목적으로 하지 아니하고 공동주택의 거주자를 위한 교육장소를 말한다), 주민휴게시설, 독서실, 입주자집회소 또는 같은 영 제28조 제1항 제2호의 경비원 등 공동주택 관리 업무에 종사하는 근로자를 위한 휴게시설일 것
    ② ①의 시설로 증축하려는 필로티 부분의 면적 합계가 해당 주택단지 내의 필로티 부분 총면적의 100분의 30 이내일 것
    ③ ②에 따른 주민공동시설의 증축 면적을 해당 공동주택의 바닥면적에 산입하는 경우 용적률이 관계 법령에 따른 건축기준에 위반되지 않을 것

(3) 허가신청서 또는 신고서의 제출

① **신청서 등의 제출**: 위 **(1)**의 ①에 따라 허가를 받거나 신고를 하려는 자는 허가신청서 또는 신고서에 국토교통부령(아래 ②)으로 정하는 서류를 첨부하여 시장·군수·구청장에게 제출하여야 한다.

② **행위허가신청 등**: 위 ①에서 '국토교통부령으로 정하는 서류'란 다음의 구분에 따른 서류를 말한다. 이 경우 허가신청 또는 신고대상인 행위가 다음의 구분에 따라 입주자등의 동의를 얻어야 하는 행위로서 소음을 유발하는 행위인 때에는 공사기간 및 공사방법 등을 동의서에 적어야 한다.

㉠ **용도변경의 경우**
  ⓐ 용도를 변경하려는 층의 변경 전과 변경 후의 평면도
  ⓑ 공동주택단지의 배치도
  ⓒ 위 (2)에 따라 입주자의 동의를 받아야 하는 경우에는 그 동의서
㉡ **개축 · 재축 · 대수선 또는 세대구분형 공동주택의 설치의 경우**
  ⓐ 개축 · 재축 · 대수선을 하거나 세대구분형 공동주택을 설치하려는 건축물의 종별에 따른 「건축법 시행규칙」 제6조 제1항 각 호의 서류 및 도서. 이 경우 「건축법 시행규칙」 제6조 제1항 제1호의2 나목의 서류는 입주자 공유가 아닌 복리시설만 해당한다.
  ⓑ 위 (2)에 따라 입주자의 동의를 받아야 하는 경우에는 그 동의서
㉢ **파손 · 철거(비내력벽 철거는 제외한다) 또는 용도폐지의 경우**
  ⓐ 공동주택단지의 배치도
  ⓑ 위 (2)에 따라 입주자의 동의를 받아야 하는 경우에는 그 동의서
㉣ **비내력벽 철거의 경우**
  ⓐ 해당 건축물에서 철거하려는 벽이 비내력벽임을 증명할 수 있는 도면 및 사진
  ⓑ 위 (2)에 따라 입주자의 동의를 받아야 하는 경우에는 그 동의서
㉤ **증축의 경우**
  ⓐ 건축물의 종별에 따른 「건축법 시행규칙」 제6조 제1항의 서류 및 도서. 이 경우 「건축법 시행규칙」 제6조 제1항 제1호의2 나목의 서류는 입주자 공유가 아닌 복리시설만 해당한다.
  ⓑ 위 (2)에 따라 입주자의 동의를 받아야 하는 경우에는 그 동의서
㉥ **증설의 경우**
  ⓐ 건축물의 종별에 따른 「건축법 시행규칙」 제6조 제1항 제1호 및 제1호의2의 서류. 이 경우 「건축법 시행규칙」 제6조 제1항 제1호의2 나목의 서류는 입주자 공유가 아닌 복리시설만 해당한다.
  ⓑ 위 (2)에 따라 입주자의 동의를 받아야 하는 경우에는 그 동의서

③ **증명서의 교부**: 시장 · 군수 · 구청장은 위 ①에 따른 허가신청 또는 신고가 위 (2)에 따른 기준에 적합한 경우에는 각각 행위허가증명서 또는 행위신고증명서를 발급하여야 한다.

> **이렇게 출제!**

09 공동주택관리법령상 주택관리업자 등의 교육 및 벌칙에 관한 내용이다. ( )에 들어갈 아라비아 숫자를 쓰시오. 　　　　　제24회

> 공동주택의 관리사무소장으로 배치받아 근무 중인 주택관리사는 「공동주택관리법」 제70조 제1항 또는 제2항에 따른 교육을 받은 후 (㉠)년마다 국토교통부령으로 정하는 바에 따라 공동주택관리에 관한 교육과 윤리교육을 받아야 하며, 이 교육을 받지 아니한 자에게는 (㉡)만원 이하의 과태료를 부과한다.

> 정답　㉠ 3 ㉡ 500

8 관리비 및 회계운영

1. 관리비등의 납부 및 공개

(1) 관리비

① **관리비의 납부**: 의무관리대상 공동주택의 입주자등은 그 공동주택의 유지관리를 위하여 필요한 관리비를 관리주체에게 납부하여야 한다.

② **위임규정**: 관리비의 내용 등에 필요한 사항은 대통령령(아래 ③)으로 정한다.

③ **관리비의 비목**: 위 ②에 따른 관리비는 다음의 비목의 월별 금액의 합계액으로 하며, 비목별 세부명세는 아래 표와 같다.

> ㉠ 일반관리비
> ㉡ 청소비
> ㉢ 경비비
> ㉣ 소독비
> ㉤ 승강기유지비
> ㉥ 지능형 홈네트워크설비 유지비
> ㉦ 난방비(주택건설기준 등에 관한 규정에 따라 난방열량을 계량하는 계량기 등이 설치된 공동주택의 경우에는 그 계량에 따라 산정한 난방비를 말한다)
> ㉧ 급탕비
> ㉨ 수선유지비(냉방·난방시설의 청소비를 포함한다)
> ㉩ 위탁관리수수료

▶ 관리비의 세부명세

관리비 항목	구성 명세
1. 일반관리비	가. 인건비: 급여, 제 수당, 상여금, 퇴직금, 산재보험료, 고용보험료, 국민연금, 국민건강보험료 및 식대 등 복리후생비 나. 제 사무비: 일반사무용품비, 도서인쇄비, 교통통신비 등 관리사무에 직접 소요되는 비용 다. 제세공과금: 관리기구가 사용한 전기료, 통신료, 우편료 및 관리기구에 부과되는 세금 등 라. 피복비 마. 교육훈련비 바. 차량유지비: 연료비, 수리비, 보험료 등 차량유지에 직접 소요되는 비용 사. 그 밖의 부대비용: 관리용품구입비, 회계감사비 그 밖에 관리업무에 소요되는 비용
2. 청소비	용역 시에는 용역금액, 직영 시에는 청소원인건비, 피복비 및 청소용품비 등 청소에 직접 소요된 비용
3. 경비비	용역 시에는 용역금액, 직영 시에는 경비원인건비, 피복비 등 경비에 직접 소요된 비용
4. 소독비	용역 시에는 용역금액, 직영 시에는 소독용품비 등 소독에 직접 소요된 비용

5. 승강기유지비	용역 시에는 용역금액, 직영 시에는 제 부대비, 자재비 등. 다만, 전기료는 공동으로 사용되는 시설의 전기료에 포함한다.	
6. 지능형 홈네트워크 설비 유지비	용역 시에는 용역금액, 직영 시에는 지능형 홈네트워크 설비 관련 인건비, 자재비 등 지능형 홈네트워크 설비의 유지 및 관리에 직접 소요되는 비용. 다만, 전기료는 공동으로 사용되는 시설의 전기료에 포함한다.	
7. 난방비	난방 및 급탕에 소요된 원가(유류대, 난방비 및 급탕용수비)에서 급탕비를 뺀 금액	
8. 급탕비	급탕용 유류대 및 급탕용수비	
9. 수선유지비	가. 법 제29조 제1항에 따른 장기수선계획에서 제외되는 공동주택의 공용부분의 수선·보수에 소요되는 비용으로 보수용역 시에는 용역금액, 직영 시에는 자재 및 인건비 나. 냉난방시설의 청소비, 소화기충약비 등 공동으로 이용하는 시설의 보수유지비 및 제반 검사비 다. 건축물의 안전점검비용 라. 재난 및 재해 등의 예방에 따른 비용	
10. 위탁관리수수료	주택관리업자에게 위탁하여 관리하는 경우로서 입주자대표회의와 주택관리업자 간의 계약으로 정한 월간 비용	

(2) 관리비 이외의 비용

① **구분징수항목**: 관리주체는 다음의 비용에 대해서는 위 **(1)**에 따른 관리비와 구분하여 징수하여야 한다.

> ㉠ 장기수선충당금
> ㉡ 「공동주택관리법 시행령」 제40조 제2항 단서에 따른 안전진단 실시비용

② **사용료 등**: 의무관리대상 공동주택의 관리주체는 입주자등이 납부하는 다음의 사용료 등을 입주자등을 대행하여 그 사용료 등을 받을 자에게 납부할 수 있다.

> ㉠ 전기료(공동으로 사용하는 시설의 전기료를 포함한다)
> ㉡ 수도료(공동으로 사용하는 수도료를 포함한다)
> ㉢ 가스사용료
> ㉣ 지역난방방식인 공동주택의 난방비와 급탕비
> ㉤ 정화조오물수수료
> ㉥ 생활폐기물수수료
> ㉦ 공동주택단지 안의 건물 전체를 대상으로 하는 보험료
> ㉧ 입주자대표회의 운영경비
> ㉨ 선거관리위원회 운영경비
> ㉩ 「방송법」에 따른 텔레비전방송수신료

③ **이용료 등**

㉠ 관리주체는 주민공동시설, 인양기 등 공용시설물의 이용료를 해당 시설의 이용자에게 따로 부과할 수 있다. 이 경우 주민공동시설의 운영을 위탁한

경우의 주민공동시설 이용료는 주민공동시설의 위탁에 따른 수수료 및 주민공동시설 관리비용 등의 범위에서 정하여 부과·징수하여야 한다.

ⓒ 관리주체는 보수가 필요한 시설(누수되는 시설을 포함한다)이 2세대 이상의 공동사용에 제공되는 것인 경우에는 직접 보수하고 해당 입주자등에게 그 비용을 따로 부과할 수 있다.

(3) 관리비등의 통합부과

관리주체는 위 **(1)**과 **(2)**까지의 규정에 따른 관리비등을 통합하여 부과하는 때에는 그 수입 및 집행세부내용을 쉽게 알 수 있도록 정리하여 입주자등에게 알려주어야 한다.

(4) 관리비등의 예치관리

관리주체는 위 **(1)**부터 **(2)**까지의 규정에 따른 관리비등을 다음의 금융기관 중 입주자대표회의가 지정하는 금융기관에 예치하여 관리하되, 장기수선충당금은 별도의 계좌로 예치·관리하여야 한다. 이 경우 계좌는 관리사무소장의 직인 외에 입주자대표회의의 회장 인감을 복수로 등록할 수 있다.

① 「은행법」에 따른 은행
② 「중소기업은행법」에 따른 중소기업은행
③ 「상호저축은행법」에 따른 상호저축은행
④ 「보험업법」에 따른 보험회사
⑤ 그 밖의 법률에 따라 금융업무를 하는 기관으로서 국토교통부령으로 정하는 기관

(5) 관리비등의 공개

① **공개내역**: 관리주체는 다음의 내역(항목별 산출내역을 말하며, 세대별 부과내역은 제외한다)을 대통령령(아래 ③)으로 정하는 바에 따라 해당 공동주택단지의 인터넷 홈페이지(인터넷 홈페이지가 없는 경우에는 인터넷 포털을 통하여 관리주체가 운영·통제하는 유사한 기능의 웹사이트 또는 관리사무소의 게시판을 말한다. 이하 같다) 및 동별 게시판(통로별 게시판이 설치된 경우에는 이를 포함한다. 이하 같다)과 국토교통부장관이 구축·운영하는 공동주택관리정보시스템(이하 '공동주택관리정보시스템'이라 한다)에 공개하여야 한다. 다만, 공동주택관리정보시스템에 공개하기 곤란한 경우로서 대통령령으로 정하는 경우에는 해당 공동주택단지의 인터넷 홈페이지 및 동별 게시판에만 공개할 수 있다.

> ㉠ 관리비
> ㉡ 사용료 등
> ㉢ 장기수선충당금과 그 적립금액
> ㉣ 그 밖에 대통령령으로 정하는 사항

② **의무관리대상이 아닌 공동주택의 공개**: 의무관리대상이 아닌 공동주택으로서 대통령령으로 정하는 세대수 이상인 공동주택의 관리인은 관리비등의 내역을 위 ①의 공개방법에 따라 공개하여야 한다. 이 경우 대통령령으로 정하는 세대수 미만의 공동주택 관리인은 공동주택관리정보시스템 공개는 생략할 수 있으며, 구체적인 공개내역·기한 등은 대통령령으로 정한다.

③ **공개방법**: 위 **(1)**부터 **(2)**까지의 규정에 따른 관리비등을 입주자등에게 부과한 관리주체는 위 ①에 따라 그 명세[난방비·급탕비·전기료(공동으로 사용하는 시설의 전기료를 포함한다)·수도료(공동으로 사용하는 수도료를 포함한다)·가스사용료·지역난방방식인 공동주택의 난방비와 급탕비는 사용량을, 장기수선충당금은 그 적립요율 및 사용한 금액을 각각 포함한다]를 다음 달 말일까지 해당 공동주택단지의 인터넷 홈페이지 및 동별 게시판(통로별 게시판이 설치된 경우에는 이를 포함한다)과 공동주택관리정보시스템에 공개하여야 한다. 잡수입(재활용품의 매각 수입, 복리시설의 이용료 등 공동주택을 관리하면서 부수적으로 발생하는 수입을 말한다. 이하 같다)의 경우에도 동일한 방법으로 공개해야 한다.

2. 관리비예치금

(1) 징수
관리주체는 해당 공동주택의 공용부분의 관리 및 운영 등에 필요한 경비(이하 '관리비예치금'이라 한다)를 공동주택의 소유자로부터 징수할 수 있다.

(2) 반환 및 정산
관리주체는 소유자가 공동주택의 소유권을 상실한 경우에는 위 **(1)**에 따라 징수한 관리비예치금을 반환하여야 한다. 다만, 소유자가 관리비·사용료 및 장기수선충당금 등을 미납한 때에는 관리비예치금에서 정산한 후 그 잔액을 반환할 수 있다.

(3) 징수·관리 및 운영 등에 관하여 필요한 사항
① **위임규정**: 관리비예치금의 징수·관리 및 운영 등에 관하여 필요한 사항은 대통령령(아래 ②)으로 정한다.

② **사업주체의 관리비예치금의 징수**: 사업주체는 입주예정자의 과반수가 입주할 때까지 공동주택을 직접 관리하는 경우에는 입주예정자와 관리계약을 체결하여야 하며, 그 관리계약에 따라 위 **(1)**에 따른 관리비예치금을 징수할 수 있다.

3. 관리비등의 회계운영

(1) 관리비등의 집행을 위한 사업자 선정

① **사업자 선정기준**: 의무관리대상 공동주택의 관리주체 또는 입주자대표회의가 관리비, 사용료 등 장기수선충당금에 해당하는 금전 또는 하자보수보증금과 그 밖에 해당 공동주택단지에서 발생하는 모든 수입에 따른 금전(이하 '관리비등'이라 한다)을 집행하기 위하여 사업자를 선정하려는 경우 다음의 기준을 따라야 한다.

> ㉠ 전자입찰방식으로 사업자를 선정할 것. 다만, 선정방법 등이 전자입찰방식을 적용하기 곤란한 경우로서 국토교통부장관이 정하여 고시하는 경우에는 전자입찰방식으로 선정하지 아니할 수 있다.
> ㉡ 그 밖에 입찰의 방법 등 대통령령(아래 ④)으로 정하는 방식을 따를 것

② **사업자 선정방법**: 위 ①에 따라 관리주체 또는 입주자대표회의는 다음의 구분에 따라 사업자를 선정(계약의 체결을 포함한다. 이하 같다)하고 집행해야 한다.

> ㉠ 관리주체가 사업자를 선정하고 집행하는 다음의 사항
> ⓐ 청소, 경비, 소독, 승강기유지, 지능형 홈네트워크, 수선·유지(냉방·난방시설의 청소를 포함한다)를 위한 용역 및 공사
> ⓑ 주민공동시설의 위탁, 물품의 구입과 매각, 잡수입의 취득(어린이집, 다함께돌봄센터, 공동육아나눔터의 임대에 따른 잡수입의 취득은 제외한다), 보험계약 등 국토교통부장관이 정하여 고시하는 사항
> ㉡ 입주자대표회의가 사업자를 선정하고 집행하는 다음의 사항
> ⓐ 하자보수보증금을 사용하여 보수하는 공사
> ⓑ 사업주체로부터 지급받은 공동주택 공용부분의 하자보수비용을 사용하여 보수하는 공사
> ㉢ 입주자대표회의가 사업자를 선정하고 관리주체가 집행하는 다음의 사항
> ⓐ 장기수선충당금을 사용하는 공사
> ⓑ 전기안전관리(전기안전관리법에 따라 전기설비의 안전관리에 관한 업무를 위탁 또는 대행하게 하는 경우를 말한다)를 위한 용역

③ **전자입찰방식의 세부기준**: 위 ①의 ㉠에 따른 전자입찰방식의 세부기준, 절차 및 방법 등은 국토교통부장관이 정하여 고시한다.

④ **입찰의 방법**: 위 ①의 ㉡에서 '입찰의 방법 등 대통령령으로 정하는 방식'이란 다음에 따른 방식을 말한다.

> ㉠ **경쟁입찰**: 국토교통부장관이 정하여 고시하는 경우 외에는 경쟁입찰로 할 것. 이 경우 다음의 사항은 국토교통부장관이 정하여 고시한다.
>   ⓐ 입찰의 절차
>   ⓑ 입찰 참가자격
>   ⓒ 입찰의 효력
>   ⓓ 그 밖에 사업자의 적정한 선정을 위하여 필요한 사항
> ㉡ **참관**: 입주자대표회의의 감사가 입찰과정 참관을 원하는 경우에는 참관할 수 있도록 할 것

⑤ **기존 사업자의 입찰참가 제한**: 입주자등은 기존 사업자(용역 사업자만 해당한다)의 서비스가 만족스럽지 못한 경우에는 전체 입주자등의 과반수의 서면동의로 새로운 사업자의 선정을 위한 입찰에서 기존 사업자의 참가를 제한하도록 관리주체 또는 입주자대표회의에 요구할 수 있다. 이 경우 관리주체 또는 입주자대표회의는 그 요구에 따라야 한다.

(2) 계약서의 공개

의무관리대상 공동주택의 관리주체 또는 입주자대표회의는 선정한 주택관리업자 또는 공사, 용역 등을 수행하는 사업자와 계약을 체결하는 경우 계약 체결일부터 1개월 이내에 그 계약서를 해당 공동주택단지의 인터넷 홈페이지 및 동별 게시판에 공개하여야 한다. 이 경우 「개인정보 보호법」 제24조에 따른 고유식별정보 등 개인의 사생활의 비밀 또는 자유를 침해할 우려가 있는 정보는 제외하고 공개하여야 한다.

(3) 관리비등의 사업계획 및 예산안 수립 등

① **관리비등의 사업계획 및 예산안 수립**

㉠ 의무관리대상 공동주택의 관리주체는 다음 회계연도에 관한 관리비등의 사업계획 및 예산안을 매 회계연도 개시 1개월 전까지 입주자대표회의에 제출하여 승인을 받아야 하며, 승인사항에 변경이 있는 때에는 변경승인을 받아야 한다.

㉡ 사업주체 또는 의무관리대상 전환 공동주택의 관리인으로부터 공동주택의 관리업무를 인계받은 관리주체는 지체 없이 다음 회계연도가 시작되기 전까지의 기간에 대한 사업계획 및 예산안을 수립하여 입주자대표회의의 승인을 받아야 한다. 다만, 다음 회계연도가 시작되기 전까지의 기간이 3개월 미만인 경우로서 입주자대표회의 의결이 있는 경우에는 생략할 수 있다.

② **관리비등의 사업실적서 및 결산서**: 의무관리대상 공동주택의 관리주체는 회계연도마다 사업실적서 및 결산서를 작성하여 회계연도 종료 후 2개월 이내에 입주자대표회의에 제출하여야 한다.

(4) 회계감사

① **회계감사**: 의무관리대상 공동주택의 관리주체는 대통령령으로 정하는 바에 따라 「주식회사 등의 외부감사에 관한 법률」 제2조 제7호에 따른 감사인(이하 '감사인'이라 한다)의 회계감사를 매년 1회 이상 받아야 한다. 다만, 다음의 구분에 따른 연도에는 그러하지 아니하다.
  ㉠ **300세대 이상인 공동주택**: 해당 연도에 회계감사를 받지 아니하기로 입주자등의 3분의 2 이상의 서면동의를 받은 경우 그 연도
  ㉡ **300세대 미만인 공동주택**: 해당 연도에 회계감사를 받지 아니하기로 입주자등의 과반수의 서면동의를 받은 경우 그 연도

② **동의서**
  ㉠ 관리주체는 위 ①의 단서에 따라 서면동의를 받으려는 경우에는 회계감사를 받지 아니할 사유를 입주자등이 명확히 알 수 있도록 동의서에 기재하여야 한다.
  ㉡ 관리주체는 위 ㉠에 따른 동의서를 관리규약으로 정하는 바에 따라 보관하여야 한다.

③ **회계감사의 기한 및 재무제표의 범위**: 위 ①에 따라 회계감사를 받아야 하는 공동주택의 관리주체는 매 회계연도 종료 후 9개월 이내에 다음의 재무제표에 대하여 회계감사를 받아야 한다.

> ㉠ 재무상태표
> ㉡ 운영성과표
> ㉢ 이익잉여금처분계산서(또는 결손금처리계산서)
> ㉣ 주석(註釋)

④ **회계처리기준**
  ㉠ **회계처리기준**: 위 ③의 재무제표를 작성하는 회계처리기준은 국토교통부장관이 정하여 고시한다.
  ㉡ **업무 위탁**: 국토교통부장관은 위 ㉠에 따른 회계처리기준의 제정 또는 개정 업무를 외부 전문기관에 위탁할 수 있다.

⑤ **회계감사기준**
  ㉠ **회계감사기준**: 위 ③의 회계감사는 공동주택 회계의 특수성을 고려하여 제정된 회계감사기준에 따라 실시되어야 한다.

ⓒ **회계감사기준의 승인**: 위 ㉠에 따른 회계감사기준은 「공인회계사법」에 따른 한국공인회계사회가 정하되, 국토교통부장관의 승인을 받아야 한다.
⑥ **감사보고서의 제출**: 위 ① 본문에 따른 감사인은 위 ③에 따라 관리주체가 회계감사를 받은 날부터 1개월 이내에 관리주체에게 감사보고서를 제출해야 한다.
⑦ **설명요청**: 입주자대표회의는 감사인에게 감사보고서에 대한 설명을 하여 줄 것을 요청할 수 있다.
⑧ **위임규정**: 공동주택 회계감사의 원활한 운영 등을 위하여 필요한 사항은 국토교통부령으로 정한다.
⑨ **회계감사 결과의 보고 및 공개**: 관리주체는 위 ①에 따라 회계감사를 받은 경우에는 감사보고서 등 회계감사의 결과를 제출받은 날부터 1개월 이내에 입주자대표회의에 보고하고 해당 공동주택단지의 인터넷 홈페이지 및 동별 게시판에 공개하여야 한다.
⑩ **감사인의 선정**: 위 ①에 따른 회계감사의 감사인은 입주자대표회의가 선정한다. 이 경우 입주자대표회의는 시장·군수·구청장 또는 「공인회계사법」에 따른 한국공인회계사회에 감사인의 추천을 의뢰할 수 있으며, 입주자등의 10분의 1 이상이 연서하여 감사인의 추천을 요구하는 경우 입주자대표회의는 감사인의 추천을 의뢰한 후 추천을 받은 자 중에서 감사인을 선정하여야 한다.
⑪ **관리주체의 금지행위**: 위 ①에 따라 회계감사를 받는 관리주체는 다음의 어느 하나에 해당하는 행위를 하여서는 아니 된다.

> ㉠ 정당한 사유 없이 감사인의 자료열람·등사·제출 요구 또는 조사를 거부·방해·기피하는 행위
> ㉡ 감사인에게 거짓 자료를 제출하는 등 부정한 방법으로 회계감사를 방해하는 행위

⑫ **회계감사 결과의 제출**: 위 ①에 따른 회계감사의 감사인은 회계감사 완료일부터 1개월 이내에 회계감사 결과를 해당 공동주택을 관할하는 시장·군수·구청장에게 제출하고 공동주택관리정보시스템에 공개하여야 한다.

(5) 회계서류 등의 작성·보관 및 공개 등

① **회계서류 등의 작성 및 보관**: 의무관리대상 공동주택의 관리주체는 다음의 구분에 따른 기간 동안 해당 장부 및 증빙서류를 보관하여야 한다. 이 경우 관리주체는 「전자문서 및 전자거래 기본법」에 따른 정보처리시스템을 통하여 장부 및 증빙서류를 작성하거나 보관할 수 있다.

> ㉠ 관리비등의 징수·보관·예치·집행 등 모든 거래행위에 관하여 월별로 작성한 장부 및 그 증빙서류: 해당 회계연도 종료일부터 5년간
> ㉡ 주택관리업자 및 사업자 선정 관련 증빙서류: 해당 계약 체결일부터 5년간

② **위임규정**: 국토교통부장관은 위 ①의 ㉠에 따른 회계서류에 필요한 사항을 정하여 고시할 수 있다.

③ **열람대상 정보의 범위**: 위 ①에 따른 관리주체는 입주자등이 위 ①에 따른 장부나 증빙서류, 관리비등의 사업계획, 예산안, 사업실적서 및 결산서의 열람을 요구하거나 자기의 비용으로 복사를 요구하는 때에는 관리규약으로 정하는 바에 따라 이에 응하여야 한다. 다만, 다음의 정보는 제외하고 요구에 응하여야 한다.

> ㉠ 「개인정보 보호법」 제24조에 따른 고유식별정보 등 개인의 사생활의 비밀 또는 자유를 침해할 우려가 있는 정보
> ㉡ 의사결정과정 또는 내부검토과정에 있는 사항 등으로서 공개될 경우 업무의 공정한 수행에 현저한 지장을 초래할 우려가 있는 정보

4. 장기수선충당금의 회계관리

(1) 장기수선충당금의 적립대상 공동주택

장기수선충당금을 적립하여야 할 대상은 장기수선계획을 수립하여야 할 공동주택으로서 다음과 같다.

① 300세대 이상의 공동주택
② 승강기가 설치된 공동주택
③ 중앙집중식 난방방식 또는 지역난방방식의 공동주택
④ 「건축법」 제11조에 따른 건축허가를 받아 주택 외의 시설과 주택을 동일 건축물로 건축한 건축물

(2) 장기수선충당금의 적립 등

① **징수 및 적립**
  ㉠ 관리주체는 장기수선계획에 따라 공동주택의 주요 시설의 교체 및 보수에 필요한 장기수선충당금을 해당 주택의 소유자로부터 징수하여 적립해야 한다.
  ㉡ 공동주택 중 분양되지 아니한 세대의 장기수선충당금은 사업주체가 부담하여야 한다.

② **장기수선충당금의 사용**: 장기수선충당금의 사용은 장기수선계획에 따른다. 다만, 해당 공동주택의 입주자 과반수의 서면동의가 있는 경우에는 다음의 용도로 사용할 수 있다.

> ㉠ 하자분쟁에 따른 조정등의 비용
> ㉡ 하자진단 및 감정에 드는 비용
> ㉢ 위 ㉠ 또는 ㉡의 비용을 청구하는 데 드는 비용

③ **위임규정**: 장기수선충당금의 요율·산정방법·적립방법 및 사용절차와 사후관리 등에 관하여 필요한 사항은 대통령령(아래 ④)으로 정한다.

④ **장기수선충당금의 적립 등**
  ㉠ 장기수선충당금의 요율
    ⓐ 위 ③에 따라 장기수선충당금의 요율은 해당 공동주택의 공용부분의 내구연한 등을 고려하여 관리규약으로 정한다.
    ⓑ 위 ⓐ에도 불구하고 건설임대주택을 분양전환한 이후 관리업무를 인계하기 전까지의 장기수선충당금 요율은 「민간임대주택에 관한 특별법 시행령」 또는 「공공주택 특별법 시행령」에 따른 특별수선충당금 적립요율에 따른다.
  ㉡ 계산식: 장기수선충당금은 다음의 계산식에 따라 산정한다.

> 월간 세대별 장기수선충당금 = [장기수선계획기간 중의 수선비총액 ÷ (총공급면적 × 12 × 계획기간(년))] × 세대당 주택공급면적

  ㉢ 적립금액: 장기수선충당금의 적립금액은 장기수선계획으로 정한다. 이 경우 국토교통부장관이 주요 시설의 계획적인 교체 및 보수를 위하여 최소 적립금액의 기준을 정하여 고시하는 경우에는 그에 맞아야 한다.
  ㉣ 장기수선충당금 사용계획서 등: 위 ③에 따라 장기수선충당금은 관리주체가 다음의 사항이 포함된 장기수선충당금 사용계획서를 장기수선계획에 따라 작성하고 입주자대표회의의 의결을 거쳐 사용한다.

> ⓐ 수선공사(공동주택 공용부분의 보수·교체 및 개량을 말한다. 이하 같다)의 명칭과 공사내용
> ⓑ 수선공사 대상시설의 위치 및 부위
> ⓒ 수선공사의 설계도면 등
> ⓓ 공사기간 및 공사방법
> ⓔ 수선공사의 범위 및 예정공사금액
> ⓕ 공사발주 방법 및 절차 등

ⓜ **적립시기**: 장기수선충당금은 해당 공동주택에 대한 다음의 구분에 따른 날부터 1년이 경과한 날이 속하는 달부터 매달 적립한다. 다만, 건설임대주택에서 분양전환된 공동주택의 경우에는 임대사업자가 관리주체에게 공동주택의 관리업무를 인계한 날이 속하는 달부터 적립한다.

> ⓐ 「주택법」에 따른 사용검사(공동주택단지 안의 공동주택 전부에 대하여 같은 조에 따른 임시사용승인을 받은 경우에는 임시사용승인을 말한다)를 받은 날
> ⓑ 「건축법」에 따른 사용승인(공동주택단지 안의 공동주택 전부에 대하여 같은 조에 따른 임시사용승인을 받은 경우에는 임시사용승인을 말한다)을 받은 날

ⓗ **소유자의 반환 등**
  ⓐ **지급청구**: 공동주택의 소유자는 장기수선충당금을 사용자가 대신하여 납부한 경우에는 그 금액을 반환하여야 한다.
  ⓑ **확인서의 발급**: 관리주체는 공동주택의 사용자가 장기수선충당금의 납부확인을 요구하는 경우에는 지체 없이 확인서를 발급해 주어야 한다.

이렇게 출제!

10 공동주택관리법령상 관리주체에 대한 회계감사에 관한 내용이다. ( )에 들어갈 숫자와 용어를 순서대로 쓰시오. 　　제22회

> 회계감사를 받아야 하는 공동주택의 관리주체는 매 회계연도 종료 후 ( )개월 이내에 다음 각 호의 ( )에 대하여 회계감사를 받아야 한다.
> 1. 재무상태표
> 2. 운영성과표
> 3. 이익잉여금처분계산서(또는 결손금처리계산서)
> 4. 주석(註釋)

정답 9, 재무제표

---

9 시설관리

1. 장기수선계획

(1) 장기수선계획의 수립 등
  ① **장기수선계획의 수립**: 다음의 어느 하나에 해당하는 공동주택을 건설·공급하는 사업주체(건축법 제11조에 따른 건축허가를 받아 주택 외의 시설과 주택을 동일 건축물로 건축하는 건축주를 포함한다. 이하 같다) 또는 「주택법」에 따라 리모델링을 하는 자는

대통령령으로 정하는 바에 따라 그 공동주택의 공용부분에 대한 장기수선계획을 수립하여 「주택법」에 따른 사용검사(아래 ②의 경우에는 건축법에 따른 사용승인을 말한다. 이하 같다)를 신청할 때에 사용검사권자에게 제출하고, 사용검사권자는 이를 그 공동주택의 관리주체에게 인계하여야 한다. 이 경우 사용검사권자는 사업주체 또는 리모델링을 하는 자에게 장기수선계획의 보완을 요구할 수 있다.

> ㉠ 300세대 이상의 공동주택
> ㉡ 승강기가 설치된 공동주택
> ㉢ 중앙집중식 난방방식 또는 지역난방방식의 공동주택
> ㉣ 「건축법」에 따른 건축허가를 받아 주택 외의 시설과 주택을 동일 건축물로 건축한 건축물

② **장기수선계획의 수립기준 등**

㉠ 위임규정: 위 ①에 따라 장기수선계획을 수립하는 자는 국토교통부령(아래 ㉡)으로 정하는 기준에 따라 장기수선계획을 수립하여야 한다. 이 경우 해당 공동주택의 건설비용을 고려하여야 한다.

㉡ 수립기준: 위 ㉠의 전단에서 '국토교통부령으로 정하는 기준'이란 다음의 표에 따른 기준을 말한다.

참고 장기수선계획의 수립기준

1. 건물외부

구분	공사종별	수선방법	수선주기 (년)	수선율 (%)	비고
가. 지붕	1) 방수	전면수리	15	100	
	2) 금속기와 잇기	부분수리	5	10	
		전면교체	20	100	
	3) 아스팔트 싱글 잇기	부분수리	5	10	
		전면교체	20	100	
나. 외부	1) 돌 붙이기	부분수리	25	5	
	2) 페인트칠	전면도장	8	100	
다. 외부 창·문	출입문(자동문)	전면교체	15	100	

2. 건물내부

구분	공사종별	수선방법	수선주기 (년)	수선율 (%)	비고
가. 내부	페인트칠	전면도장	8	100	
나. 바닥	지하주차장 (바닥)	부분수리	5	10	
		전면교체	15	100	

3. 전기·소화·승강기 및 지능형 홈네트워크 설비

구분	공사종별	수선방법	수선주기 (년)	수선율 (%)	비고
가. 예비전원 (자가발전) 설비	1) 발전기	부분수선	10	10	
		전면교체	30	100	
	2) 배전반	부분교체	10	10	
		전면교체	20	100	
나. 변전설비	1) 변압기	전면교체	25	100	고효율에너지 기자재 적용
	2) 수전반	전면교체	20	100	
	3) 배전반	전면교체	20	100	
다. 자동화재 감지설비	1) 감지기	전면교체	20	100	
	2) 수신반	전면교체	20	100	
라. 소화설비	1) 소화펌프	전면교체	20	100	
	2) 스프링클러 헤드	전면교체	25	100	
	3) 소화수관(강관)	전면교체	25	100	
마. 승강기 및 인양기	1) 기계장치	전면교체	15	100	
	2) 와이어로프, 쉬브(도르래)	전면교체	5	100	
	3) 제어반	전면교체	15	100	
	4) 조속기(과속조절기)	전면교체	15	100	
	5) 도어개폐장치	전면교체	15	100	
바. 피뢰설비 및 옥외전등	1) 피뢰설비	부분수선	10	30	고휘도방전램프 [휘도(광원의 단위면적당 밝기의 정도)가 높은 방전램프] 또는 엘이디(LED) 보안등 적용
	2) 보안등	전면교체	25	100	
사. 통신 및 방송설비	1) 앰프 및 스피커	전면교체	15	100	
	2) 방송수신 공동설비	전면교체	15	100	
아. 보일러실 및 기계실	동력반	전면교체	20	100	
자. 보안·방범 시설	1) 감시반(모니터형)	전면교체	5	100	
	2) 녹화장치	전면교체	5	100	
	3) 영상정보처리기기 및 침입탐지시설	전면교체	5	100	
차. 지능형 홈네트워크 설비	1) 홈네트워크기기	전면교체	10	100	
	2) 단지공용시스템 장비	전면교체	20	100	

4. 급수·가스·배수 및 환기설비

구분	공사종별	수선방법	수선주기 (년)	수선율 (%)	비고
가. 급수설비	1) 급수펌프	전면교체	10	100	고효율에너지 기자재 적용 (전동기 포함)
	2) 저수조[스테인레스(STS), 합성수지]	전면교체	25	100	
	3) 급수관(강관)	전면교체	15	100	
나. 가스설비	1) 배관	부분수선	10	10	
	2) 밸브	부분수선	10	30	
다. 배수설비	1) 펌프	전면교체	10	100	
	2) 오배수관(주철)	부분수선	10	10	
	3) 오배수관[폴리염화비닐(PVC)]	부분수선	10	10	
라. 환기설비	환기팬	부분수선	10	10	사무소, 주민공동시설 또는 화장실 등에 설치되는 소형 환풍기는 제외

5. 난방 및 급탕설비

구분	공사종별	수선방법	수선주기 (년)	수선율 (%)	비고
가. 난방설비	1) 보일러	전면교체	15	100	고효율에너지 기자재 적용 (전동기 포함)
	2) 급수탱크	전면교체	15	100	
	3) 순환펌프	전면교체	10	100	
	4) 난방관(강관)	전면교체	15	100	
	5) 자동제어 기기	전체교체	20	100	
	6) 열교환기	전면교체	15	100	
나. 급탕설비	1) 순환펌프	전면교체	10	100	고효율에너지 기자재 적용 (전동기 포함)
	2) 급탕탱크	전면교체	15	100	
	3) 급탕관(강관)	전면교체	10	100	

6. 옥외 부대시설 및 옥외 복리시설

구분	공사종별	수선방법	수선주기 (년)	수선율 (%)	비고
옥외 부대시설 및 옥외 복리시설	1) 아스팔트포장	부분수리	5	10	
		전면수리	15	100	
	2) 울타리	전면교체	20	100	
	3) 어린이놀이시설	부분수리	5	10	
		전면교체	15	100	
	4) 보도블록	부분수리	5	10	
		전면교체	15	100	

구분	공사종별	수선방법	수선주기 (년)	수선율 (%)	비고
옥외 부대시설 및 옥외 복리시설	5) 정화조	부분수리	5	15	
	6) 배수로 및 맨홀	부분수리	10	10	
	7) 현관입구·지하주차장 진입로 지붕	전면교체	15	100	
	8) 자전거보관소	전면교체	15	100	
	9) 주차차단기	전면교체	10	100	
	10) 조경시설물	부분수선	10	10	
	11) 안내표지판	부분수선	10	30	
	12) 전기자동차의 고정형 충전기	부분수선 전면교체	5 10	10 100	공동주택에서 직접 설치하여 운영·관리하는 경우만 해당

7. 피난시설

구분	공사종별	수선방법	수선주기 (년)	수선율 (%)	비고
피난시설	1) 방화문	전면교체	15	100	공용부분에 설치되는 경우만 해당
	2) 옥상 비상문 자동개폐 장치	부분수선 전면교체	5 15	30 100	

> **용어 보충 논슬립**
>
> 황동 등의 금속으로 계단의 모서리 부분에 대어 미끄럼을 방지하기 위한 것으로, 미끄럼 방지 턱의 역할을 하고 계단 모서리의 마멸에 대해 보호한다.

> **용어 보충 휘도**
>
> 빛을 발산하는 면의 단위면적당 광도, 물체 표면의 밝기를 의미한다[단위: nit(cd/m^2), sb(cd/cm^2)].

> **용어 보충 환기설비**
>
> 오염된 실내공기를 밖으로 내보내고 신선한 바깥공기를 실내로 끌어들여 실내공간의 공기를 쾌적한 상태로 유지시키는 설비를 말한다.

(2) 장기수선계획의 검토 및 조정 등

① **검토 및 조정 주기**: 입주자대표회의와 관리주체는 장기수선계획을 3년마다 검토하고, 필요한 경우 이를 국토교통부령으로 정하는 바에 따라 조정하여야 하며, 수립 또는 조정된 장기수선계획에 따라 주요 시설을 교체하거나 보수하여야 한다. 이 경우 입주자대표회의와 관리주체는 장기수선계획에 대한 검토사항을 기록하고 보관하여야 한다.

② **사전조정**: 입주자대표회의와 관리주체는 주요 시설을 신설하는 등 관리 여건상 필요하여 전체 입주자 과반수의 서면동의를 받은 경우에는 3년이 지나기 전에 장기수선계획을 조정할 수 있다.

③ **조정절차**: 위 ①에 따른 장기수선계획 조정은 관리주체가 조정안을 작성하고, 입주자대표회의가 의결하는 방법으로 한다.

④ **온실가스 감소를 위한 시설의 개선**: 입주자대표회의와 관리주체는 위 ① 및 ②에 따라 장기수선계획을 조정하려는 경우에는 「에너지이용 합리화법」에 따라 산업통상자원부장관에게 등록한 에너지절약전문기업이 제시하는 에너지 절약을 통한 주택의 온실가스 감소를 위한 시설 개선 방법을 반영할 수 있다.

용어 보충	온실가스

적외선 복사열을 흡수하거나 다시 방출하여 온실효과를 유발하는 대기 중의 가스상태 물질로, 이산화탄소, 메탄, 아산화질소, 수소불화탄소, 과불화탄소, 육불화황을 말한다.

2. 영상정보처리기기의 설치 및 관리 등

(1) 설치 및 보수

공동주택단지에 「개인정보 보호법 시행령」 제3조 제1호 또는 제2호에 따른 영상정보처리기기(이하 '영상정보처리기기'라 한다)를 설치하거나 설치된 영상정보처리기기를 보수 또는 교체하려는 경우에는 장기수선계획에 반영하여야 한다.

(2) 관리기준

공동주택단지에 설치하는 영상정보처리기기는 다음의 기준에 적합하게 설치 및 관리하여야 한다.

① 영상정보처리기기를 설치 또는 교체하는 경우에는 「주택건설기준 등에 관한 규칙」 제9조에 따른 설치기준을 따를 것
② 선명한 화질이 유지될 수 있도록 관리할 것
③ 촬영된 자료는 컴퓨터보안시스템을 설치하여 30일 이상 보관할 것
④ 영상정보처리기기가 고장 난 경우에는 지체 없이 수리할 것
⑤ 영상정보처리기기의 안전관리자를 지정하여 관리할 것

(3) 촬영자료 열람·제공 등의 제한

관리주체는 영상정보처리기기의 촬영자료를 보안 및 방범 목적 외의 용도로 활용하거나 타인에게 열람하게 하거나 제공하여서는 아니 된다. 다만, 다음의 어느 하나에 해당하는 경우에는 촬영자료를 열람하게 하거나 제공할 수 있다.

① 정보주체에게 열람 또는 제공하는 경우
② 정보주체의 동의가 있는 경우
③ 범죄의 수사와 공소의 제기 및 유지에 필요한 경우
④ 범죄에 대한 재판업무수행을 위하여 필요한 경우
⑤ 다른 법률에 특별한 규정이 있는 경우

3. 설계도서의 보관 등

(1) 설계도서 등의 보관
의무관리대상 공동주택의 관리주체는 공동주택의 체계적인 유지관리를 위하여 대통령령[아래 (2)]으로 정하는 바에 따라 공동주택의 설계도서 등을 보관하고, 공동주택 시설의 교체·보수 등의 내용을 기록·보관·유지하여야 한다.

(2) 서류의 기록·보관·유지
① **서류의 기록·보관·유지**: 위 (1)에 따라 의무관리대상 공동주택의 관리주체는 국토교통부령(아래 ②)으로 정하는 서류를 기록·보관·유지하여야 한다.
② **보관서류**: 위 ①에서 '국토교통부령으로 정하는 서류'란 다음의 서류를 말한다.

> ㉠ 사업주체로부터 인계받은 설계도서 및 장비의 명세
> ㉡ 안전점검 결과보고서
> ㉢ 「주택법」에 따른 감리보고서
> ㉣ 공용부분 시설물의 교체, 유지보수 및 하자보수 등의 이력관리 관련 서류·도면 및 사진

③ **이력관리 및 등록**: 위 (1)에 따라 의무관리대상 공동주택의 관리주체는 공용부분에 관한 시설의 교체, 유지보수 및 하자보수 등을 한 경우에는 그 실적을 시설별로 이력관리하여야 하며, 공동주택관리정보시스템에도 등록하여야 한다.

④ **등록대상 서류**: 의무관리대상 공동주택의 관리주체는 위 ③에 따라 공용부분 시설물의 교체, 유지보수 및 하자보수 등을 한 경우에는 다음의 서류를 공동주택관리정보시스템에 등록하여야 한다.

> ㉠ 이력 명세
> ㉡ 공사 전·후의 평면도 및 단면도 등 주요 도면
> ㉢ 주요 공사 사진

10 하자담보책임 및 하자분쟁조정

1. 하자담보책임 및 하자보수

(1) 하자담보책임

① **하자담보책임자**

㉠ 다음의 사업주체는 공동주택의 하자에 대하여 분양에 따른 담보책임(아래 ⓒ 및 ⓓ의 시공자는 수급인의 담보책임을 말한다)을 진다.

> ⓐ 「주택법」에 따른 사업주체
> ⓑ 「건축법」 제11조에 따른 건축허가를 받아 분양을 목적으로 하는 공동주택을 건축한 건축주
> ⓒ 공동주택을 증축·개축·대수선하는 행위를 한 시공자
> ⓓ 「주택법」에 따른 리모델링을 수행한 시공자

㉡ 위 ㉠에도 불구하고 「공공주택 특별법」에 따라 임대한 후 분양전환을 할 목적으로 공급하는 공동주택(이하 '공공임대주택'이라 한다)을 공급한 위 ㉠의 ⓐ의 사업주체는 분양전환이 되기 전까지는 임차인에 대하여 하자보수에 대한 담보책임[아래 (3)에 따른 손해배상책임은 제외한다]을 진다.

② **하자담보책임기간**

㉠ 담보책임기간의 범위 및 기산: 위 ①의 ㉠ 및 ㉡에 따른 담보책임의 기간(이하 '담보책임기간'이라 한다)은 하자의 중대성, 시설물의 사용 가능 햇수 및 교체 가능성 등을 고려하여 공동주택의 내력구조부별 및 시설공사별로 10년의 범위에서 대통령령(아래 ㉡)으로 정한다. 이 경우 담보책임기간은 다음의 날부터 기산한다.

> ⓐ **전유부분**: 입주자(위 ①의 ㉡에 따른 담보책임의 경우에는 임차인)에게 인도한 날
> ⓑ **공용부분**: 「주택법」에 따른 사용검사일(공동주택의 전부에 대하여 임시사용승인을 받은 경우에는 그 임시사용승인일을 말하고, 분할 사용검사나 동별 사용검사를 받은 경우에는 그 분할 사용검사일 또는 동별 사용검사일을 말한다) 또는 「건축법」에 따른 공동주택의 사용승인일

㉡ 담보책임기간: 위 ㉠에 따른 공동주택의 내력구조부별 및 시설공사별 담보책임기간(이하 '담보책임기간'이라 한다)은 다음과 같다.

> ⓐ **내력구조부별**[건축법에 따른 건물의 주요구조부(내력벽, 기둥, 바닥, 보, 지붕틀 및 주계단)를 말한다. 이하 같다] **하자에 대한 담보책임기간**: 10년
> ⓑ **시설공사별 하자에 대한 담보책임기간**: 아래 별표에 따른 기간

▶▶ 시설공사별 담보책임기간

구분		기간
시설공사	세부공종	
1. 마감공사	가. 미장공사 나. 수장공사(건축물 내부 마무리 공사) 다. 도장공사 라. 도배공사 마. 타일공사 바. 석공사(건물 내부 공사) 사. 옥내가구공사 아. 주방기구공사 자. 가전제품	2년
2. 옥외급수·위생 관련 공사	가. 공동구공사 나. 저수조(물탱크)공사 다. 옥외위생(정화조) 관련 공사 라. 옥외 급수 관련 공사	3년
3. 난방·냉방·환기, 공기조화 설비공사	가. 열원기기설비공사 나. 공기조화기기설비공사 다. 닥트설비공사 라. 배관설비공사 마. 보온공사 바. 자동제어설비공사 사. 온돌공사(세대매립배관 포함) 아. 냉방설비공사	
4. 급·배수 및 위생설비공사	가. 급수설비공사 나. 온수공급설비공사 다. 배수·통기설비공사 라. 위생기구설비공사 마. 철 및 보온공사 바. 특수설비공사	
5. 가스설비공사	가. 가스설비공사 나. 가스저장시설공사	
6. 목공사	가. 구조체 또는 바탕재공사 나. 수장목공사	
7. 창호공사	가. 창문틀 및 문짝공사 나. 창호철물공사 다. 창호유리공사 라. 커튼월공사	
8. 조경공사	가. 식재공사 나. 조경시설물공사 다. 관수 및 배수공사	

8. 조경공사	라. 조경포장공사 마. 조경부대시설공사 바. 잔디심기공사 사. 조형물공사		
9. 전기 및 전력설비공사	가. 배관·배선공사 나. 피뢰침공사 다. 동력설비공사 라. 수·변전설비공사 마. 수·배전공사 바. 전기기기공사 사. 발전설비공사 아. 승강기설비공사 자. 인양기설비공사 차. 조명설비공사		
10. 신재생 에너지 설비공사	가. 태양열설비공사 나. 태양광설비공사 다. 지열설비공사 라. 풍력설비공사	3년	
11. 정보통신공사	가. 통신·신호설비공사 나. TV공청설비공사 다. 감시제어설비공사 라. 가정자동화설비공사 마. 정보통신설비공사		
12. 지능형 홈네트워크 설비공사	가. 홈네트워크망공사 나. 홈네트워크기기공사 다. 단지공용시스템공사		
13. 소방시설공사	가. 소화설비공사 나. 제연설비공사 다. 방재설비공사 라. 자동화재탐지설비공사		
14. 단열공사	벽체, 천장 및 바닥의 단열공사		
15. 잡공사	가. 옥내설비공사(우편함, 무인택배시스템 등) 나. 옥외설비공사(담장, 울타리, 안내시설물 등), 금속공사		
16. 대지조성공사	가. 토공사 나. 석축공사 다. 옹벽공사(토목옹벽) 라. 배수공사 마. 포장공사	5년	
17. 철근콘크리트공사	가. 일반철근콘크리트공사 나. 특수콘크리트공사		

17. 철근콘크리트공사	다. 프리캐스트콘크리트공사 라. 옹벽공사(건축옹벽) 마. 콘크리트공사	5년
18. 철골공사	가. 일반철골공사 나. 철골부대공사 다. 경량철골공사	
19. 조적공사	가. 일반벽돌공사 나. 점토벽돌공사 다. 블록공사 라. 석공사(건물 외부 공사)	
20. 지붕공사	가. 지붕공사 나. 홈통 및 우수관공사	
21. 방수공사	방수공사	

[비고]
기초공사·지정공사 등 「집합건물의 소유 및 관리에 관한 법률」 제9조의2 제1항 제1호에 따른 지반공사의 경우 담보책임기간은 10년

ⓒ **주택인도증서**: 사업주체(건축법에 따른 건축허가를 받아 분양을 목적으로 하는 공동주택을 건축한 건축주를 포함한다. 이하 같다)는 해당 공동주택의 전유부분을 입주자에게 인도한 때에는 국토교통부령으로 정하는 바에 따라 주택인도증서를 작성하여 관리주체(의무관리대상 공동주택이 아닌 경우에는 집합건물의 소유 및 관리에 관한 법률에 따른 관리인을 말한다. 이하 같다)에게 인계하여야 한다. 이 경우 관리주체는 30일 이내에 공동주택관리정보시스템에 전유부분의 인도일을 공개하여야 한다.

ⓔ **주택인도증서의 보관**: 사업주체가 해당 공동주택의 전유부분을 위 ①의 ⓛ에 따른 공공임대주택의 임차인에게 인도한 때에는 주택인도증서를 작성하여 분양전환하기 전까지 보관하여야 한다. 이 경우 사업주체는 주택인도증서를 작성한 날부터 30일 이내에 공동주택관리정보시스템에 전유부분의 인도일을 공개하여야 한다.

ⓜ **미분양 세대의 인도일의 현황**: 사업주체는 주택의 미분양(未分讓) 등으로 인하여 인계·인수서에 인도일의 현황이 누락된 세대가 있는 경우에는 주택의 인도일부터 15일 이내에 인도일의 현황을 관리주체에게 인계하여야 한다.

③ **하자의 범위**

㉠ 위임규정: 위 ①의 ㉠의 하자는 공사상 잘못으로 인하여 균열·침하(沈下)·파손·들뜸·누수 등이 발생하여 건축물 또는 시설물의 안전상·기능상 또는

미관상의 지장을 초래할 정도의 결함을 말하며, 그 구체적인 범위는 대통령령(아래 ⓒ)으로 정한다.

ⓒ **하자의 범위**: 위 ㉠에 따른 하자의 범위는 다음의 구분에 따른다.

> ⓐ **내력구조부별 하자**: 다음의 어느 하나에 해당하는 경우
>   ⅰ) 공동주택 구조체의 일부 또는 전부가 붕괴된 경우
>   ⅱ) 공동주택의 구조안전상 위험을 초래하거나 그 위험을 초래할 우려가 있는 정도의 균열·침하(沈下) 등의 결함이 발생한 경우
> ⓑ **시설공사별 하자**: 공사상의 잘못으로 인한 균열·처짐·비틀림·들뜸·침하·파손·붕괴·누수·누출·탈락, 작동 또는 기능 불량, 부착·접지 또는 전선 연결 불량, 고사(枯死) 및 입상(서 있는 상태) 불량 등이 발생하여 건축물 또는 시설물의 안전상·기능상 또는 미관상의 지장을 초래할 정도의 결함이 발생한 경우

(2) 하자보수 등

① **하자보수의 청구 및 하자보수**: 사업주체(건설산업기본법 제28조에 따라 하자담보책임이 있는 자로서 사업주체로부터 건설공사를 일괄 도급받아 건설공사를 수행한 자가 따로 있는 경우에는 그 자를 말한다)는 담보책임기간에 하자가 발생한 경우에는 해당 공동주택의 아래 ㉠부터 ㉣까지에 해당하는 자(이하 '입주자대표회의등'이라 한다) 또는 ㉤에 해당하는 자의 청구에 따라 그 하자를 보수하여야 한다. 이 경우 하자보수의 절차 및 종료 등에 필요한 사항은 대통령령(아래 ② 및 ③)으로 정한다.

㉠ 입주자
㉡ 입주자대표회의
㉢ 관리주체(하자보수청구 등에 관하여 입주자 또는 입주자대표회의를 대행하는 관리주체를 말한다)
㉣ 「집합건물의 소유 및 관리에 관한 법률」에 따른 관리단
㉤ 공공임대주택의 임차인 또는 임차인대표회의(이하 '임차인등'이라 한다)

② **하자보수절차**

㉠ **하자보수 청구기한**: 위 ①의 후단에 따라 입주자대표회의등 또는 임차인등은 공동주택에 하자가 발생한 경우에는 담보책임기간 내에 사업주체에게 하자보수를 청구하여야 한다.

㉡ **하자보수의 청구**: 위 ㉠에 따른 하자보수의 청구는 다음의 구분에 따른 자가 하여야 한다. 이 경우 입주자는 전유부분에 대한 청구를 아래 ⓑ의 ⅱ)에 따른 관리주체가 대행하도록 할 수 있으며, 공용부분에 대한 하자보수의 청구를 아래 ⓑ의 어느 하나에 해당하는 자에게 요청할 수 있다.

ⓐ **전유부분**: 입주자 또는 공공임대주택의 임차인
ⓑ **공용부분**: 다음의 어느 하나에 해당하는 자
　ⅰ) 입주자대표회의 또는 공공임대주택의 임차인대표회의
　ⅱ) 관리주체(하자보수청구 등에 관하여 입주자 또는 입주자대표회의를 대행하는 관리주체를 말한다)
　ⅲ) 「집합건물의 소유 및 관리에 관한 법률」에 따른 관리단

ⓒ **하자보수 이행기간**: 사업주체는 위 ㉠에 따라 하자보수를 청구받은 날(하자진단결과를 통보받은 때에는 그 통보받은 날을 말한다)부터 15일 이내에 그 하자를 보수하거나 다음의 사항을 명시한 하자보수계획을 입주자대표회의등 또는 임차인등에 서면(전자문서 및 전자거래 기본법에 따른 정보처리시스템을 사용한 전자문서를 포함한다)으로 통보하고 그 계획에 따라 하자를 보수하여야 한다. 다만, 하자가 아니라고 판단되는 사항에 대해서는 그 이유를 서면으로 통보하여야 한다.

ⓐ 하자부위, 보수방법 및 보수에 필요한 상당한 기간(동일한 하자가 2세대 이상에서 발생한 경우 세대별 보수 일정을 포함한다)
ⓑ 담당자 성명 및 연락처
ⓒ 그 밖에 보수에 필요한 사항

ⓓ **하자보수결과의 통보**: 위 ⓒ에 따라 하자보수를 실시한 사업주체는 하자보수가 완료되면 즉시 그 보수결과를 하자보수를 청구한 입주자대표회의등 또는 임차인등에 통보하여야 한다.

③ **하자보수청구 서류 등의 보관 등**

㉠ 보관 등

ⓐ 하자보수청구 등에 관하여 입주자 또는 입주자대표회의를 대행하는 관리주체는 하자보수 이력, 담보책임기간 준수 여부 등의 확인에 필요한 것으로서 하자보수청구 서류 등 대통령령(아래 ⓑ)으로 정하는 서류를 대통령령(아래 ⓒ)으로 정하는 바에 따라 보관하여야 한다.

ⓑ 위 ⓐ에서 '하자보수청구 서류 등 대통령령으로 정하는 서류'란 다음의 서류를 말한다.

　ⅰ) 하자보수청구 내용이 적힌 서류
　ⅱ) 사업주체의 하자보수 내용이 적힌 서류
　ⅲ) 하자보수보증금 청구 및 사용 내용이 적힌 서류
　ⅳ) 하자분쟁조정위원회에 제출하거나 하자분쟁조정위원회로부터 받은 서류
　ⅴ) 그 밖에 입주자 또는 입주자대표회의의 하자보수청구 대행을 위하여 관리주체가 입주자 또는 입주자대표회의로부터 제출받은 서류

ⓒ 입주자 또는 입주자대표회의를 대행하는 관리주체(자치관리기구의 대표자인 공동주택의 관리사무소장, 관리업무를 인계하기 전의 사업주체, 주택관리업자인 관리주체를 말한다)는 위 ⓐ에 따라 위 ⓑ의 서류를 문서 또는 전자문서의 형태로 보관해야 하며, 그 내용을 하자관리정보시스템에 등록해야 한다.

ⓓ 위 ⓒ에 따른 문서 또는 전자문서와 하자관리정보시스템에 등록한 내용은 관리주체가 사업주체에게 하자보수를 청구한 날부터 10년간 보관해야 한다.

ⓒ 서류 등의 제공

ⓐ 위 ㉠의 ⓐ에 따라 하자보수청구 서류 등을 보관하는 관리주체는 입주자 또는 입주자대표회의가 해당 하자보수청구 서류 등의 제공을 요구하는 경우 대통령령(아래 ⓑ)으로 정하는 바에 따라 이를 제공하여야 한다.

ⓑ 입주자 또는 입주자대표회의를 대행하는 관리주체는 위 ⓐ에 따라 위 ㉠의 ⓑ의 서류의 제공을 요구받은 경우 지체 없이 이를 열람하게 하거나 그 사본·복제물을 내주어야 한다.

ⓒ 관리주체는 위 ⓑ에 따라 서류를 제공하는 경우 그 서류제공을 요구한 자가 입주자나 입주자대표회의의 구성원인지를 확인해야 한다.

ⓓ 관리주체는 서류의 제공을 요구한 자에게 서류의 제공에 드는 비용을 부담하게 할 수 있다.

㉢ 서류 등의 인계: 공동주택의 관리주체가 변경되는 경우 기존 관리주체는 새로운 관리주체에게 해당 공동주택의 하자보수청구 서류 등을 인계하여야 한다.

④ **하자담보책임의 종료**

㉠ 하자담보책임기간 만료 예정일의 통보: 사업주체는 담보책임기간이 만료되기 30일 전까지 그 만료 예정일을 해당 공동주택의 입주자대표회의(의무관리대상 공동주택이 아닌 경우에는 집합건물의 소유 및 관리에 관한 법률에 따른 관리단을 말한다) 또는 해당 공공임대주택의 임차인대표회의에 서면으로 통보하여야 한다. 이 경우 사업주체는 다음의 사항을 함께 알려야 한다.

> ⓐ 위 ②에 따라 입주자대표회의등 또는 임차인등이 하자보수를 청구한 경우에는 하자보수를 완료한 내용
> ⓑ 담보책임기간 내에 하자보수를 신청하지 아니하면 하자보수를 청구할 수 있는 권리가 없어진다는 사실

ⓛ **입주자대표회의의 조치**: 위 ㉠에 따른 통보를 받은 입주자대표회의 또는 공공임대주택의 임차인대표회의는 다음의 구분에 따른 조치를 하여야 한다.

> ⓐ **전유부분에 대한 조치**: 담보책임기간이 만료되는 날까지 하자보수를 청구하도록 입주자 또는 공공임대주택의 임차인에게 개별통지하고 공동주택단지 안의 잘 보이는 게시판에 20일 이상 게시
> ⓑ **공용부분에 대한 조치**: 담보책임기간이 만료되는 날까지 하자보수 청구

ⓒ **하자보수 및 통보**: 사업주체는 위 ⓛ에 따라 하자보수 청구를 받은 사항에 대하여 지체 없이 보수하고 그 보수결과를 서면으로 입주자대표회의등 또는 임차인등에 통보해야 한다. 다만, 하자가 아니라고 판단한 사항에 대해서는 그 이유를 명확히 기재하여 서면으로 통보해야 한다.

ⓔ **이의제기**: 위 ⓒ의 본문에 따라 보수결과를 통보받은 입주자대표회의등 또는 임차인등은 통보받은 날부터 30일 이내에 이유를 명확히 기재한 서면으로 사업주체에게 이의를 제기할 수 있다. 이 경우 사업주체는 이의제기 내용이 타당하면 지체 없이 하자를 보수하여야 한다.

ⓜ **하자담보책임 종료확인서의 작성**: 사업주체와 다음의 구분에 따른 자는 하자보수가 끝난 때에는 공동으로 담보책임 종료확인서를 작성해야 한다. 이 경우 담보책임기간이 만료되기 전에 담보책임 종료확인서를 작성해서는 안 된다.

> ⓐ **전유부분**: 입주자
> ⓑ **공용부분**: 입주자대표회의의 회장(의무관리대상 공동주택이 아닌 경우에는 집합건물의 소유 및 관리에 관한 법률에 따른 관리인을 말한다) 또는 5분의 4 이상의 입주자(입주자대표회의의 구성원 중 사용자인 동별 대표자가 과반수인 경우만 해당한다)

ⓗ **공용부분의 담보책임 종료확인서 작성절차**: 입주자대표회의의 회장은 위 ⓜ에 따라 공용부분의 담보책임 종료확인서를 작성하려면 다음의 절차를 차례대로 거쳐야 한다. 이 경우 전체 입주자의 5분의 1 이상이 서면으로 반대하면 입주자대표회의는 아래 ⓑ에 따른 의결을 할 수 없다.

> ⓐ 의견 청취를 위하여 입주자에게 다음의 사항을 서면으로 개별통지하고 공동주택단지 안의 게시판에 20일 이상 게시할 것
> ⅰ) 담보책임기간이 만료된 사실
> ⅱ) 완료된 하자보수의 내용
> ⅲ) 담보책임 종료확인에 대하여 반대의견을 제출할 수 있다는 사실, 의견제출기간 및 의견제출서
> ⓑ 입주자대표회의 의결

ⓢ 통보 및 게시: 사업주체는 위 ⓜ의 ⓑ에 따라 입주자와 공용부분의 담보책임 종료확인서를 작성하려면 입주자대표회의의 회장에게 위 ⓗ의 ⓐ에 따른 통지 및 게시를 요청해야 하고, 전체 입주자의 5분의 4 이상과 담보책임 종료확인서를 작성한 경우에는 그 결과를 입주자대표회의등에 통보해야 한다.

(3) 사업주체의 손해배상책임

사업주체는 담보책임기간에 공동주택에 하자가 발생한 경우에는 하자 발생으로 인한 손해를 배상할 책임이 있다. 이 경우 손해배상책임에 관하여는 「민법」 제667조(수급인의 담보책임)를 준용한다.

(4) 내력구조부의 안전진단

① **안전진단의 의뢰**: 시장·군수·구청장은 담보책임기간에 공동주택의 구조안전에 중대한 하자가 있다고 인정하는 경우에는 안전진단기관에 의뢰하여 안전진단을 할 수 있다. 이 경우 안전진단의 대상·절차 및 비용부담에 관한 사항과 안전진단 실시기관의 범위 등에 필요한 사항은 대통령령(아래 ②)으로 정한다.

② **안전진단의 대상·절차 및 비용부담 등**

㉠ 안전진단의 대상·절차 및 실시기관의 범위: 위 ①에 따라 시장·군수·구청장은 공동주택의 구조안전에 중대한 하자가 있다고 인정하는 경우에는 다음의 어느 하나에 해당하는 기관 또는 단체에 해당 공동주택의 안전진단을 의뢰할 수 있다.

> ⓐ 「과학기술분야 정부출연연구기관 등의 설립·운영 및 육성에 관한 법률」에 따른 한국건설기술연구원(이하 '한국건설기술연구원'이라 한다)
> ⓑ 「국토안전관리원법」에 따른 국토안전관리원(이하 '국토안전관리원'이라 한다)
> ⓒ 「건축사법」에 따라 설립한 대한건축사협회
> ⓓ 「고등교육법」의 대학 및 산업대학의 부설연구기관(상설기관으로 한정한다)
> ⓔ 「시설물의 안전 및 유지관리에 관한 특별법 시행령」에 따른 건축 분야 안전진단전문기관(이하 '건축 분야 안전진단전문기관'이라 한다)

㉡ 비용부담: 위 ㉠에 따른 안전진단에 드는 비용은 사업주체가 부담한다. 다만, 하자의 원인이 사업주체 외의 자에게 있는 경우에는 그 자가 부담한다.

(5) 시정명령

시장·군수·구청장은 위 **(2)**의 ①에 따라 입주자대표회의등 및 임차인등이 하자보수를 청구한 사항에 대하여 사업주체가 정당한 사유 없이 따르지 아니할 때에는 시정을 명할 수 있다.

2. 하자보수보증금

(1) 예치의무자

사업주체는 대통령령[아래 (2)]으로 정하는 바에 따라 하자보수를 보장하기 위하여 하자보수보증금을 담보책임기간(보증기간은 공용부분을 기준으로 기산한다) 동안 예치하여야 한다. 다만, 국가·지방자치단체·한국토지주택공사 및 지방공사인 사업주체의 경우에는 그러하지 아니하다.

(2) 예치 및 보관

① **하자보수보증금의 예치**: 위 (1)에 따라 사업주체(건설임대주택을 분양전환하려는 경우에는 그 임대사업자를 말한다)는 하자보수보증금을 은행(은행법에 따른 은행을 말한다)에 현금으로 예치하거나 다음의 어느 하나에 해당하는 자가 취급하는 보증으로서 하자보수보증금 지급을 보장하는 보증에 가입하여야 한다. 이 경우 그 예치명의 또는 가입명의는 사용검사권자(주택법에 따른 사용검사권자 또는 건축법에 따른 사용승인권자를 말한다)로 하여야 한다.

> ㉠ 「주택도시기금법」에 따른 주택도시보증공사
> ㉡ 「건설산업기본법」에 따른 건설 관련 공제조합
> ㉢ 「보험업법」에 따른 보증보험업을 영위하는 자
> ㉣ 다음의 금융기관
>   ⓐ 「은행법」에 따른 은행
>   ⓑ 「중소기업은행법」에 따른 중소기업은행
>   ⓒ 「상호저축은행법」에 따른 상호저축은행
>   ⓓ 「보험업법」에 따른 보험회사
>   ⓔ 그 밖의 법률에 따라 금융업무를 하는 기관으로서 국토교통부령으로 정하는 기관

② **보증서의 제출**: 사업주체는 다음의 어느 하나에 해당하는 신청서를 사용검사권자에게 제출할 때에 위 ①에 따른 현금 예치증서 또는 보증서를 함께 제출하여야 한다.

> ㉠ 「주택법」에 따른 사용검사 신청서(공동주택단지 안의 공동주택 전부에 대하여 임시사용승인을 신청하는 경우에는 임시사용승인 신청서)
> ㉡ 「건축법」에 따른 사용승인 신청서(공동주택단지 안의 공동주택 전부에 대하여 임시사용승인을 신청하는 경우에는 임시사용승인 신청서)
> ㉢ 「민간임대주택에 관한 특별법」에 따른 양도신고서, 양도 허가신청서 또는 「공공주택 특별법」에 따른 분양전환 승인신청서, 분양전환 허가신청서, 분양전환 신고서

③ **명의 변경**: 사용검사권자는 입주자대표회의가 구성된 때에는 지체 없이 위 ①에 따른 예치명의 또는 가입명의를 해당 입주자대표회의로 변경하고 입주자대표회의에 현금 예치증서 또는 보증서를 인계하여야 한다.

④ **보증서의 보관**: 입주자대표회의는 위 ③에 따라 인계받은 현금 예치증서 또는 보증서를 해당 공동주택의 관리주체(의무관리대상 공동주택이 아닌 경우에는 집합건물의 소유 및 관리에 관한 법률에 따른 관리인을 말한다)로 하여금 보관하게 하여야 한다.

⑤ **하자보수보증금의 범위**

㉠ 예치금액: 위 **(1)**에 따라 예치하여야 하는 하자보수보증금은 다음의 구분에 따른 금액으로 한다.

> ⓐ 「주택법」에 따른 대지조성사업계획과 주택사업계획승인을 함께 받아 대지조성과 함께 **공동주택을 건설하는 경우**: 아래 ⅰ)의 비용에서 ⅱ)의 가격을 뺀 금액의 100분의 3
> ⅰ) 사업계획승인서에 기재된 해당 공동주택의 총사업비[간접비(설계비, 감리비, 분담금, 부담금, 보상비 및 일반분양시설경비를 말한다)는 제외한다. 이하 같다]
> ⅱ) 해당 공동주택을 건설하는 대지의 조성 전 가격
> ⓑ 「주택법」에 따른 주택사업계획승인만을 받아 대지조성 없이 공동주택을 건설하는 경우: 사업계획승인서에 기재된 해당 공동주택의 총사업비에서 대지가격을 뺀 금액의 100분의 3
> ⓒ 공동주택을 증축·개축·대수선하는 경우 또는 「주택법」에 따른 리모델링을 하는 경우: 허가신청서 또는 신고서에 기재된 해당 공동주택 총사업비의 100분의 3
> ⓓ 「건축법」에 따른 건축허가를 받아 분양을 목적으로 공동주택을 건설하는 경우: 사용승인을 신청할 당시의 「공공주택 특별법 시행령」에 따른 공공건설임대주택 분양전환가격의 산정기준에 따른 표준건축비를 적용하여 산출한 건축비의 100분의 3

㉡ 예외 규정: 위 ㉠에도 불구하고 건설임대주택이 분양전환되는 경우의 하자보수보증금은 위 ㉠의 ⓐ 또는 ⓑ에 따른 금액에 건설임대주택 세대 중 분양전환을 하는 세대의 비율을 곱한 금액으로 한다.

(3) 하자보수보증금의 사용

① **위임규정**: 입주자대표회의등은 위 **(1)**에 따른 하자보수보증금을 하자심사·분쟁조정위원회의 하자 여부 판정 등에 따른 하자보수비용 등 대통령령(아래 ②)으로 정하는 용도로만 사용하여야 하며, 의무관리대상 공동주택의 경우에는 하자보수보증금의 사용 후 30일 이내에 그 사용내역을 국토교통부령(아래 ③)으로 정하는 바에 따라 시장·군수·구청장에게 신고하여야 한다.

② **하자보수보증금의 용도**: 위 ①에서 '하자심사·분쟁조정위원회의 하자 여부 판정 등에 따른 하자보수비용 등 대통령령으로 정하는 용도'란 입주자대표회의가 직접 보수하거나 제3자에게 보수하게 하는 데 필요한 용도로서 하자보수와 관련된 다음의 용도를 말한다.

> ㉠ 송달된 하자 여부 판정서(재심의 결정서를 포함한다) 정본에 따라 하자로 판정된 시설공사 등에 대한 하자보수비용
> ㉡ 하자분쟁조정위원회(하자심사·분쟁조정위원회를 말한다)가 송달한 조정서 정본에 따른 하자보수비용
> ㉢ 재판상 화해와 동일한 효력이 있는 재정에 따른 하자보수비용
> ㉣ 법원의 재판 결과에 따른 하자보수비용
> ㉤ 하자진단의 결과에 따른 하자보수비용

③ **하자보수보증금의 사용내역 신고**: 위 ①에 따라 하자보수보증금의 사용내역을 신고하려는 자는 하자보수보증금 사용내역 신고서에 다음의 서류를 첨부하여 시장·군수·구청장에게 제출하여야 한다.

> ㉠ 하자보수보증금의 금융기관 거래명세표(입·출금 명세 전부가 기재된 것을 말한다)
> ㉡ 하자보수보증금의 세부 사용명세

(4) 하자보수보증금의 청구 및 관리

① **하자보수보증금의 지급청구**: 입주자대표회의는 사업주체가 하자보수를 이행하지 아니하는 경우에는 하자보수보증서 발급기관에 하자보수보증금의 지급을 청구할 수 있다. 이 경우 다음의 서류를 첨부하여야 한다.

> ㉠ 위 (3)의 ②의 어느 하나에 해당하는 서류(㉢의 경우에는 판결서를 말하며, ㉣의 경우에는 하자진단 결과통보서를 말한다)
> ㉡ 하자의 조사 및 보수비용 산정, 하자의 판정기준 및 하자의 발생부분 판단기준을 적용하여 산출한 하자보수비용 및 그 산출명세서[위 (3)의 ②의 절차에서 하자보수비용이 결정되지 아니한 경우만 해당한다]

② **하자보수보증금의 지급**: 위 ①에 따른 청구를 받은 하자보수보증서 발급기관은 청구일부터 30일 이내에 하자보수보증금을 지급해야 한다. 다만, 위 (3)의 ②의 ㉠ 및 ㉣의 경우 하자보수보증서 발급기관이 청구를 받은 금액에 이의가 있으면 하자분쟁조정위원회에 분쟁조정이나 분쟁재정을 신청한 후 그 결과에 따라 지급해야 한다.

③ **지급방법**: 하자보수보증서 발급기관은 위 ②에 따라 하자보수보증금을 지급할 때에는 다음의 구분에 따른 금융계좌로 이체하는 방법으로 지급하여야 하며, 입주자대표회의는 그 금융계좌로 해당 하자보수보증금을 관리하여야 한다.

> ㉠ **의무관리대상 공동주택**: 입주자대표회의 회장의 인감과 관리사무소장의 직인을 복수로 등록한 금융계좌
> ㉡ **의무관리대상이 아닌 공동주택**: 「집합건물의 소유 및 관리에 관한 법률」에 따른 관리인의 인감을 등록한 금융계좌(같은 법에 따른 관리위원회가 구성되어 있는 경우에는 그 위원회를 대표하는 자 1명과 관리인의 인감을 복수로 등록한 계좌)

④ **지급내역의 통보**: 하자보수보증금을 예치받은 자(이하 '하자보수보증금의 보증서 발급기관'이라 한다)는 하자보수보증금을 의무관리대상 공동주택의 입주자대표회의에 지급한 날부터 30일 이내에 지급내역을 국토교통부령으로 정하는 바에 따라 관할 시장·군수·구청장에게 통보하여야 한다.

⑤ **사용내역과 지급내역의 제공**
  ㉠ 제공: 시장·군수·구청장은 위 **(3)**의 ①에 따른 하자보수보증금 사용내역과 위 ④에 따른 하자보수보증금 지급 내역을 매년 국토교통부령(아래 ㉡)으로 정하는 바에 따라 국토교통부장관에게 제공하여야 한다.
  ㉡ 제공시한: 시장·군수·구청장은 위 ㉠에 따라 해당 연도에 제출받은 하자보수보증금 사용내역 신고서(첨부서류는 제외한다)와 지급내역서(첨부서류를 포함한다)의 내용을 다음 해 1월 31일까지 국토교통부장관에게 제공해야 한다. 이 경우 제공 방법은 하자관리정보시스템에 입력하는 방법으로 한다.

⑥ **사업자 선정의 제한**: 입주자대표회의는 위 ③에 따라 하자보수보증금을 지급받기 전에 미리 하자보수를 하는 사업자를 선정해서는 아니 된다.

⑦ **사용명세의 통보**: 입주자대표회의는 하자보수보증금을 사용한 때에는 그날부터 30일 이내에 그 사용명세를 사업주체에게 통보하여야 한다.

(5) 하자보수보증금의 반환

① **반환비율**: 입주자대표회의는 사업주체가 예치한 하자보수보증금을 다음의 구분에 따라 순차적으로 사업주체에게 반환하여야 한다.

> ㉠ **다음의 구분에 따른 날**(이하 '사용검사일'이라 한다)**부터 2년이 경과된 때**: 하자보수보증금의 100분의 15
>   ⓐ 「주택법」 제49조에 따른 사용검사(공동주택단지 안의 공동주택 전부에 대하여 같은 조에 따른 임시사용승인을 받은 경우에는 임시사용승인을 말한다)를 받은 날
>   ⓑ 「건축법」 제22조에 따른 사용승인(공동주택단지 안의 공동주택 전부에 대하여 같은 조에 따른 임시사용승인을 받은 경우에는 임시사용승인을 말한다)을 받은 날
> ㉡ **사용검사일부터 3년이 경과된 때**: 하자보수보증금의 100분의 40
> ㉢ **사용검사일부터 5년이 경과된 때**: 하자보수보증금의 100분의 25
> ㉣ **사용검사일부터 10년이 경과된 때**: 하자보수보증금의 100분의 20

② **사용한 금액의 계산**: 위 ①에 따라 하자보수보증금을 반환할 경우 하자보수보증금을 사용한 경우에는 이를 포함하여 위 ①의 비율을 계산하되, 이미 사용한 하자보수보증금은 반환하지 아니한다.

3. 하자심사·분쟁조정 및 분쟁재정

(1) 하자심사·분쟁조정위원회 설치 등

① **하자분쟁조정위원회의 설치**: 담보책임 및 하자보수 등과 관련한 아래 ②의 사무를 관장하기 위하여 국토교통부에 하자심사·분쟁조정위원회(이하 '하자분쟁조정위원회'라 한다)를 둔다.

② **하자분쟁조정위원회의 사무**: 하자분쟁조정위원회의 사무는 다음과 같다.

> ㉠ 하자 여부 판정
> ㉡ 하자담보책임 및 하자보수 등에 대한 사업주체·하자보수보증금의 보증서 발급기관(이하 '사업주체등'이라 한다)과 입주자대표회의등·임차인등 간의 분쟁의 조정 및 재정
> ㉢ 하자의 책임범위 등에 대하여 사업주체등·설계자·감리자 및 「건설산업기본법」 제2조 제13호·제14호에 따른 수급인·하수급인 간에 발생하는 분쟁의 조정 및 재정
> ㉣ 다른 법령에서 하자분쟁조정위원회의 사무로 규정된 사항

③ **하자심사·분쟁조정 또는 분쟁재정 신청**

㉠ **조정등의 신청**: 하자분쟁조정위원회에 하자심사·분쟁조정 또는 분쟁재정(이하 '조정등'이라 한다)을 신청하려는 자는 국토교통부령(아래 ㉡ 및 ㉢)으로 정하는 바에 따라 신청서를 제출하여야 한다.

㉡ **하자심사신청서의 제출**: 위 ㉠에 따라 하자심사를 신청하려는 자는 하자심사신청서에 다음의 서류를 첨부하여 하자심사·분쟁조정위원회(이하 '하자분쟁조정위원회'라 한다)에 제출해야 한다. 이 경우 피신청인 인원수에 해당하는 부본(副本)과 함께 제출해야 한다.

> ⓐ 당사자간 교섭경위서(하자보수를 최초로 청구한 때부터 해당 사건을 하자분쟁조정위원회에 신청할 때까지 당사자간 일정별 청구·답변 내용 또는 협의한 내용과 그 입증자료를 말한다) 1부
> ⓑ 하자발생사실 증명자료(컬러 사진 및 설명자료 등) 1부
> ⓒ 하자보수보증금의 보증서 사본(하자보수보증금의 보증서 발급기관이 사건의 당사자인 경우만 해당한다) 1부
> ⓓ 신청인의 신분증 사본(법인은 인감증명서를 말하되, 전자서명법에 따른 전자서명을 한 전자문서로 신청하는 경우에는 신분증 사본 및 인감증명서를 첨부하지 않는다). 다만, 대리인이 신청하는 경우에는 다음의 서류를 말한다.
>   ⅰ) 신청인의 위임장 및 신분증 사본
>   ⅱ) 대리인의 신분증(변호사는 변호사 신분증을 말한다) 사본
>   ⅲ) 대리인이 법인의 직원인 경우에는 재직증명서
> ⓔ 입주자대표회의 또는 공공임대주택의 임차인대표회의가 신청하는 경우에는 그 구성 신고를 증명하는 서류 1부
> ⓕ 관리사무소장이 신청하는 경우에는 관리사무소장 배치 및 직인 신고증명서 사본 1부
> ⓖ 「집합건물의 소유 및 관리에 관한 법률」에 따른 관리단이 신청하는 경우에는 그 관리단의 관리인을 선임한 증명서류 1부

ⓒ **하자분쟁조정신청서의 제출**: 위 ㉠에 따라 분쟁조정을 신청하려는 자는 하자분쟁조정신청서에 다음의 서류를 첨부하여 하자분쟁조정위원회에 제출해야 한다. 이 경우 피신청인 인원수에 해당하는 부본과 함께 제출해야 한다.

> ⓐ 위 ㉡의 ⓐ ~ ⓖ의 서류
> ⓑ 하자보수비용 산출명세서(하자보수비용을 청구하는 경우만 해당한다) 1부
> ⓒ 당사자간 계약서 사본[사업주체등(사업주체 및 하자보수보증서 발급기관을 말한다.) 설계자·감리자·수급인 또는 하수급인 사이의 분쟁인 경우만 해당한다] 1부
> ⓓ 법인 등기사항증명서(사업주체등·설계자·감리자·수급인 또는 하수급인 사이의 분쟁인 경우만 해당한다) 1부

㉣ **하자분쟁재정신청서의 제출**: 위 ㉠에 따라 분쟁재정을 신청하려는 자는 하자분쟁재정신청서에 위 ㉢의 서류를 첨부하여 하자분쟁조정위원회에 제출해야 한다. 이 경우 피신청인 인원수에 해당하는 부본을 함께 제출해야 한다.

㉤ **집합건물분쟁조정위원회의 하자 여부 판정 요청**: 「집합건물의 소유 및 관리에 관한 법률」에 따라 집합건물분쟁조정위원회가 하자분쟁조정위원회에 하자판정을 요청하는 경우에는 집합건물 하자판정 신청서에 다음의 서류를 첨부하여야 한다. 이 경우 집합건물의 하자판정에 관하여는 「공동주택관리법」 제43조의 하자심사규정을 준용한다.

> ⓐ 「집합건물의 소유 및 관리에 관한 법률」에 따른 당사자가 집합건물분쟁조정위원회에 제출한 서류
> ⓑ 그 밖에 하자판정에 참고가 될 수 있는 객관적인 자료

④ **선정대표자**

㉠ **단체사건의 대표자 선정**: 위 ③의 ㉠에 따라 신청한 하자심사·분쟁조정 또는 분쟁재정(이하 '조정등'이라 한다) 사건 중에서 여러 사람이 공동으로 조정등의 당사자가 되는 사건(이하 '단체사건'이라 한다)의 경우에는 그중에서 3명 이하의 사람을 대표자로 선정할 수 있다.

㉡ **선정의 권고**: 하자분쟁조정위원회는 단체사건의 당사자들에게 위 ㉠에 따라 대표자를 선정하도록 권고할 수 있다.

㉢ **권한**: 위 ㉠에 따라 선정된 대표자(이하 '선정대표자'라 한다)는 위 ③의 ㉠에 따라 신청한 조정등에 관한 권한을 갖는다. 다만, 신청을 철회하거나 조정안을 수락하려는 경우에는 서면으로 다른 당사자의 동의를 받아야 한다.

㉣ **행위제한**: 대표자가 선정되었을 때에는 다른 당사자들은 특별한 사유가 없으면 그 선정대표자를 통하여 해당 사건에 관한 행위를 하여야 한다.

ⓜ 선정대표자의 선임계
  ⓐ **선임계의 제출**: 대표자를 선정한 당사자들은 그 선정결과를 국토교통부령(아래 ⓑ)으로 정하는 바에 따라 하자분쟁조정위원회에 제출하여야 한다. 선정대표자를 해임하거나 변경한 경우에도 또한 같다.
  ⓑ **제출방법**: 하자심사, 분쟁조정 또는 분쟁재정 사건에 대하여 대표자를 선정, 해임 또는 변경한 당사자들은 위 ⓐ에 따라 선정대표자 선임(해임·변경)계를 하자분쟁조정위원회에 제출해야 한다.

⑤ **하자의 조사방법 등**
  ㉠ **위임규정**: 위 ③의 ㉠에 따라 신청된 조정등을 위하여 필요한 하자의 조사방법 및 기준, 하자 보수비용의 산정방법 등이 포함된 하자판정에 관한 기준은 대통령령으로 정한다.
  ㉡ **하자의 조사**: 위 ㉠에 따른 하자 여부의 조사는 현장실사 등을 통하여 하자가 주장되는 부위와 설계도서를 비교하여 측정하는 등의 방법으로 한다.
  ㉢ **하자보수비용의 산정방법**: 공동주택의 하자보수비용은 실제 하자보수에 소요되는 공사비용으로 산정하되, 하자보수에 필수적으로 수반되는 부대비용을 추가할 수 있다.
  ㉣ **세부사항의 고시**: 위 ㉡ 및 ㉢에 따른 하자의 조사 및 보수비용 산정, 하자의 판정기준 및 하자의 발생부분 판단기준(하자 발생부위가 전유부분인지 공용부분인지에 대한 판단기준을 말한다) 등에 필요한 세부적인 사항은 국토교통부장관이 정하여 고시한다.

(2) 하자분쟁조정위원회의 구성 등

① **하자분쟁조정위원회의 구성**
  ㉠ **구성 및 구성원 수**: 하자분쟁조정위원회는 위원장 1명을 포함한 60명 이내의 위원으로 구성하며, 위원장은 상임으로 한다.
  ㉡ **위원의 임명 등**: 하자분쟁조정위원회의 위원은 공동주택 하자에 관한 학식과 경험이 풍부한 사람으로서 다음의 어느 하나에 해당하는 사람 중에서 국토교통부장관이 임명 또는 위촉한다. 이 경우 아래 ⓒ에 해당하는 사람이 9명 이상 포함되어야 한다.

  > ⓐ 1급부터 4급까지 상당의 공무원 또는 고위공무원단에 속하는 공무원이거나 이와 같은 직에 재직한 사람
  > ⓑ 공인된 대학이나 연구기관에서 부교수 이상 또는 이에 상당하는 직에 재직한 사람

ⓒ 판사·검사 또는 변호사의 직에 6년 이상 재직한 사람
ⓓ 건설공사, 전기공사, 정보통신공사, 소방시설공사, 시설물 정밀안전진단 또는 감정평가에 관한 전문적 지식을 갖추고 그 업무에 10년 이상 종사한 사람
ⓔ 주택관리사로서 공동주택의 관리사무소장으로 10년 이상 근무한 사람
ⓕ 「건축사법」에 따라 신고한 건축사 또는 「기술사법」에 따라 등록한 기술사로서 그 업무에 10년 이상 종사한 사람

ⓒ **임기**: 위원장과 공무원이 아닌 위원의 임기는 2년으로 하되 연임할 수 있으며, 보궐위원의 임기는 전임자의 남은 임기로 한다.

ⓔ **해임 및 해촉사유**: 하자분쟁조정위원회의 위원 중 공무원이 아닌 위원은 다음에 해당하는 경우를 제외하고는 본인의 의사에 반하여 해촉되지 아니한다.

ⓐ 신체상 또는 정신상의 장애로 직무를 수행할 수 없는 경우
ⓑ 「국가공무원법」 제33조의 결격사유에 해당하는 경우
ⓒ 직무상 의무를 위반한 경우
ⓓ 직무태만, 품위손상이나 그 밖의 사유로 위원으로 적합하지 아니하다고 인정되는 경우
ⓔ 위원의 제척사유에 해당하는 경우에도 불구하고 회피하지 아니한 경우

② **위원장 및 분과위원장의 임명**: 위원장 및 분과위원회의 위원장(이하 '분과위원장'이라 한다)은 국토교통부장관이 임명한다.

③ **위원장의 직무 및 직무대행**: 위원장은 하자분쟁조정위원회를 대표하고 그 직무를 총괄한다. 다만, 위원장이 부득이한 사유로 직무를 수행할 수 없는 경우에는 위원장이 미리 지명한 분과위원장 순으로 그 직무를 대행한다.

④ **분과위원회의 구성 등**

㉠ **분과위원회의 구성**: 하자분쟁조정위원회에 하자 여부 판정, 분쟁조정 및 분쟁재정을 전문적으로 다루는 분과위원회를 둔다.

㉡ **구성원 수**

ⓐ **하자 여부 판정 또는 분쟁조정을 다루는 분과위원회**: 하자 여부 판정 또는 분쟁조정을 다루는 분과위원회는 하자분쟁조정위원회의 위원장(이하 '위원장'이라 한다)이 지명하는 9명 이상 15명 이하의 위원으로 구성한다.

ⓑ **분쟁재정을 다루는 분과위원회**: 분쟁재정을 다루는 분과위원회는 위원장이 지명하는 5명의 위원으로 구성하되, 위 ①의 ㉡의 ⓒ에 해당하는 사람이 1명 이상 포함되어야 한다.

ⓒ **분과위원회의 종류별 구성**: 하자분쟁조정위원회에는 시설공사 등에 따른 하자 여부 판정 또는 분쟁의 조정·재정을 위하여 다음의 분과위원회를 하나 이상씩 둔다.

> ⓐ **하자심사분과위원회**: 하자 여부 판정
> ⓑ **분쟁조정분과위원회**: 분쟁의 조정
> ⓒ **분쟁재정분과위원회**: 분쟁의 재정
> ⓓ **하자재심분과위원회**: 「공동주택관리법」 제43조 제4항에 따른 이의신청 사건에 대한 하자 여부 판정
> ⓔ 그 밖에 국토교통부장관이 필요하다고 인정하는 분과위원회

ⓔ **위원의 지명**: 하자분쟁조정위원회의 위원장은 위원의 전문성과 경력 등을 고려하여 각 분과위원회별 위원을 지명하여야 한다.

ⓜ **분과위원장의 직무대행**: 분과위원회 위원장이 부득이한 사유로 직무를 수행할 수 없을 때에는 해당 분과위원회 위원장이 해당 분과위원 중에서 미리 지명한 위원이 그 직무를 대행한다.

⑤ **소위원회의 구성 등**

ⓛ **구성 및 구성원 수**: 위원장은 분과위원회별로 사건의 심리 등을 위하여 전문분야 등을 고려하여 3명 이상 5명 이하의 위원으로 소위원회를 구성할 수 있다. 이 경우 위원장이 해당 분과위원회 위원 중에서 소위원회의 위원장(이하 '소위원장'이라 한다)을 지명한다.

ⓒ **소위원회의 구성 수**: 위 ⓛ에 따라 분과위원회별로 시설공사의 종류 및 전문분야 등을 고려하여 5개 이내의 소위원회를 둘 수 있다.

ⓒ **소위원장의 직무대행**: 소위원회 위원장이 부득이한 사유로 직무를 수행할 수 없을 때에는 해당 소위원회 위원장이 해당 소위원회 위원 중에서 미리 지명한 위원이 그 직무를 대행한다.

(3) 위원의 제척 등

① **제척사유**: 하자분쟁조정위원회의 위원이 다음의 어느 하나에 해당하는 경우에는 그 사건의 조정등에서 제척된다.

> ⓛ 위원 또는 그 배우자나 배우자였던 사람이 해당 사건의 당사자가 되거나 해당 사건에 관하여 공동의 권리자 또는 의무자의 관계에 있는 경우
> ⓒ 위원이 해당 사건의 당사자와 친족관계에 있거나 있었던 경우
> ⓒ 위원이 해당 사건에 관하여 증언이나 「공동주택관리법」 제48조에 따른 하자진단 또는 하자감정을 한 경우
> ⓔ 위원이 해당 사건에 관하여 당사자의 대리인으로서 관여하였거나 관여한 경우

ⓓ 위원이 해당 사건의 원인이 된 처분 또는 부작위에 관여한 경우
　　ⓔ 위원이 최근 3년 이내에 해당 사건의 당사자인 법인 또는 단체의 임원 또는 직원으로 재직하거나 재직하였던 경우
　　ⓕ 위원이 속한 법인 또는 단체(최근 3년 이내에 속하였던 경우를 포함한다)가 해당 사건에 관하여 설계, 감리, 시공, 자문, 감정 또는 조사를 수행한 경우
　　ⓖ 위원이 최근 3년 이내에 해당 사건 당사자인 법인 또는 단체가 발주한 설계, 감리, 시공, 감정 또는 조사를 수행한 경우

② **제척의 결정**: 하자분쟁조정위원회는 제척의 원인이 있는 경우에는 직권 또는 당사자의 신청에 따라 제척 결정을 하여야 한다.

③ **기피신청**: 당사자는 위원에게 공정한 조정등을 기대하기 어려운 사정이 있는 경우에는 하자분쟁조정위원회에 기피신청을 할 수 있으며, 하자분쟁조정위원회는 기피신청이 타당하다고 인정하면 기피 결정을 하여야 한다.

④ **회피**: 위원은 위 제척 또는 기피신청의 사유에 해당하는 경우에는 스스로 그 사건의 조정등에서 회피(回避)하여야 한다.

⑤ **통지**: 하자분쟁조정위원회는 위 ③에 따른 기피신청을 받으면 그 신청에 대한 결정을 할 때까지 조정등의 절차를 중지하여야 하고, 기피신청에 대한 결정을 한 경우 지체 없이 당사자에게 통지하여야 한다.

⑥ **준용규정**: 조정등의 절차에 관여하는 하자분쟁조정위원회의 운영 및 사무 처리를 위한 조직의 직원에 대하여는 위 ①부터 ⑤까지의 규정을 준용한다.

(4) 하자분쟁조정위원회의 회의 등

① **회의의 소집 및 의장**: 위원장은 전체위원회, 분과위원회 및 소위원회의 회의를 소집하며, 해당 회의의 의장은 다음의 구분에 따른다.

> ㉠ **전체위원회**: 위원장
> ㉡ **분과위원회**: 분과위원장. 다만, 다음의 사항을 심의하는 경우에는 위원장이 의장이 된다.
> 　ⓐ 하자 여부 판정 결과에 대한 재심의사건
> 　ⓑ 청구금액이 10억원 이상인 분쟁조정사건
> 　ⓒ 국토교통부장관이 필요하다고 인정하는 분과위원회의 안건으로서 하자분쟁조정위원회의 의사 및 운영 등에 관한 사항
> ㉢ **소위원회**: 소위원장

② **전체위원회의 심의·의결사항 및 정족수**: 전체위원회는 다음에 해당하는 사항을 심의·의결한다. 이 경우 회의는 재적위원 과반수의 출석으로 개의하고 그 출석위원 과반수의 찬성으로 의결한다.

> ㉠ 하자분쟁조정위원회 의사에 관한 규칙의 제정·개정 및 폐지에 관한 사항
> ㉡ 분과위원회에서 전체위원회의 심의·의결이 필요하다고 요구하는 사항
> ㉢ 그 밖에 위원장이 필요하다고 인정하는 사항

③ **분과위원회의 심의·의결사항 및 정족수**: 분과위원회는 하자 여부 판정, 분쟁조정 및 분쟁재정 사건을 심의·의결하며, 회의는 그 구성원 과반수(분쟁재정을 다루는 분과위원회의 회의의 경우에는 그 구성원 전원을 말한다)의 출석으로 개의하고 출석위원 과반수의 찬성으로 의결한다. 이 경우 분과위원회에서 의결한 사항은 하자분쟁조정위원회에서 의결한 것으로 본다.

④ **소위원회의 심의·의결사항 및 정족수**: 소위원회는 다음에 해당하는 사항을 심의·의결하거나, 소관 분과위원회의 사건에 대한 심리 등을 수행하며, 회의는 그 구성원 과반수의 출석으로 개의하고 출석위원 전원의 찬성으로 의결한다. 이 경우 소위원회에서 의결한 사항은 하자분쟁조정위원회에서 의결한 것으로 본다.

> ㉠ 1천만원 미만의 소액 사건
> ㉡ 전문분야 등을 고려하여 분과위원회에서 소위원회가 의결하도록 결정한 사건
> ㉢ 「공동주택관리법」 제45조 제2항 후단(흠이 있는 신청을 일정한 기간 동안 신청인이 바로 잡지 아니한 신청)에 따른 조정등의 신청에 대한 각하
> ㉣ 당사자 쌍방이 소위원회의 조정안을 수락하기로 합의한 사건
> ㉤ 하자의 발견 또는 보수가 쉬운 전유부분에 관한 하자 중 마감공사 또는 하나의 시설공사에서 발생한 하자와 관련된 심사 및 분쟁조정 사건

⑤ **합의의 권고**: 하자분쟁조정위원회는 분쟁조정 신청을 받으면 조정절차 계속 중에도 당사자에게 하자보수 및 손해배상 등에 관한 합의를 권고할 수 있다. 이 경우 권고는 조정절차의 진행에 영향을 미치지 아니한다.

⑥ **회의사항의 고지**: 하자분쟁조정위원회 위원장은 전체위원회, 분과위원회 또는 소위원회 회의를 소집하려면 특별한 사정이 있는 경우를 제외하고는 회의 개최 3일 전까지 회의의 일시·장소 및 안건을 각 위원에게 알려야 한다

⑦ **사건의 분리 및 병합**: 하자분쟁조정위원회는 조정등을 효율적으로 하기 위하여 필요하다고 인정하면 해당 사건들을 분리하거나 병합할 수 있다.

⑧ **분리 및 병합에 대한 결과의 고지**: 하자분쟁조정위원회는 위 ⑦에 따라 해당 사건들을 분리하거나 병합한 경우에는 조정등의 당사자에게 지체 없이 그 결과를 알려야 한다.

⑨ **그 밖에 필요한 사항**: 「공동주택관리법」 및 「공동주택관리법 시행령」에서 규정한 사항 외의 하자분쟁조정위원회의 운영 등에 필요한 사항은 국토교통부장관이 정한다.

⑩ **하자관리정보시스템**: 국토교통부장관은 다음의 사항을 인터넷을 이용하여 처리하기 위하여 하자관리정보시스템을 구축·운영할 수 있다.

> ⊙ 조정등 사건의 접수·통지와 송달
> ⓛ 공동주택의 하자와 관련된 민원상담과 홍보
> ⓒ 하자보수보증금 사용내역과 지급내역의 관리
> ⓔ 「공동주택관리법」 제43조 제3항에 따른 하자보수 결과의 통보
> ⓜ 「공동주택관리법」 제43조 제9항에 따른 시장·군수·구청장에 대한 통보
> ⓗ 「공동주택관리법 시행령」 제45조의2 제1항의 서류의 보관 및 관리
> ⓢ 그 밖에 다른 법령에서 하자관리정보시스템으로 처리하도록 규정한 사항

⑪ **사건접수현황의 확인**: 시장·군수·구청장은 위 ⑩에 따른 하자관리정보시스템을 통해 관할 지역 내 조정등 사건의 접수 현황을 확인할 수 있다.

⑫ **위원의 수당 및 여비**: 하자분쟁조정위원회 위원에 대하여는 예산의 범위에서 업무수행에 따른 수당, 여비 및 그 밖에 필요한 경비를 지급할 수 있다. 다만, 공무원인 위원이 소관업무와 직접 관련하여 회의에 출석하는 경우에는 그러하지 아니하다.

(5) 조정등의 각하

① **위임규정**: 하자분쟁조정위원회의 의사 및 운영, 조정등의 각하 등에 필요한 사항은 대통령령(아래 ②)으로 정한다.

② **조정등의 각하**

⊙ 위 ①에 따라 하자분쟁조정위원회는 분쟁의 성질상 하자분쟁조정위원회에서 조정등을 하는 것이 맞지 아니하다고 인정하거나 부정한 목적으로 신청되었다고 인정되면 그 조정등의 신청을 각하할 수 있다.

ⓛ 하자분쟁조정위원회는 조정등의 사건의 처리 절차가 진행되는 도중에 한쪽 당사자가 법원에 소송(訴訟)을 제기한 경우에는 조정등의 신청을 각하한다. 조정등을 신청하기 전에 이미 소송을 제기한 사건으로 확인된 경우에도 또한 같다.

ⓒ **각하사유의 고지**: 하자분쟁조정위원회는 위 ⊙ 및 ⓛ에 따라 각하를 한 때에는 그 사유를 당사자에게 알려야 한다.

(6) 대리인

① **대리인 선임**: 조정등을 신청하는 자와 그 상대방은 다음의 어느 하나에 해당하는 사람을 대리인으로 선임할 수 있다.

> ⊙ 변호사
> ⓒ 관리단의 관리인
> ⓒ 관리사무소장
> ⓔ 당사자의 배우자 또는 4촌 이내의 친족
> ⓜ 주택(전유부분에 한정한다)의 사용자
> ⓑ 당사자가 국가 또는 지방자치단체인 경우에는 그 소속 공무원
> ⓢ 당사자가 법인인 경우에는 그 법인의 임원 또는 직원

② **위임의 표현**: 다음의 행위에 대하여는 위임자가 특별히 위임하는 것임을 명확히 표현하여야 대리할 수 있다.

> ⊙ 신청의 취하
> ⓒ 조정안(調停案)의 수락
> ⓒ 복대리인(復代理人)의 선임

③ **권한의 소명**: 대리인의 권한은 서면으로 소명(疎明)하여야 한다.

(7) 하자심사 등

① **하자심사 사건의 분쟁조정 회부 등**

⊙ 하자심사 사건의 분쟁조정 회부: 위 **(4)**의 ③에 따라 하자 여부 판정을 하는 분과위원회는 하자의 정도에 비하여 그 보수의 비용이 과다하게 소요되어 사건을 분쟁조정에 회부하는 것이 적합하다고 인정하는 경우에는 신청인의 의견을 들어 대통령령(아래 ⓒ)으로 정하는 바에 따라 분쟁조정을 하는 분과위원회에 송부하여 해당 사건을 조정하게 할 수 있다. 이 경우 하자심사에 소요된 기간은 아래 **(10)**의 ①에 따른 기간 산정에서 제외한다.

ⓒ 문서 및 물건의 이송 및 통지: 위 ⊙에 따라 하자심사분과위원회는 하자심사 사건을 분쟁조정분과위원회에 회부하기로 결정한 때에는 지체 없이 해당 사건에 관한 문서 및 물건을 분쟁조정분과위원회로 이송하고, 그 사실을 국토교통부령으로 정하는 바에 따라 당사자에게 통지하여야 한다.

② **하자 여부의 판정**

⊙ 하자 여부 판정서 정본의 송달: 하자분쟁조정위원회는 하자 여부를 판정한 때에는 대통령령(아래 ⓒ)으로 정하는 사항을 기재하고 위원장이 기명날인한 하자 여부 판정서 정본(正本)을 각 당사자 또는 그 대리인에게 송달하여야 한다.

ⓒ 하자 여부 판정서의 기재사항: 위 ⊙에서 '대통령령으로 정하는 사항'이란 다음의 사항을 말한다.

　　　　ⓐ 사건번호와 사건명
　　　　ⓑ 하자의 발생 위치
　　　　ⓒ 당사자, 선정대표자, 대리인의 주소 및 성명(법인인 경우에는 본점의 소재지 및 명칭을 말한다)
　　　　ⓓ 신청취지(신청인 주장 및 피신청인 답변)
　　　　ⓔ 판정일자
　　　　ⓕ 판정이유
　　　　ⓖ 판정결과
　　　　ⓗ 보수기한

　　ⓒ 보수기한: 위 ⓛ의 ⓗ의 보수기한은 송달일부터 60일 이내의 범위에서 정하여야 한다.
③ **하자로 판정된 시설물의 보수 등**
　　㉠ 하자보수: 사업주체는 위 ②의 ㉠에 따라 하자 여부 판정서 정본을 송달받은 경우로서 하자가 있는 것으로 판정된 경우(하자 여부 판정 결과가 변경된 경우는 제외한다)에는 하자 여부 판정서에 따라 하자를 보수하고, 그 결과를 지체 없이 대통령령(아래 ㉡)으로 정하는 바에 따라 하자분쟁조정위원회에 통보하여야 한다.
　　㉡ 이행결과의 등록: 사업주체는 위 ㉠에 따라 하자 보수 결과를 지체 없이 하자관리정보시스템에 등록하는 방법으로 하자분쟁조정위원회에 통보해야 한다.
④ **하자 여부 판정에 대한 이의신청**: 위 ②의 ㉠의 하자 여부 판정 결과에 대하여 이의가 있는 자는 하자 여부 판정서를 송달받은 날부터 30일 이내에 아래 **(13)**의 ①의 ㉠에 따른 안전진단전문기관 또는 대통령령으로 정하는 관계 전문가가 작성한 의견서를 첨부하여 국토교통부령으로 정하는 바에 따라 이의신청을 할 수 있다.
⑤ **이의신청에 대한 재심의**
　　㉠ 재심의: 하자분쟁조정위원회는 위 ④의 이의신청이 있는 경우에는 위 ②의 ㉠의 하자 여부 판정을 의결한 분과위원회가 아닌 다른 분과위원회에서 해당 사건에 대하여 재심의를 하도록 하여야 한다. 이 경우 처리기간은 아래 **(10)**의 ① 및 ③을 준용한다.
　　㉡ 이의신청사건의 심리: 하자분쟁조정위원회는 이의신청사건을 심리하기 위하여 필요한 경우에는 기일을 정하여 당사자 및 위 ④의 의견서를 작성한 안전진단기관 또는 관계 전문가를 출석시켜 진술하게 하거나 입증자료 등을 제출하게 할 수 있다. 이 경우 안전진단기관 또는 관계 전문가는 이에 따라야 한다.

ⓒ **하자 여부 판정의 변경**: 위 ㉠에 따른 재심의를 하는 분과위원회가 당초의 하자 여부 판정을 변경하기 위하여는 재적위원 과반수의 출석으로 개의하고 출석위원 3분의 2 이상의 찬성으로 의결하여야 한다. 이 경우 출석위원 3분의 2 이상이 찬성하지 아니한 경우에는 당초의 판정을 하자분쟁조정위원회의 최종 판정으로 본다.

㉣ **재심의 결정서 정본의 송달**: 위 ㉢에 따라 재심의가 확정된 경우에는 하자분쟁조정위원회는 재심의 결정서 정본을 지체 없이 각 당사자 또는 그 대리인에게 송달하여야 한다.

㉤ **통보**: 하자분쟁조정위원회는 다음의 사항을 시장·군수·구청장에게 통보할 수 있다.

> ⓐ 위 ③의 ㉠에 따라 사업주체가 통보한 하자 보수 결과
> ⓑ 위 ③의 ㉠에 따라 하자 보수 결과를 통보하지 아니한 사업주체의 현황

(8) 분쟁조정

① **조정안의 결정 및 제시**: 하자분쟁조정위원회는 다음에 관한 분쟁의 조정절차를 완료한 때에는 지체 없이 대통령령(아래 ②)으로 정하는 사항을 기재한 조정안(신청인이 조정신청을 한 후 조정절차 진행 중에 피신청인과 합의를 한 경우에는 합의한 내용을 반영하되, 합의한 내용이 명확하지 아니한 것은 제외한다)을 결정하고, 각 당사자 또는 그 대리인에게 이를 제시하여야 한다.

> ㉠ 하자담보책임 및 하자보수 등에 대한 사업주체·하자보수보증금의 보증서 발급기관(이하 '사업주체등'이라 한다)과 입주자대표회의등·임차인등 간의 분쟁의 조정 및 재정
> ㉡ 하자의 책임범위 등에 대하여 사업주체등·설계자·감리자 및 「건설산업기본법」에 따른 수급인·하수급인 간에 발생하는 분쟁의 조정 및 재정

② **조정안의 기재사항**: 위 ①에서 '대통령령으로 정하는 사항'이란 다음의 사항을 말한다.

> ㉠ 사건번호와 사건명
> ㉡ 하자의 발생 위치
> ㉢ 당사자, 선정대표자, 대리인의 주소 및 성명(법인인 경우에는 본점의 소재지 및 명칭을 말한다)
> ㉣ 신청의 취지
> ㉤ 조정일자
> ㉥ 조정이유
> ㉦ 조정결과

③ **조정안의 수락**
　㉠ **수락 여부의 통보기한**: 위 ①에 따른 조정안을 제시받은 당사자는 그 제시를 받은 날부터 30일 이내에 그 수락 여부를 하자분쟁조정위원회에 통보하여야 한다. 이 경우 수락 여부에 대한 답변이 없는 때에는 그 조정안을 수락한 것으로 본다.
　㉡ **조정안의 수락**: 위 ①에 따라 하자분쟁조정위원회에서 제시한 조정안을 제시받은 각 당사자 또는 대리인은 아래 ㉢에 따라 그 조정안을 수락하거나 거부할 때에는 국토교통부령으로 정하는 바에 따라 각 당사자 또는 대리인이 서명 또는 날인한 서면[전자서명법에 따른 전자서명(서명자의 실지명의를 확인할 수 있는 것으로 한정한다)을 한 전자문서를 포함한다]을 하자분쟁조정위원회에 제출하여야 한다.
　㉢ **조정서 정본의 송달 등**
　　ⓐ **조정서 정본의 송달**: 하자분쟁조정위원회는 각 당사자 또는 그 대리인이 위 ㉠에 따라 조정안을 수락(대통령령으로 정하는 바에 따라 서면 또는 전자적 방법으로 수락한 경우를 말한다)하거나 기한까지 답변이 없는 때에는 위원장이 기명날인한 조정서 정본을 지체 없이 각 당사자 또는 그 대리인에게 송달하여야 한다.
　　ⓑ **조정서의 기재사항**: 위 ⓐ에 따른 조정서의 기재사항은 다음과 같다.

> ⅰ) 사건번호와 사건명
> ⅱ) 하자의 발생 위치
> ⅲ) 당사자, 선정대표자, 대리인의 주소 및 성명(법인인 경우에는 본점의 소재지 및 명칭을 말한다)
> ⅳ) 조정서 교부일자
> ⅴ) 조정내용
> ⅵ) 신청의 표시(신청취지 및 신청원인)

　　ⓒ **하자보수결과의 등록**: 사업주체는 위 ⓑ의 조정서에 따라 하자를 보수하고 그 결과를 지체 없이 하자관리정보시스템에 등록하여야 한다.
　㉣ **조정서의 효력**: 조정서의 내용은 재판상 화해와 동일한 효력이 있다. 다만, 당사자가 임의로 처분할 수 없는 사항으로 대통령령(아래 ㉤)으로 정하는 것은 그러하지 아니하다.
　㉤ **당사자가 임의로 처분할 수 없는 사항**: 위 ㉣의 단서에서 '대통령령으로 정하는 것'이란 다음의 어느 하나에 해당하는 것을 말한다.

> ⓐ 입주자대표회의가 전체 입주자 5분의 4 이상의 동의 없이 공동주택 공용부분의 하자보수를 제외한 담보책임에 관한 분쟁조정을 신청한 사건. 다만, 입주자대표회의와 사업주체등(사업주체 및 하자보수보증서 발급기관을 말한다. 이하 같다) 간의 분쟁조정으로서 「공동주택관리법 시행령」 제41조 제3항에 따라 입주자대표회의의 명의로 변경된 하자보수보증금의 반환에 관한 사건은 제외한다.
> ⓑ 법령이나 계약 등에 의하여 당사자가 독자적으로 권리를 행사할 수 없는 부분의 담보책임 및 하자보수 등에 관한 분쟁조정을 신청한 사건

(9) 분쟁재정

① **심문 및 의견진술**

㉠ 위임규정: 하자분쟁조정위원회는 분쟁의 재정을 위하여 심문(審問)의 기일을 정하고 대통령령(아래 ㉡)으로 정하는 바에 따라 당사자에게 의견을 진술하게 하여야 한다.

㉡ 심문의 방법 및 절차 등

ⓐ 하자분쟁조정위원회는 위 ㉠에 따라 심문기일에 당사자를 출석시켜 구두(口頭)로 의견을 진술하게 해야 한다. 다만, 당사자가 질병, 해외 체류 등의 사유로 심문기일에 출석하여 의견을 진술하기 어렵다고 인정되는 경우에는 서면으로 진술하게 할 수 있다.

ⓑ 하자분쟁조정위원회는 위 ⓐ에 따른 심문기일의 7일 전까지 당사자에게 심문기일을 통지해야 한다.

② **심문조서 작성**

㉠ 심문조서의 작성: 위 ①의 ㉠에 따른 심문에 참여한 하자분쟁조정위원회의 위원과 하자분쟁조정위원회의 운영 및 사무처리를 위한 조직(이하 '하자분쟁조정위원회의 사무국'이라 한다)의 직원은 대통령령(아래 ㉡)으로 정하는 사항을 기재한 심문조서를 작성하여야 한다.

㉡ 작성사항: 위 ㉠에서 '대통령령으로 정하는 사항'이란 다음의 사항을 말한다.

> ⓐ 사건번호 및 사건명
> ⓑ 심문한 날짜 및 장소
> ⓒ 출석한 당사자 등의 성명
> ⓓ 심문한 내용과 당사자의 진술 내용

㉢ 기명날인: 위 ㉠에 따른 심문조서에는 그 심문에 관여한 위원과 심문조서를 작성한 직원이 기명날인해야 한다.

③ **진술 또는 감정 등**: 하자분쟁조정위원회는 재정 사건을 심리하기 위하여 필요한 경우에는 기일을 정하여 당사자, 참고인 또는 감정인을 출석시켜 대통령령으로

정하는 절차에 따라 진술 또는 감정하게 하거나, 당사자 또는 참고인에게 사건과 관계있는 문서 또는 물건의 제출을 요구할 수 있다.

④ **재정신청사건의 조정**
  ㉠ 재정신청사건의 조정: 분쟁재정을 다루는 분과위원회는 재정신청된 사건을 분쟁조정에 회부하는 것이 적합하다고 인정하는 경우에는 대통령령(아래 ㉡)으로 정하는 바에 따라 분쟁조정을 다루는 분과위원회에 송부하여 조정하게 할 수 있다.
  ㉡ 분쟁재정 사건의 분쟁조정 회부: 분쟁재정분과위원회는 위 ㉠에 따라 재정신청된 사건을 분쟁조정에 회부하기로 결정한 때에는 지체 없이 해당 사건에 관한 서류 및 물건 등을 분쟁조정분과위원회로 송부해야 한다.
  ㉢ 통지: 분쟁재정분과위원회는 위 ㉡에 따라 서류 및 물건 등을 송부한 때에는 국토교통부령으로 정하는 바에 따라 그 사실을 당사자에게 통지해야 한다.

⑤ **재정절차**: 위 ④의 ㉠에 따라 분쟁조정에 회부된 사건에 관하여 당사자간에 합의가 이루어지지 아니하였을 때에는 재정절차를 계속 진행하고, 합의가 이루어졌을 때에는 재정의 신청은 철회된 것으로 본다.

⑥ **재정문서**
  ㉠ 재정문서: 하자분쟁조정위원회는 재정절차를 완료한 경우에는 대통령령(아래 ㉡)으로 정하는 사항을 기재하고 재정에 참여한 위원이 기명날인한 재정문서의 정본을 각 당사자 또는 그 대리인에게 송달하여야 한다.
  ㉡ 재정문서에 포함사항: 위 ㉠에서 '대통령령으로 정하는 사항'이란 다음의 사항을 말한다.

  > ⓐ 사건번호와 사건명
  > ⓑ 하자의 발생위치
  > ⓒ 당사자, 선정대표자 및 대리인의 성명과 주소(법인인 경우에는 명칭과 본점 소재지로 한다)
  > ⓓ 주문(主文)
  > ⓔ 신청취지
  > ⓕ 이유
  > ⓖ 재정한 날짜

  ㉢ 표시: 하자분쟁조정위원회는 위 ㉡에 ⓕ의 이유를 적을 때 주문의 내용이 정당함을 인정할 수 있는 한도에서 당사자의 주장 등에 대한 판단을 표시해야 한다.

⑦ **재정문서의 효력**

㉠ 효력: 위 ⑥에 따른 재정문서는 그 정본이 당사자에게 송달된 날부터 60일 이내에 당사자 양쪽 또는 어느 한쪽이 그 재정의 대상인 공동주택의 하자담보책임을 원인으로 하는 소송을 제기하지 아니하거나 그 소송을 취하한 경우 재판상 화해와 동일한 효력이 있다. 다만, 당사자가 임의로 처분할 수 없는 사항으로서 대통령령(아래 ㉡으로 정하는 사항은 그러하지 아니하다.

㉡ 당사자가 임의로 처분할 수 없는 분쟁재정 사항: 위 ㉠의 단서에서 '대통령령으로 정하는 사항'이란 다음의 사건에 관한 사항을 말한다.

> ⓐ 입주자대표회의가 전체 입주자 5분의 4 이상의 동의 없이 공동주택 공용부분의 하자보수를 제외한 담보책임에 관한 분쟁재정을 신청한 사건. 다만, 입주자대표회의와 사업주체등 간의 분쟁재정으로서 「공동주택관리법 시행령」 제41조 제3항에 따라 입주자대표회의의 명의로 변경된 하자보수보증금의 반환에 관한 사건은 제외한다.
> ⓑ 법령이나 계약 등에 의하여 당사자가 독자적으로 권리를 행사할 수 없는 부분의 담보책임 및 하자보수 등에 관한 재정을 신청한 사건

㉢ 분쟁재정에 따른 이행결과의 등록: 사업주체는 위 ㉠의 본문에 따른 재판상 화해와 동일한 효력이 있는 재정에 따라 하자를 보수하고 그 결과를 지체 없이 하자관리정보시스템에 등록해야 한다.

(10) 조정등의 처리기간 등

① **조정등의 처리기간**: 하자분쟁조정위원회는 조정등의 신청을 받은 때에는 지체 없이 조정등의 절차를 개시하여야 한다. 이 경우 하자분쟁조정위원회는 그 신청을 받은 날부터 다음의 구분에 따른 기간(흠결보정기간 및 하자감정기간은 제외한다) 이내에 그 절차를 완료하여야 한다.

> ㉠ **하자심사 및 분쟁조정**: 60일(공용부분의 경우 90일)
> ㉡ **분쟁재정**: 150일(공용부분의 경우 180일)

② **흠결보정**: 하자분쟁조정위원회는 신청사건의 내용에 흠이 있는 경우에는 상당한 기간을 정하여 그 흠을 바로잡도록 명할 수 있다. 이 경우 신청인이 흠을 바로잡지 아니하면 하자분쟁조정위원회의 결정으로 조정등의 신청을 각하한다.

③ **조정기간의 연장**: 위 ①에 따른 기간 이내에 조정등을 완료할 수 없는 경우에는 해당 사건을 담당하는 분과위원회 또는 소위원회의 의결로 그 기간을 한 차례만 연장할 수 있으나, 그 기간은 30일 이내로 한다. 이 경우 그 사유와 기한을 명시하여 각 당사자 또는 대리인에게 서면으로 통지하여야 한다.

④ **의견청취**: 하자분쟁조정위원회는 위 ①에 따른 조정등의 절차 개시에 앞서 이해관계인이나 하자진단을 실시한 안전진단기관 등의 의견을 들을 수 있다.

⑤ **위임규정**: 조정등의 진행과정에서 조사·검사, 자료 분석 등에 별도의 비용이 발생하는 경우 비용 부담의 주체, 부담 방법 등에 필요한 사항은 국토교통부령(아래 ⑥)으로 정한다.

⑥ **조정등의 비용 부담**: 조정등의 진행과정에서 다음의 비용이 발생할 때에는 당사자가 합의한 바에 따라 그 비용을 부담한다. 다만, 당사자가 합의하지 아니하는 경우에는 하자분쟁조정위원회에서 부담비율을 정한다.

> ㉠ 조사, 분석 및 검사에 드는 비용
> ㉡ 증인 또는 증거의 채택에 드는 비용
> ㉢ 통역 및 번역 등에 드는 비용
> ㉣ 그 밖에 조정등에 드는 비용

⑦ **수수료의 납부**: 하자분쟁조정위원회에 조정등을 신청하는 자는 국토교통부장관이 정하여 고시하는 바에 따라 수수료를 납부해야 한다.

(11) 조정등의 신청의 통지 등

① **신청내용의 통지 등**
  ㉠ **조정등의 통지**: 하자분쟁조정위원회는 당사자 일방으로부터 조정등의 신청을 받은 때에는 그 신청내용을 상대방에게 통지하여야 한다.
  ㉡ **통지방법**: 하자분쟁조정위원회는 조정등의 신청을 받은 때에는 위 ㉠에 따라 지체 없이 하자심사/분쟁조정/분쟁재정 사건통지서를 상대방에게 보내야 한다.

② **답변서의 제출**
  ㉠ **제출기한**: 위 ①의 ㉠에 따라 통지를 받은 상대방은 신청내용에 대한 답변서를 특별한 사정이 없으면 10일 이내에 하자분쟁조정위원회에 제출하여야 한다.
  ㉡ **제출방법**: 위 ①의 ㉠에 따른 통지를 받은 상대방은 위 ㉠에 따라 다음의 구분에 따른 답변서를 하자분쟁조정위원회에 제출해야 한다.

> ⓐ **하자심사 사건**: 하자심사 사건 답변서
> ⓑ **하자심사 이의신청사건**: 하자심사 이의신청사건 답변서
> ⓒ **분쟁조정 사건**: 분쟁조정 사건 답변서
> ⓓ **분쟁재정 사건**: 분쟁재정 사건 답변서

③ **조정에 응할 의무**: 위 ①의 ㉠에 따라 하자분쟁조정위원회로부터 조정등의 신청에 관한 통지를 받은 사업주체등, 설계자, 감리자, 입주자대표회의등 및 임차인등은 분쟁조정에 응하여야 한다. 다만, 조정등의 신청에 관한 통지를 받은 입주자(공공임대주택의 경우에는 임차인을 말한다)가 조정기일에 출석하지 아니한 경우에는 하자분쟁조정위원회가 직권으로 조정안을 결정하고, 이를 각 당사자 또는 그 대리인에게 제시할 수 있다.

④ **위임규정**: 하자분쟁조정위원회의 조정등의 기일의 통지, 기피신청 절차, 당사자·참고인·감정인 및 이해관계자의 출석, 선정대표자, 조정등의 이행결과 등록 등에 필요한 사항은 대통령령으로 정한다.

⑤ **조정기일 출석**

㉠ **출석요구서의 송달방법**: 하자분쟁조정위원회는 조정등 사건의 당사자(분쟁재정 사건인 경우에는 참고인 및 감정인을 포함한다)에게 조정등 기일의 통지에 관한 출석요구서를 서면이나 전자적인 방법으로 송달할 수 있다.

㉡ **당사자의 출석요구**: 하자분쟁조정위원회는 조정등 사건의 당사자로부터 진술을 들으려는 경우에는 위 ㉠을 준용하여 출석을 요구할 수 있다.

㉢ **이해관계자의 출석**: 하자분쟁조정위원회는 조정등의 사건에 대한 다음의 이해관계자에게 조정등 기일에 출석하도록 요구할 수 있다.

> ⓐ 전유부분에 관한 하자의 원인이 공용부분의 하자와 관련된 경우에는 입주자대표회의의 회장, 관리사무소장
> ⓑ 신청인 또는 피신청인이 사업주체인 경우로서 하자보수보증금으로 하자를 보수하는 것으로 조정안을 제시하거나 재정하려는 경우에는 하자보수보증서 발급기관
> ⓒ 신청인 또는 피신청인이 하자보수보증서 발급기관인 경우에는 하자보수보증금의 주채무자인 사업주체
> ⓓ 당사자의 요청이 있는 경우에는 「건설산업기본법」에 따른 하수급인

(12) 「**민사조정법**」 **등의 준용**

① 「**민사조정법」의 준용**: 하자분쟁조정위원회는 분쟁의 조정등의 절차에 관하여 「공동주택관리법」에서 규정하지 아니한 사항 및 소멸시효의 중단에 관하여는 「민사조정법」을 준용한다.

② 「**민사소송법」의 준용**: 조정등에 따른 서류송달에 관하여는 「민사소송법」 제174조부터 제197조까지의 규정을 준용한다.

(13) 하자진단 및 감정

① 하자진단

ⓐ 하자진단의 의뢰: 사업주체등은 입주자대표회의등 또는 임차인등의 하자보수 청구에 이의가 있는 경우, 입주자대표회의등 또는 임차인등과 협의하여 대통령령(아래 ⓒ)으로 정하는 안전진단기관에 보수책임이 있는 하자 범위에 해당하는지 여부 등 하자진단을 의뢰할 수 있다. 이 경우 하자진단을 의뢰받은 안전진단기관은 지체 없이 하자진단을 실시하여 그 결과를 사업주체등과 입주자대표회의등 또는 임차인등에게 통보하여야 한다.

ⓒ 하자진단 의뢰기관: 위 ⓐ의 전단에서 '대통령령으로 정하는 안전진단기관'이란 다음의 자를 말한다.

> ⓐ 국토안전관리원
> ⓑ 한국건설기술연구원
> ⓒ 「엔지니어링산업 진흥법」에 따라 신고한 해당 분야의 엔지니어링사업자
> ⓓ 「기술사법」에 따라 등록한 해당 분야의 기술사
> ⓔ 「건축사법」에 따라 신고한 건축사
> ⓕ 건축 분야 안전진단전문기관

② 하자감정

ⓐ 감정의 요청: 하자분쟁조정위원회는 다음의 어느 하나에 해당하는 사건의 경우에는 대통령령(아래 ⓒ)으로 정하는 안전진단기관에 그에 따른 감정을 요청할 수 있다.

> ⓐ 하자진단 결과에 대하여 다투는 사건
> ⓑ 당사자 쌍방 또는 일방이 하자감정을 요청하는 사건
> ⓒ 하자원인이 불분명한 사건
> ⓓ 그 밖에 하자분쟁조정위원회에서 하자감정이 필요하다고 결정하는 사건

ⓒ 감정요청기관: 위 ⓐ에서 '대통령령으로 정하는 안전진단기관'이란 다음의 자를 말한다. 다만, 위 ①의 ⓒ에 따른 안전진단기관은 같은 사건의 조정등 대상시설에 대해서는 위 ⓐ에 따라 감정을 하는 안전진단기관이 될 수 없다.

> ⓐ 국토안전관리원
> ⓑ 한국건설기술연구원
> ⓒ 국립 또는 공립의 주택 관련 시험·검사기관
> ⓓ 「고등교육법」에 따른 대학 및 산업대학의 주택 관련 부설 연구기관(상설기관으로 한정한다)

> ⓔ 「엔지니어링산업 진흥법」에 따라 신고한 해당 분야의 엔지니어링사업자, 「기술사법」에 따라 등록한 해당 분야의 기술사, 「건축사법」에 따라 신고한 건축사, 건축 분야 안전진단전문기관. 이 경우 분과위원회(소위원회에서 의결하는 사건은 소위원회를 말한다)에서 해당 하자감정을 위한 시설 및 장비를 갖추었다고 인정하고 당사자 쌍방이 합의한 자로 한정한다.

③ **하자진단 결과의 제출**: 위 ①의 ㉡에 따른 안전진단기관은 하자진단을 의뢰받은 날부터 20일 이내에 그 결과를 사업주체등과 입주자대표회의등에 제출하여야 한다. 다만, 당사자 사이에 달리 약정한 경우에는 그에 따른다.

④ **하자감정 결과의 제출**: 위 ②의 ㉡에 따른 안전진단기관은 하자감정을 의뢰받은 날부터 20일 이내에 그 결과를 하자분쟁조정위원회에 제출하여야 한다. 다만, 하자분쟁조정위원회가 인정하는 부득이한 사유가 있는 때에는 그 기간을 연장할 수 있다.

⑤ **하자진단 및 하자감정의 비용**
  ㉠ **위임규정**: 하자진단에 드는 비용과 감정에 드는 비용은 국토교통부령(아래 ㉡)으로 정하는 바에 따라 당사자가 부담한다.
  ㉡ **비용의 부담**: 위 ㉠에 따른 하자진단 및 하자감정에 드는 비용은 다음의 구분에 따라 부담한다.

> ⓐ 하자진단에 드는 비용은 당사자 사이에 합의한 바에 따라 부담한다.
> ⓑ **하자감정에 드는 비용**: 다음에 따라 부담한다. 이 경우 하자분쟁조정위원회에서 정한 기한 내에 안전진단기관에 납부해야 한다.
> ⅰ) 당사자가 합의한 바에 따라 부담
> ⅱ) 당사자간 합의가 이루어지지 않을 경우에는 하자감정을 신청하는 당사자 일방 또는 쌍방이 미리 하자감정비용을 부담한 후 조정등의 결과에 따라 하자분쟁조정위원회에서 정하는 비율에 따라 부담

(14) 하자분쟁조정위원회의 운영 및 사무처리의 위탁

① **운영 및 사무처리의 위탁**: 국토교통부장관은 하자분쟁조정위원회의 운영 및 사무처리를 「국토안전관리원법」에 따른 국토안전관리원(이하 '국토안전관리원'이라 한다)에 위탁할 수 있다. 이 경우 하자분쟁조정위원회의 사무국 및 인력 등에 필요한 사항은 대통령령(아래 ②)으로 정한다.

② **사무국 및 인력 등에 필요한 사항**
  ㉠ **사무국의 설치**: 위 ①에 따라 하자분쟁조정위원회의 운영을 지원·보조하는 등 그 사무를 처리하기 위하여 국토안전관리원에 사무국(이하 '사무국'이라 한다)을 둔다.

ⓒ **사무처리 절차**: 사무국은 위원장의 명을 받아 그 사무를 처리한다.
　　ⓓ **사무국의 조직 및 인력**: 사무국의 조직·인력은 국토안전관리원의 원장이 국토교통부장관의 승인을 받아 정한다.
　③ **경비의 출연 또는 보조**: 국토교통부장관은 예산의 범위에서 하자분쟁조정위원회의 운영 및 사무처리에 필요한 경비를 국토안전관리원에 출연 또는 보조할 수 있다.

(15) 절차의 비공개 등
　① **절차의 비공개**: 하자분쟁조정위원회가 수행하는 조정등의 절차 및 의사결정 과정은 공개하지 아니한다. 다만, 분과위원회 및 소위원회에서 공개할 것을 의결한 경우에는 그러하지 아니하다.
　② **비밀누설금지**: 하자분쟁조정위원회의 위원과 하자분쟁조정위원회의 사무국 직원으로서 그 업무를 수행하거나 수행하였던 사람은 조정등의 절차에서 직무상 알게 된 비밀을 누설하여서는 아니 된다.

(16) 사실 조사·검사 등
　① **관련 자료 등의 조사·검사 및 열람**: 하자분쟁조정위원회가 조정등을 신청받은 때에는 위원장은 하자분쟁조정위원회의 사무국 직원으로 하여금 조정등의 대상물 및 관련 자료를 조사·검사 및 열람하게 하거나 참고인의 진술을 들을 수 있도록 할 수 있다. 이 경우 사업주체등, 입주자대표회의등 및 임차인등은 이에 협조하여야 한다.
　② **조사관 증표의 제시**: 위 ①에 따라 조사·검사 등을 하는 사람은 그 권한을 나타내는 증표를 지니고 이를 관계인에게 내보여야 한다.
　③ **관계 공공기관의 협조**: 하자분쟁조정위원회는 조정등을 위하여 필요한 경우에는 국가기관, 지방자치단체 또는 공공기관(공공기관의 운영에 관한 법률에 따른 공공기관을 말한다) 등에 대하여 자료 또는 의견의 제출, 기술적 지식의 제공, 그 밖에 조정등에 필요한 협조를 요청할 수 있다. 이 경우 요청받은 기관은 특별한 사유가 없으면 협조해야 한다.

> **이렇게 출제!**
>
> 11 공동주택관리법령상 장기수선계획에 관한 규정이다. (   )에 들어갈 용어 및 숫자를 순서대로 쓰시오.
> 제20회
>
> > (   )와(과) 관리주체는 장기수선계획을 (   )년마다 검토하고, 필요한 경우 이를 국토교통부령으로 정하는 바에 따라 조정하여야 하며, 수립 또는 조정된 장기수선계획에 따라 주요 시설을 교체하거나 보수하여야 한다.
>
> 정답 입주자대표회의, 3

11 공동주택관리법령상 안전관리

1. 안전관리계획

(1) 수립 및 시행

의무관리대상 공동주택의 관리주체는 해당 공동주택의 시설물로 인한 안전사고를 예방하기 위하여 대통령령[아래 **(2)**]으로 정하는 바에 따라 안전관리계획을 수립하고, 이에 따라 시설물별로 안전관리자 및 안전관리책임자를 지정하여 이를 시행하여야 한다.

(2) 수립기준

① **수립대상 시설물**: 위 **(1)**에 따라 의무관리대상 공동주택의 관리주체는 다음의 시설에 관한 안전관리계획을 수립하여야 한다.

> ㉠ 고압가스·액화석유가스 및 도시가스시설
> ㉡ 중앙집중식 난방시설
> ㉢ 발전 및 변전시설
> ㉣ 위험물 저장시설
> ㉤ 소방시설
> ㉥ 승강기 및 인양기
> ㉦ 연탄가스배출기(세대별로 설치된 것은 제외한다)
> ㉧ 주차장
> ㉨ 석축, 옹벽, 담장, 맨홀, 정화조 및 하수도
> ㉩ 옥상 및 계단 등의 난간
> ㉪ 우물 및 비상저수시설
> ㉫ 펌프실, 전기실 및 기계실
> ㉬ 경로당 또는 어린이놀이터에 설치된 시설
> ㉭ 「주택건설기준 등에 관한 규정」에 따른 지능형 홈네트워크 설비
> ㉮ 주민운동시설
> ㉯ 주민휴게시설

② **포함사항**: 위 ①에 따른 안전관리계획에는 다음의 사항이 포함되어야 한다.

> ㉠ 시설별 안전관리자 및 안전관리책임자에 의한 책임점검사항
> ㉡ 국토교통부령[아래 (3)]으로 정하는 시설의 안전관리에 관한 기준 및 진단사항
> ㉢ 위 ㉠ 및 ㉡의 점검 및 진단결과 위해의 우려가 있는 시설에 대한 이용제한 또는 보수 등 필요한 조치사항
> ㉣ 지하주차장의 침수 예방 및 대응에 관한 사항
> ㉤ 수립된 안전관리계획의 조정에 관한 사항
> ㉥ 그 밖에 시설안전관리에 관하여 필요한 사항

(3) 안전관리에 관한 기준 및 진단사항

위 **(2)**의 ②의 ㉡에 따라 안전관리계획에 포함되어야 하는 시설의 안전관리에 관한 기준 및 진단사항은 다음 표와 같다.

구분	대상시설	점검횟수
① 해빙기진단	석축, 옹벽, 법면, 교량, 우물 및 비상저수시설	연 1회(2월 또는 3월)
② 우기진단	석축, 옹벽, 법면, 담장, 하수도 및 주차장	연 1회(6월)
③ 월동기진단	연탄가스배출기, 중앙집중식 난방시설, 노출배관의 동파방지 및 수목보온	연 1회(9월 또는 10월)
④ 안전진단	변전실, 고압가스시설, 도시가스시설, 액화석유가스시설, 소방시설, 맨홀(정화조의 뚜껑을 포함한다), 유류저장시설, 펌프실, 인양기, 전기실, 기계실, 어린이놀이터, 주민운동시설 및 주민휴게시설	매분기 1회 이상
	승강기	「승강기제조 및 관리에 관한 법률」에서 정하는 바에 따른다.
	지능형 홈네트워크 설비	매월 1회 이상
⑤ 위생진단	저수시설, 우물 및 어린이놀이터	연 2회 이상

[비고] 안전관리진단사항의 세부내용은 시·도지사가 정하여 고시한다.

2. 공동주택의 안전점검

(1) 안전점검의 실시

의무관리대상 공동주택의 관리주체는 그 공동주택의 기능유지와 안전성 확보로 입주자등을 재해 및 재난 등으로부터 보호하기 위하여 「시설물의 안전 및 유지관리에 관한 특별법」 제21조에 따른 지침에서 정하는 안전점검의 실시 방법 및 절차 등에 따라 공동주택의 안전점검을 실시하여야 한다. 다만, 16층 이상의 공동주택 및 사용연수, 세대수, 안전등급, 층수 등을 고려하여 대통령령[아래 **(2)**]으로 정하는 15층 이하의 공동주택에 대하여는 대통령령[아래 **(2)**]으로 정하는 자로 하여금 안전점검을 실시하도록 하여야 한다.

(2) 안전점검의 실시시기 및 방법

① **안전점검의 실시시기**: 위 (1)에 따른 안전점검은 반기마다 하여야 한다.

② **15층 이하의 공동주택의 안전점검**: 위 (1)의 단서에서 '대통령령으로 정하는 15층 이하의 공동주택'이란 15층 이하의 공동주택으로서 다음의 어느 하나에 해당하는 것을 말한다.

> ㉠ 사용검사일부터 30년이 경과한 공동주택
> ㉡ 「재난 및 안전관리 기본법 시행령」에 따른 안전등급이 C등급, D등급 또는 E등급에 해당하는 공동주택

③ **안전점검을 실시할 수 있는 자**: 위 (1)의 단서에서 '대통령령으로 정하는 자'란 다음의 어느 하나에 해당하는 자를 말한다.

> ㉠ 「시설물의 안전 및 유지관리에 관한 특별법 시행령」에 따른 책임기술자로서 해당 공동주택단지의 관리직원인 자
> ㉡ 주택관리사등이 된 후 국토교통부령[아래 (3)의 ①]으로 정하는 교육기관에서 「시설물의 안전 및 유지관리에 관한 특별법 시행령」에 따른 정기안전점검교육을 이수한 자 중 관리사무소장으로 배치된 자 또는 해당 공동주택단지의 관리직원인 자
> ㉢ 「시설물의 안전 및 유지관리에 관한 특별법」에 따라 등록한 안전진단전문기관
> ㉣ 「건설산업기본법」에 따라 국토교통부장관에게 등록한 유지관리업자

(3) 주택관리사 및 주택관리사보에 대한 안전점검교육기관

① **교육기관**: 위 (2)의 ③의 ㉡에서 '국토교통부령으로 정하는 교육기관'이란 다음의 교육기관을 말한다.

> ㉠ 「시설물의 안전 및 유지관리에 관한 특별법 시행규칙」 제10조 제1항에 따른 교육기관
> ㉡ 주택관리사단체

② **교육이수자 명단의 통보**: 위 (2)의 ③의 ㉡의 안전점검교육을 실시한 기관은 지체 없이 그 교육이수자 명단을 주택관리사단체에 통보하여야 한다.

(4) 안전점검 결과의 보고 및 조치

① **보고 및 조치**: 위 (1)에 따른 관리주체는 안전점검의 결과 건축물의 구조·설비의 안전도가 매우 낮아 재해 및 재난 등이 발생할 우려가 있는 경우에는 지체 없이 입주자대표회의(임대주택은 임대사업자를 말한다)에 그 사실을 통보한 후 대통령령(아래 ②)으로 정하는 바에 따라 시장·군수·구청장에게 그 사실을 보고하고, 해당 건축물의 이용 제한 또는 보수 등 필요한 조치를 하여야 한다.

② **보고내용 및 조치**: 위 ①에 따라 관리주체는 안전점검의 결과 건축물의 구조·설비의 안전도가 매우 낮아 위해 발생의 우려가 있는 경우에는 다음의 사항을 시장·군수·구청장에게 보고하고, 그 보고내용에 따른 조치를 취하여야 한다.

  ㉠ 점검대상 구조·설비
  ㉡ 취약의 정도
  ㉢ 발생 가능한 위해의 내용
  ㉣ 조치할 사항

(5) 행정관청의 관리

① **위임규정**: 시장·군수·구청장은 위 (4)의 ②에 따른 보고를 받은 공동주택에 대해서는 국토교통부령(아래 ②)으로 정하는 바에 따라 관리하여야 한다.

② **조치사항**: 위 ①에 따라 시장·군수·구청장은 위 (4)의 ②에 따라 보고받은 공동주택에 대하여 다음의 조치를 하고 매월 1회 이상 점검을 실시하여야 한다.

  ㉠ 공동주택단지별 점검책임자의 지정
  ㉡ 공동주택단지별 관리카드의 비치
  ㉢ 공동주택단지별 점검일지의 작성
  ㉣ 공동주택단지의 관리기구와 관계 행정기관 간의 비상연락체계 구성

(6) 예산의 확보

의무관리대상 공동주택의 입주자대표회의 및 관리주체는 건축물과 공중의 안전확보를 위하여 건축물의 안전점검과 재난예방에 필요한 예산을 매년 확보하여야 한다.

3. 소규모 공동주택의 안전관리

지방자치단체의 장은 의무관리대상에 해당하지 아니하는 공동주택의 관리와 안전사고의 예방 등을 위하여 다음의 업무를 할 수 있다.

① 시설물에 대한 안전관리계획의 수립 및 시행
② 공동주택에 대한 안전점검
③ 그 밖에 지방자치단체의 조례로 정하는 사항

> **이렇게 출제!**
>
> **12** 공동주택관리법령상 의무관리대상 공동주택의 관리주체의 안전관리계획과 안전점검 및 안전진단에 관한 설명으로 옳지 않은 것은? _{제23회}
>
> ① 건축물과 공중의 안전 확보를 위하여 건축물의 안전점검과 재난예방에 필요한 예산을 매년 확보하여야 한다.
> ② 사용검사일부터 30년이 경과한 15층 이하의 공동주택에 대하여 반기마다 대통령령으로 정하는 자로 하여금 안전점검을 실시하도록 하여야 한다.
> ③ 석축과 옹벽, 법면은 해빙기진단 연 1회(2월 또는 3월)와 우기진단 연 1회(6월)가 이루어지도록 안전관리계획을 수립하여야 한다.
> ④ 해당 공동주택의 시설물로 인한 안전사고를 예방하기 위하여 대통령령으로 정한 바에 따라 안전관리계획을 수립하고 시설물별로 안전관리자 및 안전관리책임자를 지정하여 이를 시행하여야 한다.
> ⑤ 변전실, 맨홀(정화조 뚜껑 포함), 펌프실, 전기실, 기계실 및 어린이놀이터의 안전진단에 대하여 연 3회 이상 실시하도록 안전관리계획을 수립하여야 한다.
>
> **해설** 변전실, 맨홀(정화조 뚜껑 포함), 펌프실, 전기실, 기계실 및 어린이놀이터의 안전진단은 매 분기 1회 이상 실시한다(공동주택관리법 제32조, 동법 시행규칙 제11조 제2항 [별표 2]).
>
> **정답** ⑤

12 협회

(1) 협회의 설립 등

① **협회의 설립**: 주택관리사등은 공동주택관리에 관한 기술·행정 및 법률 문제에 관한 연구와 그 업무를 효율적으로 수행하기 위하여 주택관리사단체를 설립할 수 있다.
② **법인**: 위 ①의 단체(이하 '협회'라 한다)는 법인으로 한다.
③ **설립등기**: 협회는 그 주된 사무소의 소재지에서 설립등기를 함으로써 성립한다.
④ **회원자격의 정지 및 상실**: 「공동주택관리법」에 따라 국토교통부장관, 시·도지사 또는 대도시 시장으로부터 영업 및 자격의 정지처분을 받은 협회 회원의 권리·의무는 그 영업 및 자격의 정지기간 중에는 정지되며, 주택관리사등의 자격이 취소된 때에는 협회의 회원자격을 상실한다.
⑤ **발기인 및 정관**: 협회를 설립하려면 주택관리사단체는 공동주택의 관리사무소장으로 배치된 자의 5분의 1 이상의 인원수를 발기인으로 하여 정관을 마련

한 후 창립총회의 의결을 거쳐 국토교통부장관의 인가를 받아야 한다. 인가 받은 정관을 변경하는 경우에도 또한 같다.

⑥ **공고**: 국토교통부장관은 위 ⑤에 따른 인가를 하였을 때에는 이를 지체 없이 공고하여야 한다.

(2) 공제사업

① **수행주체**: 위 (1)의 주택관리사단체는 관리사무소장의 손해배상책임과 공동주택에서 발생하는 인적·물적 사고, 그 밖에 공동주택관리업무와 관련한 종사자와 사업자의 손해배상책임 등을 보장하기 위하여 공제사업을 할 수 있다.

② **공제규정의 승인**: 주택관리사단체는 위 ①에 따른 공제사업을 하려면 공제규정을 제정하여 국토교통부장관의 승인을 받아야 한다. 공제규정을 변경하려는 경우에도 또한 같다.

③ **공제규정의 포함사항**

㉠ **위임규정**: 위 ②의 공제규정에는 대통령령으로 정하는 바에 따라 공제사업의 범위, 공제계약의 내용, 공제금, 공제료, 회계기준 및 책임준비금의 적립비율 등 공제사업의 운용에 필요한 사항이 포함되어야 한다.

㉡ **공제사업의 범위**: 위 ㉠에 따른 주택관리사단체가 할 수 있는 공제사업의 범위는 다음과 같다.

> ⓐ 주택관리사등의 손해배상책임을 보장하기 위한 공제기금의 조성 및 공제금의 지급에 관한 사업
> ⓑ 공제사업의 부대사업으로서 국토교통부장관의 승인을 받은 사업

㉢ **공제규정의 포함사항**: 위 ②에 따라 공제규정에는 다음의 사항이 포함되어야 한다.

> ⓐ **공제계약의 내용으로서 다음의 사항**
>   ⅰ) 주택관리사단체의 공제책임
>   ⅱ) 공제금, 공제료(공제사고 발생률 및 보증보험료 등을 종합적으로 고려하여 정한다) 및 공제기간
>   ⅲ) 공제금의 청구와 지급절차, 구상 및 대위권, 공제계약의 실효
>   ⅳ) 그 밖에 공제계약에 필요한 사항
> ⓑ **회계기준**: 공제사업을 손해배상기금과 복지기금으로 구분하여 각 기금별 목적 및 회계원칙에 부합되는 기준
> ⓒ **책임준비금의 적립비율**: 공제료 수입액의 100분의 10 이상(공제사고 발생률 및 공제금 지급액 등을 종합적으로 고려하여 정한다)

④ **회계관리**: 주택관리사단체는 공제사업을 다른 회계와 구분하여 별도의 회계로 관리하여야 하며, 책임준비금을 다른 용도로 사용하려는 경우에는 국토교통부장관의 승인을 받아야 한다.

⑤ **운영실적의 공시**
  ㉠ **공시**: 주택관리사단체는 대통령령(아래 ㉡으로 정하는 바에 따라 매년도의 공제사업 운용실적을 일간신문 또는 단체의 홍보지 등을 통하여 공제계약자에게 공시하여야 한다.
  ㉡ **공시방법**: 위 ㉠에 따라 주택관리사단체는 다음의 사항이 모두 포함된 공제사업 운용실적을 매 회계연도 종료 후 2개월 이내에 국토교통부장관에게 보고하고, 일간신문 또는 주택관리사단체의 인터넷 홈페이지 등을 통하여 공시하여야 한다.

  > ⓐ 재무상태표, 손익계산서 및 감사보고서
  > ⓑ 공제료 수입액, 공제금 지급액, 책임준비금 적립액
  > ⓒ 그 밖에 공제사업의 운용에 관한 사항

⑥ **시정명령**: 국토교통부장관은 주택관리사단체가 「공동주택관리법」 및 공제규정을 지키지 아니하여 공제사업의 건전성을 해칠 우려가 있다고 인정되는 경우에는 시정을 명하여야 한다.

⑦ **공제사업의 검사**: 「금융위원회의 설치 등에 관한 법률」에 따른 금융감독원 원장은 국토교통부장관이 요청한 경우에는 주택관리사단체의 공제사업에 관하여 검사를 할 수 있다.

(3) 협회에 대한 지도 · 감독

① **협회에 대한 지도 · 감독**: 국토교통부장관은 협회를 지도 · 감독한다.
② **감독사항**: 국토교통부장관은 위 ①에 따른 감독상 필요한 경우에는 주택관리사단체에 대하여 다음의 사항을 보고하게 할 수 있다.

> ㉠ 총회 또는 이사회의 의결사항
> ㉡ 회원의 실태파악을 위하여 필요한 사항
> ㉢ 협회의 운영계획 등 업무와 관련된 중요 사항
> ㉣ 그 밖에 공동주택의 관리와 관련하여 필요한 사항

(4) 「민법」의 준용

협회에 관하여 「공동주택관리법」에서 규정한 것 외에는 「민법」 중 사단법인에 관한 규정을 준용한다.

13 보칙

(1) 관리비용의 지원
① **관리에 필요한 비용의 지원**: 지방자치단체의 장은 그 지방자치단체의 조례로 정하는 바에 따라 공동주택의 관리에 필요한 비용(경비원 등 근로자의 근무환경 개선에 필요한 냉난방 및 안전시설 등의 설치·운영 비용을 포함한다)의 일부를 지원할 수 있다.
② **주택도시기금의 융자**: 국가는 공동주택의 보수·개량에 필요한 비용의 일부를 주택도시기금에서 융자할 수 있다.

(2) 공동주택 우수관리단지 선정
① **공동주택 모범관리단지의 선정**
  ㉠ 시·도지사는 공동주택단지를 모범적으로 관리하도록 장려하기 위하여 매년 공동주택 모범관리단지를 선정할 수 있다.
  ㉡ 시·도지사는 위 ㉠에 따라 모범관리단지를 선정하는 경우 층간 소음 예방 및 분쟁 조정 활동을 모범적으로 수행한 단지를 별도로 선정할 수 있다.
② **공동주택 우수관리단지의 선정**: 국토교통부장관은 위 ①에 따라 시·도지사가 선정한 공동주택 모범관리단지 중에서 공동주택 우수관리단지를 선정하여 표창하거나 상금을 지급할 수 있고, 그 밖에 필요한 지원을 할 수 있다.
③ **선정기준**: 공동주택 모범관리단지와 공동주택 우수관리단지의 선정, 표창 및 상금 지급 등에 필요한 사항은 국토교통부장관이 정하여 고시한다.

(3) 공동주택관리정보시스템의 구축·운영 등
① **구축·운영 및 제공**: 국토교통부장관은 공동주택관리의 투명성과 효율성을 제고하기 위하여 공동주택관리에 관한 정보를 종합적으로 관리할 수 있는 공동주택관리정보시스템을 구축·운영할 수 있고, 이에 관한 정보를 관련 기관·단체 등에 제공할 수 있다.
② **자료의 요청**: 국토교통부장관은 위 ①에 따른 공동주택관리정보시스템을 구축·운영하기 위하여 필요한 자료를 관련 기관·단체 등에 요청할 수 있다. 이 경우 기관·단체 등은 특별한 사유가 없으면 그 요청에 따라야 한다.
③ **정보의 종합적 관리**: 시·도지사는 공동주택관리에 관한 정보를 종합적으로 관리할 수 있고, 이에 관한 정보를 관련 기관·단체 등에 제공하거나 요청할 수 있다. 이 경우 기관·단체 등은 특별한 사유가 없으면 그 요청에 따라야 한다.
④ **필요사항의 고시**: 공동주택관리정보시스템의 구축·운영에 관하여 필요한 사항은 국토교통부장관이 정하여 고시한다.

(4) 부정행위 금지 등

① **공모한 재산상 이익의 취득 등의 금지**: 공동주택의 관리와 관련하여 입주자대표회의(구성원을 포함한다)와 관리사무소장은 공모(共謀)하여 부정하게 재물 또는 재산상의 이익을 취득하거나 제공하여서는 아니 된다.

② **부정한 재산상 이익의 취득 등의 금지**: 공동주택의 관리(관리사무소장 등 근로자의 채용을 포함한다)와 관련하여 입주자등·관리주체·입주자대표회의·선거관리위원회(위원을 포함한다)는 부정하게 재물 또는 재산상의 이익을 취득하거나 제공하여서는 아니 된다.

③ **관리비등의 용도 외의 목적 사용금지**: 입주자대표회의 및 관리주체는 관리비·사용료와 장기수선충당금을 「공동주택관리법」에 따른 용도 외의 목적으로 사용하여서는 아니 된다.

④ **등록증 등의 대여금지**: 주택관리업자 및 주택관리사등은 다른 자에게 자기의 성명 또는 상호를 사용하여 「공동주택관리법」에서 정한 사업이나 업무를 수행하게 하거나 그 등록증 또는 자격증을 빌려 주어서는 아니 된다. 누구든지 다른 자의 성명 또는 상호를 사용하여 주택관리업 또는 주택관리사등의 업무를 수행하거나 그 등록증 또는 자격증을 빌려서는 아니 된다.

⑤ **알선 금지**: 누구든지 위 ④에서 금지된 행위를 알선하여서는 아니 된다.

(5) 체납된 장기수선충당금 등의 강제징수

국가 또는 지방자치단체인 관리주체가 관리하는 공동주택의 장기수선충당금 또는 관리비가 체납된 경우 국가 또는 지방자치단체는 국세 또는 지방세 체납처분의 예에 따라 해당 장기수선충당금 또는 관리비를 강제징수할 수 있다.

(6) 보고·검사 등

① **보고·검사**: 국토교통부장관 또는 지방자치단체의 장은 필요하다고 인정할 때에는 「공동주택관리법」에 따라 허가를 받거나 신고·등록 등을 한 자에게 필요한 보고를 하게 하거나, 관계 공무원으로 하여금 사업장에 출입하여 필요한 검사를 하게 할 수 있다.

② **검사 사유의 고지**: 위 ①에 따른 검사를 할 때에는 검사 7일 전까지 검사 일시, 검사 이유 및 검사 내용 등 검사계획을 검사를 받을 자에게 알려야 한다. 다만, 긴급한 경우나 사전에 통지하면 증거인멸 등으로 검사 목적을 달성할 수 없다고 인정하는 경우에는 그러하지 아니하다.

③ **증표제시**: 위 ①에 따라 검사를 하는 공무원은 그 권한을 나타내는 증표를 지니고 이를 관계인에게 내보여야 한다.

(7) 공동주택관리에 관한 감독

① **감독사항**: 지방자치단체의 장은 공동주택관리의 효율화와 입주자등의 보호를 위하여 다음의 어느 하나에 해당하는 경우 입주자등, 입주자대표회의나 그 구성원, 관리주체(의무관리대상 공동주택이 아닌 경우에는 관리인을 말한다. 이하 같다), 관리사무소장 또는 선거관리위원회나 그 위원 등에게 관리비등의 사용내역 등 대통령령(아래 ②)으로 정하는 업무에 관한 사항을 보고하게 하거나 자료의 제출이나 그 밖에 필요한 명령을 할 수 있으며, 소속 공무원으로 하여금 영업소·관리사무소 등에 출입하여 공동주택의 시설·장부·서류 등을 조사 또는 검사하게 할 수 있다. 이 경우 출입·검사 등을 하는 공무원은 그 권한을 나타내는 증표를 지니고 이를 관계인에게 내보여야 한다.

> ㉠ 아래 ④ 또는 ⑤에 따른 감사에 필요한 경우
> ㉡ 「공동주택관리법」 또는 「공동주택관리법」에 따른 명령이나 처분을 위반하여 조치가 필요한 경우
> ㉢ 공동주택단지 내 분쟁의 조정이 필요한 경우
> ㉣ 공동주택 시설물의 안전관리를 위하여 필요한 경우
> ㉤ 입주자대표회의등이 공동주택 관리규약을 위반한 경우
> ㉥ 그 밖에 공동주택관리에 관한 감독을 위하여 필요한 경우

② **감독대상 업무**: 위 ①에서 '대통령령으로 정하는 업무'란 다음의 업무를 말한다.

> ㉠ 입주자대표회의의 구성 및 의결
> ㉡ 관리주체 및 관리사무소장의 업무
> ㉢ 자치관리기구의 구성 및 운영
> ㉣ 관리규약의 제정·개정
> ㉤ 시설물의 안전관리
> ㉥ 공동주택의 안전점검
> ㉦ 장기수선계획 및 장기수선충당금 관련 업무
> ㉧ 행위허가 또는 신고
> ㉨ 그 밖에 공동주택의 관리에 관한 업무

③ **감사의 요청**: 공동주택의 입주자등은 위 ①의 ㉡, ㉢ 또는 ㉤에 해당하는 경우 전체 입주자등의 10분의 2 이상의 동의를 받아 지방자치단체의 장에게 입주자대표회의나 그 구성원, 관리주체, 관리사무소장 또는 선거관리위원회나 그 위원 등의 업무에 대하여 감사를 요청할 수 있다. 이 경우 감사 요청은 그 사유를 소명하고 이를 뒷받침할 수 있는 자료를 첨부하여 서면으로 하여야 한다.

④ **감사결과의 통보**: 지방자치단체의 장은 위 ③에 따른 감사 요청이 이유가 있다고 인정하는 경우에는 감사를 실시한 후 감사를 요청한 입주자등에게 그 결과를 통보하여야 한다.

⑤ **효율화 및 입주자등의 보호를 위한 감사**: 지방자치단체의 장은 위 ③에 따른 감사 요청이 없더라도 공동주택관리의 효율화와 입주자등의 보호를 위하여 필요하다고 인정하는 경우에는 위 ③의 감사 대상이 되는 업무에 대하여 감사를 실시할 수 있다.

⑥ **자문 또는 조사**: 지방자치단체의 장은 위 ④ 또는 ⑤에 따라 감사를 실시할 경우 변호사·공인회계사 등의 전문가에게 자문하거나 해당 전문가와 함께 영업소·관리사무소 등을 조사할 수 있다.

⑦ **감사에 필요한 사항**: 위 ③부터 ⑥까지의 감사 요청 및 감사 실시에 필요한 사항은 지방자치단체의 조례로 정한다.

⑧ **결과 등의 통보**: 지방자치단체의 장은 위 ①부터 ⑤까지의 규정에 따라 명령, 조사 또는 검사, 감사의 결과 등을 통보하는 경우 그 내용을 해당 공동주택의 입주자대표회의 및 관리주체에게도 통보하여야 한다.

⑨ **공개 및 열람 등**: 관리주체는 위 ⑧에 따라 통보받은 내용을 대통령령(아래 ⑩)으로 정하는 바에 따라 해당 공동주택단지의 인터넷 홈페이지 및 동별 게시판에 공개하고 입주자등의 열람, 복사 요구에 따라야 한다.

⑩ **공개 시기 및 기간**: 위 ⑧에 따른 통보를 받은 관리주체는 위 ⑨에 따라 통보를 받은 날부터 10일 이내에 그 내용을 공동주택단지의 인터넷 홈페이지 및 동별 게시판에 7일 이상 공개해야 한다. 이 경우 동별 게시판에는 통보받은 일자, 통보한 기관 및 관계 부서, 주요 내용 및 조치사항 등을 요약하여 공개할 수 있다.

⑪ **공개금지사항**: 관리주체는 위 ⑩에 따라 공개하는 내용에서 「개인정보 보호법 시행령」 제19조에 따른 고유식별정보 등 개인의 사생활의 비밀 또는 자유를 침해할 우려가 있는 정보는 제외해야 한다.

(8) 공동주택 관리비리 신고센터의 설치 등

① **설치·운영·구성**

㉠ **설치·운영**: 국토교통부장관은 공동주택 관리비리와 관련된 불법행위 신고의 접수·처리 등에 관한 업무를 효율적으로 수행하기 위하여 공동주택 관리비리 신고센터(이하 '신고센터'라 한다)를 설치·운영할 수 있다.

㉡ **설치**: 국토교통부장관은 위 ㉠에 따라 국토교통부에 공동주택 관리비리 신고센터를 설치한다.

㉢ **신고센터의 장**: 신고센터의 장은 국토교통부의 공동주택관리업무를 총괄하는 부서의 장으로 하고, 구성원은 공동주택관리와 관련된 업무를 담당하는 공무원으로 한다.

ㄹ **파견 요청 등**: 국토교통부장관은 신고센터의 운영을 위하여 필요한 경우 지방자치단체의 장에게 소속 직원의 파견을 요청할 수 있다. 이 경우 국토교통부장관은 공동주택 관리비리 신고 및 처리 건수 등을 고려하여 관계 지방자치단체의 장과 협의를 거쳐 인력지원의 규모, 기간 및 방법 등을 조정할 수 있다.

ㅁ **지방자치단체의 장의 조치**: 위 ㄹ에 따라 국토교통부장관으로부터 소속 직원의 파견을 요청받은 지방자치단체의 장은 특별한 사유가 없으면 파견에 필요한 조치를 하여야 한다.

② **신고센터의 업무**: 신고센터는 다음의 업무를 수행한다.

> ㉠ 공동주택관리의 불법행위와 관련된 신고의 상담 및 접수
> ㉡ 해당 지방자치단체의 장에게 해당 신고사항에 대한 조사 및 조치 요구
> ㉢ 신고인에게 조사 및 조치 결과의 요지 등 통보

③ **신고 및 확인**

㉠ **신고**: 공동주택관리와 관련하여 불법행위를 인지한 자는 신고센터에 그 사실을 신고할 수 있다. 이 경우 신고를 하려는 자는 자신의 인적사항과 신고의 취지·이유·내용을 적고 서명한 문서와 함께 신고대상 및 증거 등을 제출하여야 한다.

㉡ **신고서 제출**: 위 ㉠에 따라 신고를 하려는 자는 다음의 사항을 포함한 신고서(전자문서를 포함한다)를 신고센터에 제출하여야 한다.

> ⓐ 신고자의 성명, 주소, 연락처 등 인적사항
> ⓑ 신고대상자의 성명, 주소, 연락처 및 근무기관 등 인적사항
> ⓒ 신고자와 신고대상자의 관계
> ⓓ 신고의 경위 및 이유
> ⓔ 신고대상 비리행위의 발생일시·장소 및 그 내용
> ⓕ 신고내용을 증명할 수 있는 참고인의 인적사항 또는 증거자료

㉢ **확인**: 위 ㉡에 따른 신고서를 받은 신고센터는 다음의 사항을 확인할 수 있다.

> ⓐ 신고자 및 신고대상자의 인적사항
> ⓑ 신고내용을 증명할 수 있는 참고인 또는 증거자료의 확보 여부
> ⓒ 신고자가 신고내용의 조사·처리 등에서 신고센터 및 해당 지방자치단체의 담당 공무원 외의 자에게 그 신분을 밝히거나 암시하는 것(이하 '신분공개'라 한다)에 동의하는지 여부

ⓔ **설명**: 신고센터는 위 ⓒ의 ⓒ에 따라 신분공개의 동의 여부를 확인하는 경우에는 신고내용의 처리절차 및 신분공개의 절차 등에 관하여 설명하여야 한다.

ⓜ **보완기간**: 신고센터는 위 ⓒ에 따른 확인 결과 신고서가 신고자의 인적사항이나 신고내용의 특정에 필요한 사항을 갖추지 못한 경우에는 신고자로 하여금 15일 이내의 기간을 정하여 이를 보완하게 할 수 있다. 다만, 15일 이내에 자료를 보완하기 곤란한 사유가 있다고 인정되는 경우에는 신고자와 협의하여 보완기간을 따로 정할 수 있다.

ⓗ **자료제출 요구 등**: 신고센터 및 해당 지방자치단체의 장은 신고내용의 확인을 위하여 신고자로부터 진술을 듣거나 신고자 또는 신고대상자에게 필요한 자료의 제출을 요구할 수 있다.

④ **공동주택 관리비리 신고의 종결처리**: 신고센터는 다음의 어느 하나에 해당하는 경우 위 ③의 ㉠에 따라 접수된 신고를 종결할 수 있다. 이 경우 종결 사실과 그 사유를 신고자에게 통보하여야 한다.

> ㉠ 신고내용이 명백히 거짓인 경우
> ㉡ 신고자가 위 ③의 ⓜ에 따른 보완요구를 받고도 보완기간 내에 보완하지 아니한 경우
> ㉢ 신고에 대한 처리결과를 통보받은 사항에 대하여 정당한 사유 없이 다시 신고한 경우로서 새로운 증거자료 또는 참고인이 없는 경우
> ㉣ 그 밖에 비리행위를 확인할 수 없는 등 조사가 필요하지 아니하다고 신고센터의 장이 인정하는 경우

⑤ **조사 및 조치**: 위 ②의 ㉡에 따른 요구를 받은 지방자치단체의 장은 신속하게 해당 요구에 따른 조사 및 조치를 완료하고 완료한 날부터 10일 이내에 그 결과를 국토교통부장관에게 통보하여야 하며, 국토교통부장관은 통보를 받은 경우 즉시 신고자에게 그 결과의 요지를 알려야 한다.

⑥ **공동주택 관리비리 신고의 처리**

㉠ **통보**: 신고센터는 위 ③의 ㉡에 따른 신고서를 받은 날부터 10일 이내(보완기간은 제외한다)에 해당 지방자치단체의 장에게 신고사항에 대한 조사 및 조치를 요구하고, 그 사실을 신고자에게 통보하여야 한다.

㉡ **완료기간**: 위 ㉠에 따라 신고사항에 대한 조사 및 조치를 요구받은 지방자치단체의 장은 요구를 받은 날부터 60일 이내에 조사 및 조치를 완료하고, 조사 및 조치를 완료한 날부터 10일 이내에 국토교통부장관에게 통보하여야 한다. 다만, 60일 이내에 처리가 곤란한 경우에는 한 차례만 30일 이내의 범위에서 그 기간을 연장할 수 있다.

ⓒ **연장기간의 통보**: 위 ⓑ의 단서에 따라 조사 및 조치 기간을 연장하려는 지방자치단체의 장은 그 사유와 연장기간을 신고센터에 통보하여야 한다.

(9) 공사의 중지 등

① **공사의 중지 등의 명령**: 국토교통부장관 또는 지방자치단체의 장은 사업주체 등 및 공동주택의 입주자등, 관리주체, 입주자대표회의나 그 구성원이 「공동주택관리법」 또는 「공동주택관리법」에 따른 명령이나 처분을 위반한 경우에는 공사의 중지, 원상복구, 하자보수 이행 또는 그 밖에 필요한 조치를 명할 수 있다.

② **통보**: 국토교통부장관 또는 지방자치단체의 장은 위 ①에 따라 공사의 중지 등 필요한 조치를 명하는 경우 그 내용을 해당 공동주택의 입주자대표회의 및 관리주체에게도 통보하여야 한다.

③ **공개 및 열람 등**: 관리주체는 위 ②에 따라 통보받은 내용을 대통령령(아래 ④)으로 정하는 바에 따라 해당 공동주택단지의 인터넷 홈페이지 및 동별 게시판에 공개하고 입주자등의 열람, 복사 요구에 따라야 한다.

④ **공개 시기 및 기간**: 위 ②에 따른 통보를 받은 관리주체는 위 ③에 따라 통보를 받은 날부터 10일 이내에 그 내용을 공동주택단지의 인터넷 홈페이지 및 동별 게시판에 7일 이상 공개해야 한다. 이 경우 동별 게시판에는 통보받은 일자, 통보한 기관 및 관계 부서, 주요 내용 및 조치사항 등을 요약하여 공개할 수 있다.

⑤ **공개금지사항**: 관리주체는 위 ④에 따라 공개하는 내용에서 「개인정보 보호법 시행령」 제19조에 따른 고유식별정보 등 개인의 사생활의 비밀 또는 자유를 침해할 우려가 있는 정보는 제외해야 한다.

⑥ **관리주체 등에 대한 감독**: 지방자치단체의 장은 위 ①에 따라 관리주체 등에 대하여 공사의 중지, 원상복구 또는 그 밖에 필요한 조치를 명한 때에는 즉시 국토교통부장관에게 통보해야 한다.

(10) 청문

국토교통부장관 또는 지방자치단체의 장은 다음의 어느 하나에 해당하는 처분을 하려면 청문을 하여야 한다.

① 행위허가의 취소
② 주택관리업의 등록말소
③ 주택관리사등의 자격취소

(11) 벌칙 적용에서 공무원 의제

다음의 어느 하나에 해당하는 자는 「형법」 제129조부터 제132조까지의 규정을 적용할 때에는 공무원으로 본다.
① 하자분쟁조정위원회의 위원 또는 하자분쟁조정위원회의 사무국 직원으로서 공무원이 아닌 자
② 하자진단을 실시하는 자
③ 공동주택관리 분쟁조정위원회의 위원 또는 중앙분쟁조정위원회의 사무국 직원으로서 공무원이 아닌 자

> **이렇게 출제!**
>
> **13** 공동주택관리법령상 공동주택관리에 관한 감독에 대한 내용이다. (　)에 들어갈 숫자를 쓰시오. (분수는 분수로 표시)　　제20회
>
> > 공동주택의 입주자등은 입주자대표회의 등이 공동주택 관리규약을 위반한 경우 전체 입주자등의 (　) 이상의 동의를 받아 지방자치단체의 장에게 입주자대표회의 등의 업무에 대하여 감사를 요청할 수 있다.
>
> 정답 2/10

14 벌칙

(1) 3년 이하의 징역 또는 3천만원 이하의 벌금

공동주택의 관리와 관련하여 입주자대표회의(구성원을 포함한다)와 관리사무소장이 공모(共謀)하여 부정하게 재물 또는 재산상의 이익을 취득하거나 제공한 경우에는 3년 이하의 징역 또는 3천만원 이하의 벌금에 처한다. 다만, 그 위반행위로 얻은 이익의 100분의 50에 해당하는 금액이 3천만원을 초과하는 자는 3년 이하의 징역 또는 그 이익의 2배에 해당하는 금액 이하의 벌금에 처한다.

(2) 2년 이하의 징역 또는 2천만원 이하의 벌금

다음의 어느 하나에 해당하는 자는 2년 이하의 징역 또는 2천만원 이하의 벌금에 처한다. 다만, 아래 ②에 해당하는 자로서 그 위반행위로 얻은 이익의 100분의 50에 해당하는 금액이 2천만원을 초과하는 자는 2년 이하의 징역 또는 그 이익의 2배에 해당하는 금액 이하의 벌금에 처한다.

① 등록을 하지 아니하고 주택관리업을 운영한 자 또는 거짓이나 그 밖의 부정한 방법으로 등록한 자
② 공동주택의 관리(관리사무소장 등 근로자의 채용을 포함한다)와 관련하여 입주자 등·관리주체·입주자대표회의·선거관리위원회(위원을 포함한다)가 부정하게 재물 또는 재산상의 이익을 취득하거나 제공한 자

(3) 1년 이하의 징역 또는 1천만원 이하의 벌금

다음의 어느 하나에 해당하는 자는 1년 이하의 징역 또는 1천만원 이하의 벌금에 처한다.
① 회계감사를 받지 아니하거나 부정한 방법으로 받은 자
② 회계감사를 받는 관리주체로서 정당한 사유 없이 감사인의 자료 열람·등사·제출 요구 또는 조사를 거부·방해·기피하는 행위, 감사인에게 거짓 자료를 제출하는 등 부정한 방법으로 회계감사를 방해하는 행위를 한 자
③ 회계장부 및 증빙서류를 작성 또는 보관하지 아니하거나 거짓으로 작성한 자
④ 용도 외 사용 등 행위 허가기준을 위반한 자(신고대상 행위를 신고하지 아니하고 행한 자는 제외한다)
⑤ 하자분쟁조정위원회의 위원과 하자분쟁조정위원회의 사무국 직원, 중앙분쟁조정위원회의 위원으로서 직무상 알게 된 비밀을 누설한 자
⑥ 주택관리업의 영업정지기간에 영업을 한 자나 주택관리업의 등록이 말소된 후 영업을 한 자
⑦ 주택관리사등의 자격을 취득하지 아니하고 관리사무소장의 업무를 수행한 자 또는 해당 자격이 없는 자에게 이를 수행하게 한 자
⑧ 다음의 어느 하나에 해당하는 자

> ㉠ 다른 자에게 자기의 성명 또는 상호를 사용하여 「공동주택관리법」에서 정한 사업이나 업무를 수행하게 하거나 자기의 등록증 또는 자격증을 빌려준 자
> ㉡ 다른 자의 성명 또는 상호를 사용하여 주택관리업 또는 주택관리사등의 업무를 수행하거나 다른 자의 등록증 또는 자격증을 빌린 자
> ㉢ 위 ㉠ 또는 ㉡의 행위를 알선한 자

⑨ 국토교통부장관 또는 지방자치단체의 장의 보고·검사나 지방자치단체의 장의 공동주택관리의 효율화와 입주자등의 보호를 위한 감사를 거부·방해 또는 기피한 자
⑩ 공사 중지 등의 명령을 위반한 자

(4) 1천만원 이하의 벌금

다음의 어느 하나에 해당하는 자는 1천만원 이하의 벌금에 처한다.

① 관리기구가 갖추어야 할 기술인력 또는 장비를 갖추지 아니하고 관리행위를 한 자
② 주택관리사등을 배치하지 아니한 자

(5) 양벌규정

법인의 대표자나 법인 또는 개인의 대리인, 사용인, 그 밖의 종업원이 그 법인 또는 개인의 업무에 관하여 위 **(1)**부터 **(3)**까지의 어느 하나에 해당하는 위반행위를 하면 그 행위자를 벌하는 외에 그 법인 또는 개인에게도 해당 조문의 벌금형을 과(科)한다. 다만, 법인 또는 개인이 그 위반행위를 방지하기 위하여 해당 업무에 관하여 상당한 주의와 감독을 게을리하지 아니한 경우에는 그러하지 아니하다.

(6) 과태료

① **2천만원 이하의 과태료**: 하자보수보증금을 「공동주택관리법」에 따른 용도 외의 목적으로 사용한 자에게는 2천만원 이하의 과태료를 부과한다.

② **1천만원 이하의 과태료**: 다음의 어느 하나에 해당하는 자에게는 1천만원 이하의 과태료를 부과한다.

> ㉠ 공동주택의 관리업무를 인계하지 아니한 자
> ㉡ 수립되거나 조정된 장기수선계획에 따라 주요 시설을 교체하거나 보수하지 아니한 자
> ㉢ 하자가 있는 것으로 판정된 경우 판정받은 하자를 보수하지 아니한 자
> ㉣ 주택관리업자가 아닌 자가 주택관리업 또는 이와 유사명칭을 사용한 자
> ㉤ 지방자치단체의 장의 공동주택관리의 효율화와 입주자등의 보호를 위한 보고 또는 자료 제출 등의 명령을 위반한 자
> ㉥ 관리사무소장의 업무에 대한 부당 간섭 배제를 위반하여 관리사무소장을 해임하거나 해임하도록 주택관리업자에게 요구한 자
> ㉦ 관리비·사용료와 장기수선충당금을 「공동주택관리법」에 따른 용도 외의 목적으로 사용한 자

③ **500만원 이하의 과태료**: 다음의 어느 하나에 해당하는 자에게는 500만원 이하의 과태료를 부과한다.

> ㉠ 자치관리기구를 구성하지 아니한 자
> ㉡ 전자입찰방식을 위반하여 주택관리업자 또는 사업자를 선정한 자
> ㉢ 의무관리대상 공동주택의 전환 및 제외, 관리방법의 결정 및 변경, 관리규약의 제정 및 개정, 입주자대표회의의 구성 및 변경 등의 신고를 하지 아니한 자
> ㉣ 입주자대표회의 회의록을 작성하여 보관하게 하지 아니한 자
> ㉤ 입주자대표회의 회의록의 열람 청구 또는 복사 요구에 응하지 아니한 자
> ㉥ 관리비등의 내역을 공개하지 아니하거나 거짓으로 공개한 자

- ⓢ 회계감사의 결과를 보고 또는 공개하지 아니하거나 거짓으로 보고 또는 공개한 관리주체
- ⓞ 회계감사 결과를 제출 또는 공개하지 아니하거나 거짓으로 제출 또는 공개한 감사인
- ⓩ 회계장부나 증빙서류 등의 정보에 대한 열람, 복사의 요구에 응하지 아니하거나 거짓으로 응한 자
- ⓬ 선정한 주택관리업자 또는 공사, 용역 등을 수행하는 사업자와의 계약서를 공개하지 아니하거나 거짓으로 공개한 자
- ㉠ 장기수선계획을 수립하지 아니하거나 검토하지 아니한 자 또는 장기수선계획에 대한 검토사항을 기록하고 보관하지 아니한 자
- ㉡ 장기수선충당금을 적립하지 아니한 자
- ㉢ 설계도서 등을 보관하지 아니하거나 시설의 교체 및 보수 등의 내용을 기록·보관·유지하지 아니한 자
- ㉣ 안전관리계획을 수립 또는 시행하지 아니하거나 교육을 받지 아니한 자
- ㉮ 안전점검을 실시하지 아니하거나 안전점검의 결과 건축물의 구조·설비의 안전도가 매우 낮아 재해 및 재난 등이 발생할 우려가 있는 경우에 입주자대표회의 또는 시장·군수·구청장에게 통보 또는 보고하지 아니하거나 필요한 조치를 하지 아니한 자
- ㉯ 용도 외 사용 등 행위를 신고하지 아니하고 행한 자
- ㉰ 하자보수에 대한 시정명령을 이행하지 아니한 자
- ㉱ 하자보수보증금의 사용내역 신고를 하지 아니하거나 거짓으로 신고한 자
- ㉲ 하자보수청구 서류 등을 보관하지 아니한 자
- ㉳ 하자보수청구 서류 등을 제공하지 아니한 자
- ㉴ 공동주택의 하자보수청구 서류 등을 인계하지 아니한 자
- ㉵ 하자분쟁조정위원회의 출석요구를 따르지 아니한 안전진단기관 또는 관계 전문가
- ㉶ 하자분쟁조정위원회로부터 계속하여 2회의 출석 요구를 받고 정당한 사유 없이 출석하지 아니한 자 또는 출석하여 거짓으로 진술하거나 감정한 자
- ㉷ 하자분쟁조정위원회의 재정사건의 심리를 위한 제출을 요구받은 문서 또는 물건을 제출하지 아니하거나 거짓으로 제출한 자
- ㉸ 조정등에 대한 답변서를 하자분쟁조정위원회에 제출하지 아니한 자 또는 분쟁조정 신청에 대한 답변서를 중앙분쟁조정위원회에 제출하지 아니한 자
- ㉹ 하자분쟁조정위원회의 조정등에 응하지 아니한 자(입주자 및 임차인은 제외한다) 또는 중앙분쟁조정위원회의 분쟁조정에 응하지 아니한 자
- ㉺ 하자분쟁조정위원회 사무국 직원의 자료조사·검사 및 열람을 거부하거나 방해한 자
- ㉻ 주택관리업의 등록사항 변경신고를 하지 아니하거나 거짓으로 신고한 자
- ㈎ 관리주체는 공동주택을 「공동주택관리법」 또는 「공동주택관리법」에 따른 명령에 따라 관리하여야 한다. 이 규정을 위반하여 관리한 자
- ㈏ 관리사무소장의 배치내용 및 직인의 신고 또는 변경신고를 하지 아니한 자
- ㈐ 주택관리사등이 보증보험 등에 가입한 사실을 입증하는 서류를 제출하지 아니한 자
- ㈑ 주택관리업자등 교육을 받지 아니한 자
- ㈒ 국토교통부장관 또는 지방자치단체의 장은 필요하다고 인정할 때에는 「공동주택관리법」에 따라 허가를 받거나 신고·등록 등을 한 자에게 필요한 보고를 하게 하거나, 관계 공무원으로 하여금 사업장에 출입하여 필요한 검사를 실시하게 할 수 있다. 이 경우 보고 또는 검사의 명령을 위반한 자
- ㈓ 국토교통부장관 또는 지방자치단체의 장으로부터 통보받은 명령, 조사 또는 검사, 감사 결과 등의 내용을 공개하지 아니하거나 거짓으로 공개한 자 또는 열람, 복사 요구에 따르지 아니하거나 거짓으로 따른 자

④ **과태료의 부과**: 위 ①부터 ③까지의 규정에 따른 과태료는 대통령령으로 정하는 바에 따라 국토교통부장관 또는 지방자치단체의 장이 부과한다.
⑤ **통보**: 국토교통부장관 또는 지방자치단체의 장은 주택관리업자에 대하여 과태료를 부과한 경우에는 그 사실을 그 주택관리업을 등록한 시장·군수·구청장에게 통보해야 한다.

이렇게 출제!

14 공동주택관리법상 과태료 부과금액이 가장 높은 경우는? (단, 가중·감경사유는 고려하지 않음) 제19회 수정

① 수립되거나 조정된 장기수선계획에 따라 주요 시설을 교체하거나 보수하지 않은 경우
② 입주자대표회의등이 하자보수보증금을 법원의 재판 결과에 따른 하자보수비용 외의 목적으로 사용한 경우
③ 관리주체가 장기수선계획에 따라 장기수선충당금을 적립하지 않은 경우
④ 관리사무소장으로 배치받은 주택관리사가 시·도지사로부터 공동주택주택관리에 관한 교육을 받지 않은 경우
⑤ 의무관리대상 공동주택의 관리주체가 주택관리업자 또는 사업자와 계약을 체결한 후 1개월 이내에 그 계약서를 공개하지 아니하거나 거짓으로 공개한 경우

해설 ① 1천만원 이하의 과태료, ② 2천만원 이하의 과태료, ③④⑤ 5백만원 이하의 과태료 부과대상이다.

정답 ②

에듀윌이
너를
지지할게

ENERGY

내가 꿈을 이루면
나는 누군가의 꿈이 된다.

– 이도준

memo

2026 에듀윌 주택관리사 2차 기초서

발 행 일	2025년 7월 17일 초판
편 저 자	윤동섭, 김영곤
펴 낸 이	양형남
펴 낸 곳	(주)에듀윌
I S B N	979-11-360-3780-0
등록번호	제25100-2002-000052호
주 소	08378 서울특별시 구로구 디지털로34길 55 코오롱싸이언스밸리 2차 3층

* 이 책의 무단 인용·전재·복제를 금합니다.

www.eduwill.net
대표전화 1600-6700

여러분의 작은 소리
에듀윌은 크게 듣겠습니다.

본 교재에 대한 여러분의 목소리를 들려주세요.
공부하시면서 어려웠던 점, 궁금한 점,
칭찬하고 싶은 점, 개선할 점, 어떤 것이라도 좋습니다.

에듀윌은 여러분께서 나누어 주신 의견을
통해 끊임없이 발전하고 있습니다.

에듀윌 도서몰 book.eduwill.net
- 부가학습자료 및 정오표: 에듀윌 도서몰 → 도서자료실
- 교재 문의: 에듀윌 도서몰 → 문의하기 → 교재(내용, 출간) / 주문 및 배송

11,800여 건의 생생한 후기

한○수 합격생

에듀윌로 합격과 취업 모두 성공

저는 1년 정도 에듀윌에서 공부하여 합격하였습니다. 수많은 주택관리사 합격생을 배출해 낸 1위 기업이라는 점 때문에 에듀윌을 선택하였고, 선택은 틀리지 않았습니다. 에듀윌에서 제시하는 커리큘럼은 상대평가에 최적화되어 있으며, 나에게 맞는 교수님을 선택할 수 있었기 때문에 만족하며 공부를 할 수 있었습니다. 또한 합격 후에는 에듀윌 취업지원센터의 도움을 통해 취업까지 성공할 수 있었습니다. 에듀윌만 믿고 따라간다면 합격과 취업 모두 문제가 없을 것입니다.

박○현 합격생

20년 군복무 끝내고 주택관리사로 새 출발

육군 소령 전역을 앞두고 70세까지 전문직으로 할 수 있는 제2의 직업이 뭘까 고민하다가 주택관리사 시험에 도전하게 됐습니다. 주택관리사를 검색하면 에듀윌이 가장 먼저 올라오고, 취업까지 연결해 주는 프로그램이 잘 되어 있어서 에듀윌을 선택하였습니다. 특히, 언제 어디서나 지원되는 동영상 강의와 시험을 앞두고 진행되는 특강, 모의고사가 많은 도움이 되었습니다. 거기에 오답노트를 만들어서 틈틈이 공부했던 것까지가 제 합격의 비법인 것 같습니다.

이○준 합격생

에듀윌에서 공인중개사, 주택관리사 준비해 모두 합격

에듀윌에서 준비해 제27회 공인중개사 시험에 합격한 후, 취업 전망을 기대하고 주택관리사에도 도전하게 됐습니다. 높은 합격률, 차별화된 학습 커리큘럼, 훌륭한 교수진, 취업지원센터를 통한 취업 연계 등 여러 가지 이유로 다시 에듀윌을 선택했습니다. 에듀윌 학원은 체계적으로 학습 관리를 해 주고, 공부할 수 있는 공간이 많아서 좋았습니다. 교수님과 자기 자신을 믿고, 에듀윌에서 시작하면 반드시 합격할 수 있습니다.

다음 합격의 주인공은 당신입니다!

더 많은 합격 비법

* 에듀윌 홈페이지 게시 건수 기준 (2025년 6월 기준)

1위 에듀윌만의
체계적인 합격 커리큘럼

원하는 시간과 장소에서, 1:1 관리까지 한번에
온라인 강의

① 전 과목 최신 교재 제공
② 업계 최강 교수진의 전 강의 수강 가능
③ 교수진이 직접 답변하는 1:1 Q&A 서비스

쉽고 빠른 합격의 첫걸음 **합격필독서 무료** 신청

최고의 학습 환경과 빈틈 없는 학습 관리
직영학원

① 현장 강의와 온라인 강의를 한번에
② 시험일까지 온라인 강의 무제한 수강
③ 강의실, 자습실 등 프리미엄 호텔급 학원 시설

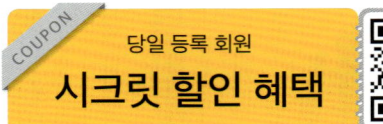

설명회 참석 당일 등록 시 **특별 수강 할인권** 제공

친구 추천 이벤트

" **친구 추천**하고 한 달 만에
920만원 받았어요 "

친구 1명 추천할 때마다 현금 10만원 제공
추천 참여 횟수 무제한 반복 가능

※ *a*o*h**** 회원의 2021년 2월 실제 리워드 금액 기준
※ 해당 이벤트는 예고 없이 변경되거나 종료될 수 있습니다.

친구 추천 이벤트 바로가기

* 2023 대한민국 브랜드만족도 주택관리사 교육 1위 (한경비즈니스)

에듀윌 직영학원에서 합격을 수강하세요

언제나 전문 학습 매니저와 상담이 가능한 안내데스크

고품질 영상 및 음향 장비를 갖춘 최고의 강의실

재충전을 위한 카페 분위기의 아늑한 휴게실

에듀윌의 상징 노란색의 환한 학원 입구

에듀윌 직영학원 대표전화

공인중개사 학원 02)815-0600	공무원 학원 02)6328-0600	편입 학원 02)6419-0600
주택관리사 학원 02)815-3388	소방 학원 02)6337-0600	부동산아카데미 02)6736-0600
전기기사 학원 02)6268-1400		

주택관리사 학원 바로가기
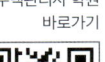

꿈을 현실로 만드는
에듀윌

DREAM

공무원 교육
- 선호도 1위, 신뢰도 1위! 브랜드만족도 1위!
- 합격자 수 2,100% 폭등시킨 독한 커리큘럼

종합출판
- 온라인서점 베스트셀러 1위!
- 출제위원급 전문 교수진이 직접 집필한 합격 교재

학점은행제
- 99%의 과목이수율
- 17년 연속 교육부 평가 인정 기관 선정

자격증 교육
- 9년간 아무도 깨지 못한 기록 합격자 수 1위
- 가장 많은 합격자를 배출한 최고의 합격 시스템

어학 교육
- 토익 베스트셀러 1위
- 토익 동영상 강의 무료 제공

대학 편입
- 편입 교육 1위!
- 최대 200% 환급 상품 서비스

콘텐츠 제휴 · B2B 교육
- 고객 맞춤형 위탁 교육 서비스 제공
- 기업, 기관, 대학 등 각 단체에 최적화된 고객 맞춤형 교육 및 제휴 서비스

직영학원
- 검증된 합격 프로그램과 강의
- 1:1 밀착 관리 및 컨설팅
- 호텔 수준의 학습 환경

부동산 아카데미
- 부동산 실무 교육 1위!
- 상위 1% 고소득 창업/취업 비법
- 부동산 실전 재테크 성공 비법

국비무료 교육
- '5년우수훈련기관' 선정
- K-디지털, 산대특 등 특화 훈련과정
- 원격국비교육원 오픈

에듀윌 교육서비스 **공무원 교육** 9급공무원/소방공무원/계리직공무원 **자격증 교육** 공인중개사/주택관리사/손해평가사/감정평가사/노무사/전기기사/경비지도사/검정고시/소방설비기사/소방시설관리사/사회복지사1급/대기환경기사/수질환경기사/건축기사/토목기사/직업상담사/전기기능사/산업안전기사/건설안전기사/위험물산업기사/위험물기능사/유통관리사/물류관리사/행정사/한국사능력검정/한경TESAT/매경TEST/KBS한국어능력시험·실용글쓰기/IT자격증/국제무역사/무역영어 **어학 교육** 토익 교재/토익 동영상 강의 **세무/회계** 전산세무회계/ERP정보관리사/재경관리사 **대학 편입** 편입 영어·수학/연고대/의약대/경찰대/논술/면접 **직영학원** 공무원학원/소방학원/공인중개사 학원/주택관리사 학원/전기기사 학원/편입학원 **종합출판** 공무원·자격증 수험교재 및 단행본 **학점은행제** 교육부 평가인정기관 원격평생교육원(사회복지사2급/경영학/CPA) **콘텐츠 제휴·B2B 교육** 교육 콘텐츠 제휴/기업 맞춤 자격증 교육/대학취업역량 강화 **부동산 아카데미** 부동산 창업CEO/부동산 경매 마스터/부동산 컨설팅 **주택취업센터** 실무 특강/실무 아카데미 **국비무료 교육(국비교육원)** 전기기능사/전기(산업)기사/소방설비(산업)기사/IT(빅데이터/자바프로그램/파이썬)/게임그래픽/3D프린터/실내건축디자인/웹퍼블리셔/그래픽디자인/영상편집(유튜브) 디자인/온라인 쇼핑몰광고 및 제작(쿠팡, 스마트스토어)/전산세무회계/컴퓨터활용능력/ITQ/GTQ/직업상담사

교육문의 **1600-6700** www.eduwill.net

· 2022 소비자가 선택한 최고의 브랜드 공무원·자격증 교육 1위 (조선일보) · 2023 대한민국 브랜드만족도 공무원·자격증·취업·학원·편입·부동산 실무 교육 1위 (한경비즈니스)
· 2017/2022 에듀윌 공무원 과정 최종 환급자 수 기준 · 2023년 성인 자격증, 공무원 직영학원 기준 · YES24 공인중개사 부문, 2025 에듀윌 공인중개사 1차 기출응용 예상문제집 민법 및 민사특별법 (2025년 6월 월별 베스트) · 교보문고 취업/수험서 부문, 2020 에듀윌 농협은행 6급 NCS 직무능력평가+실전모의고사 4회 (2020년 1월 27일~2월 5일, 인터넷 주간 베스트) 그 외 다수
· YES24 컴퓨터활용능력 부문, 2024 컴퓨터활용능력 1급 필기 초단기끝장(2023년 10월 3~4주 주별 베스트) 그 외 다수 · YES24 신규 자격증 부문, 2024 에듀윌 데이터분석 준전문가 ADsP 2주끝장 (2024년 4월 2주, 9월 5주 주별 베스트) · 인터파크 자격서/수험서 부문, 에듀윌 한국사능력검정시험 2주끝장 심화 (1, 2, 3급) (2020년 6~8월 월간 베스트) 그 외 다수 · YES24 국어 외국어 사전 영어 토익/TOEIC 기출문제/모의고사 분야 베스트셀러 1위 (에듀윌 토익 READING RC 4주끝장 리딩 종합서, 2022년 9월 4주 주별 베스트) · 에듀윌 토익 교재 입문~실전 인강 무료 제공 (2022년 최신 강좌 기준 기준/109강) · 2024년 종강반 중 모든 평가항목 정상 참여자 기준, 99% (평생교육원 기준) · 2008년~2024년까지 234만 누적수강학점으로 과목 운영 (평생교육원 기준)
· 에듀윌 국비 교육원 구로센터 고용노동부 지정 '5년우수훈련기관' 선정 (2023~2027) · KRI 한국기록원 2016, 2017, 2019년 공인중개사 최다 합격자 배출 공식 인증 (2025년 현재까지 업계 최고 기록)